间谍与密战

[英] 乔恩・怀特　编著
钟超男　译

中国画报出版社・北京

图书在版编目（CIP）数据

间谍与密战 / (英) 乔恩 · 怀特编著 ; 钟超男译. -- 北京 : 中国画报出版社, 2018.11（2019.2重印）
（爱因斯坦讲堂）
书名原文: THE BOOK OF WARS & SPIES
ISBN 978-7-5146-1638-5

Ⅰ. ①间… Ⅱ. ①英… ②钟… Ⅲ. ①间谍－情报活动－世界－通俗读物 Ⅳ. ①D526-49

中国版本图书馆CIP数据核字(2018)第158154号

间谍与密战　　[英]乔恩 · 怀特　编著　　钟超男　译

出 版 人：于九涛
策划编辑：赵清清
责任编辑：齐丽华
助理编辑：赵清清
装帧设计：刘　凤
责任印制：焦　洋
出版发行：中国画报出版社
（中国北京市海淀区车公庄西路 33 号 邮编：100048）
开　　本：16 开（787mm× 1092mm）
印　　张：13.5
字　　数：180 千字
版　　次：2018 年 11 月第 1 版　2019 年 2 月第 2 次印刷
印　　刷：北京汇瑞嘉合文化发展有限公司
定　　价：68.00 元
书　　号：ISBN 978-7-5146-1638-5

总编室兼传真：010-88417359 版权部：010-88417359
发行部：010-68469781　010-68414683（传真）

欢迎来到

间谍与密战

这世界上有多少公开的战争，就有多少隐藏在阴影背后的秘密战争。那些为了抵抗盟军而建立的秘密组织、发生在多地的漫长的傀儡战争，甚至是那些正潜伏在我们普通人身边的间谍行动，这些当权者宁愿永不公开的秘密都将在《间谍与密战》中揭开神秘的面纱。本书探索了人类间谍活动的漫长历史，梳理了英国军情六处与美国中央情报局的发展脉络以及各自的重要历史任务。除此之外，你还会读到那些“悄悄”改变了历史进程的低调间谍，他们为了完成任务勇敢地做出了许多冒险的行为，甚至付出生命代价。你甚至还能了解到间谍经常使用的真实工具、秘密武器、监听设备和一系列密码工具，这一切构成了间谍的真实样貌。

目录

006 间谍的起源

重要情报机构

018 中央情报局：在阴影之下行动
028 克格勃的剑与盾
034 军情六处：为了女王和国家
044 世界各地的间谍

秘密战争

054 揭底秘密战争
067 “二战”十大秘密任务
080 恩尼格玛密码机
093 法国抵抗运动
108 有组织犯罪

隐秘的任务

118 刺杀“希特勒的刽子手”
132 间谍交换
139 波涛之下的冷战
143 以色列之怒
148 这部电影将许你自由
154 追捕奥萨马·本·拉登

超级间谍

166 弗朗西斯·沃尔辛厄姆
169 西德尼·赖利
172 玛塔·哈丽
178 弗里茨·朱伯特·杜肯
181 理查·佐尔格
184 哈洛德·金·菲尔比
187 艾瑟尔和朱利叶斯·罗森堡
190 十大明星间谍

204 历史上的间谍工具

YOU A
THE AM
ВЫ ВЫ
АМЕРИКА
VOU
DU SECT
SIE VERLASSEN

CZECH
Your
CZECHOSLOVAK AL

间谍的起源

从军事侦察到密切关注公民，数千年来情报人员一直在进行各类活动。

竹简制成的《孙子兵法》，目前收藏于加利福尼亚大学（University of California）。

《孙子兵法》

公元前 5 世纪，中国

中国春秋时期著名的军事家、政治家孙子所著的《孙子兵法》是中国现存最早的兵书，也是世界上最早的军事著作。其中第 13 篇的主题便是间谍，说明间谍活动和山川一样古老。在书中，孙子概述了五类情报来源：乡间、内间、反间、死间、生间。乡间从敌国的普通民众中招募，并友善对待，以收获人心。内间则来自心怀不满的敌方官员。反间即用贿赂和许诺自由的方式将其变成为我所用的敌方间谍。而死间通过告知虚假信息来误导敌人。由于经过审讯谎言往往会被发现，敌人就会将说谎者处死，因此称为死间。生间聪明过人——尽管往往看起来愚蠢卑劣。他们适应能力极强，可以深入敌人后方，带回大量有价值的信息。最后孙子写道：“此兵之要，三军之所恃而动也。”

考底利耶的著作

约公元前 350—前 275 年，孔雀王朝

古代印度哲学家考底利耶（Chanakya）帮助第一位孔雀王朝（Mauryan Empire）国王旃陀罗笈多（Chandragupta）上台执政，他比孙子更进一步。他承认战争侦察的重要性，同时在他的政治著作《政事论》（*Arthashastra*）中提倡政府应该雇用情报人员来监视他们的臣民，其中包括考验政府官员的诚信、发现阴谋，以及清除不能公开挑战的政治对手。考底利耶还认为，间谍应该侦察敌国，并在必要时给敌国制造混乱。该著作还讨论了代码的使用、让间谍从中受益的奖励制度，以及应该招募的团队成员（其中包括占星家、医生和妓女）。

成吉思汗的卧底们

1206—1227 年，蒙古帝国

成吉思汗（Genghis Khan）和他的蒙古铁骑常常被形容为是会突然入侵的机会主义野蛮人。事实上，这些突袭事件都是经过精心设计的，基于在敌方领土上生活的间谍所收集的情报。这些秘密特工通常装扮成商人、使节或者其他政府代表，花费数月的时间记录敌方的基础设施，弄清出入敌方的方式，探明蒙古军队进攻时可能遭到的防御。蒙古帝国拥有庞大而复杂的间谍网络，跨越欧亚大陆。整个网络极有组织，因而每天秘密情报可送达至 300 英里[1]之外。1219 年至 1221 年间，蒙古人征服花剌子模王朝（Khwarezmia），情报在整个过程中发挥了关键作用。因此蒙古军队屡屡以少胜多，在 1223 年至 1244 年间入侵欧洲（Europe）前，蒙古的将军速不台（Subutai）和拔都（Batu Khan）曾派出间谍深入波兰（Poland）、匈牙利（Hungary），乃至奥地利（Austria）。

1 1 英里约等于 1.61 千米

刺杀尤利乌斯·恺撒

公元前 44 年 3 月 15 日，古罗马

古罗马（Roman）的独裁者尤利乌斯·恺撒（Julius Caesar）在其统治期间建立了一个广泛的间谍网络。整个网络极为高效，在公元前 44 年及时发现了一个暗杀他的阴谋。尽管情报界收集了同谋的名单并将其交给了恺撒，但是这一消息还是未得到重视。随后卡西乌斯（Cassius）和布鲁图斯（Brutus）成功领导了元老院政变，恺撒于 3 月 15 日遇刺。这也证明，如果没有采取相应的行动或做出的决定太糟糕，世界上最好的情报也无法发挥作用。罗马政府派人监听罗马广场上的一举一动长达几十年，到公元前 2 世纪末，政府开始利用弗鲁曼塔里伊[1]。这些士兵原负责为军团筹集粮食，被政府改造为秘密情报人员。间谍活动已司空见惯，乃至拉丁语中表示“观看”的“spicere”演变成了“间谍（spy）”一词。

1　弗鲁曼塔里伊，拉丁文为“frumentarii”，是由形容词“frumentario”（粮食的）转化来的复数名词，最初指军团中负责筹集粮食的士兵。后来这类士兵被改造为信息情报与监察人员。——译者注

女王伊丽莎白一世的间谍总管

1573—1590 年，英格兰

英国第一个专门的情报网络由英国女王伊丽莎白一世（Queen Elizabeth Ⅰ）的首席秘书弗朗西斯·沃尔辛厄姆爵士（Sir Francis Walsingham）创立。他于 1573 年开始服务于英国皇室。他聘请国内外的线人追踪阴谋分子和天主教神父，据称这些人可能对信仰新教的女王构成威胁。借由这一情报网络，他得以监视教皇和天主教国家，并与流亡者建立联系，成功地保护伊丽莎白一世免受伤害。他的间谍团队不仅可以破译和编写密码，还可以拆开封蜡并精密修复。这一技能在 1586 年被证明是有用的。当时沃尔辛厄姆爵士得知苏格兰女王玛丽一世（Mary, Queen of Scots）与安东尼·巴宾顿（Anthony Babington）领导的一群天主教徒有通信往来。爵士使用了一名叫吉福德（Gifford）的间谍来诱骗玛丽一世，让她相信她可以把往来的秘密信件藏在啤酒桶里，偷偷带出她被监视的住所。最终，间谍发现了玛丽一世意图废除伊丽莎白一世的阴谋。他们设计了陷阱，导致玛丽和同谋者皆被处决。

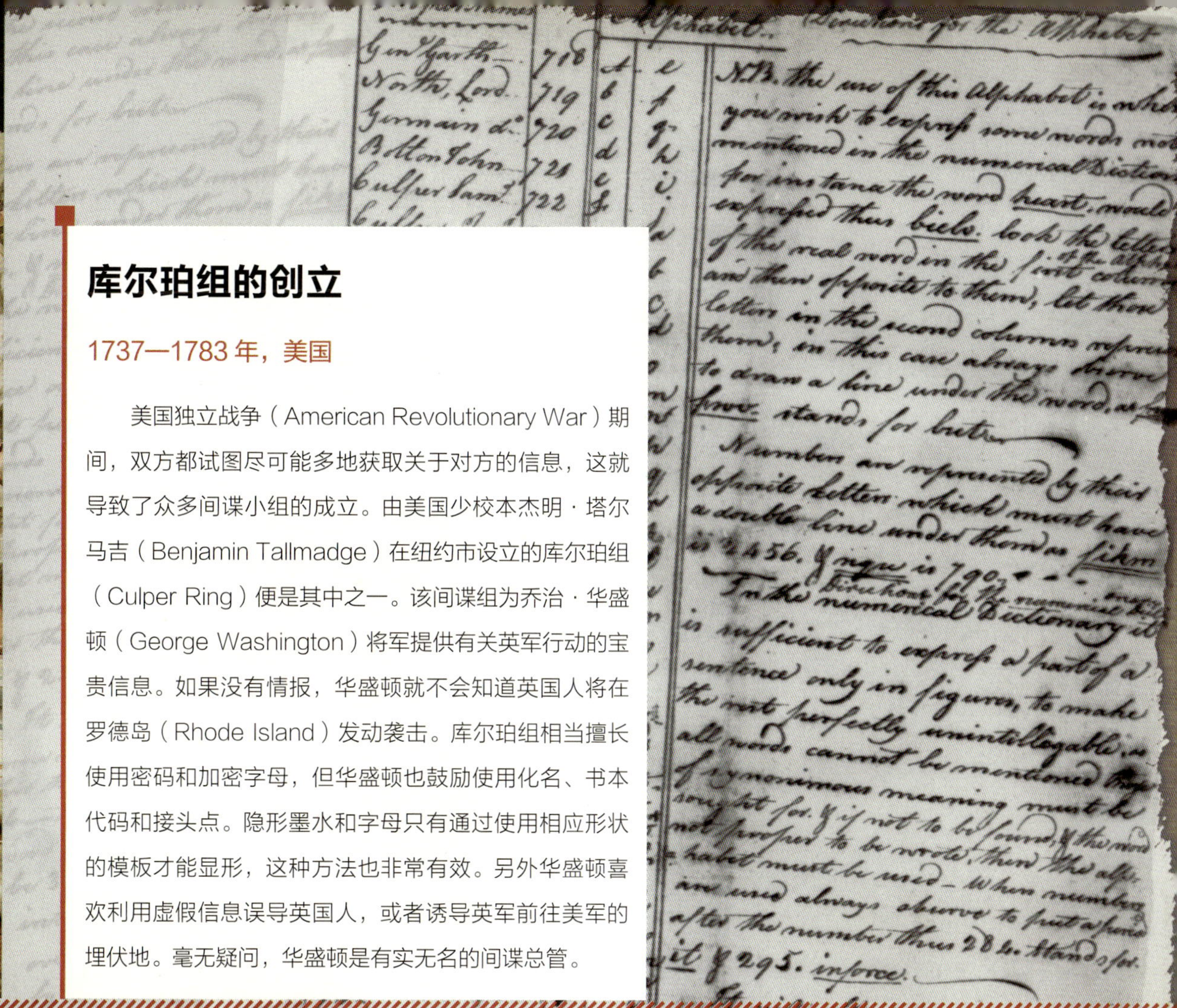

Alphabet.

N.B. the use of this Alphabet is when you wish to express some words not mentioned in the numerical Dictionary for instance the word heart, would be expressed thus biels. look the letters of the real word in the first column and then opposite to them, let those letters in the second column represent them; in this case always observe to draw a line under the word, as fiove stands for bute.

Numbers are represented by their opposite letters which must have a double line under them

库尔珀组的创立

1737—1783 年，美国

美国独立战争（American Revolutionary War）期间，双方都试图尽可能多地获取关于对方的信息，这就导致了众多间谍小组的成立。由美国少校本杰明·塔尔马吉（Benjamin Tallmadge）在纽约市设立的库尔珀组（Culper Ring）便是其中之一。该间谍组为乔治·华盛顿（George Washington）将军提供有关英军行动的宝贵信息。如果没有情报，华盛顿就不会知道英国人将在罗德岛（Rhode Island）发动袭击。库尔珀组相当擅长使用密码和加密字母，但华盛顿也鼓励使用化名、书本代码和接头点。隐形墨水和字母只有通过使用相应形状的模板才能显形，这种方法也非常有效。另外华盛顿喜欢利用虚假信息误导英国人，或者诱导英军前往美军的埋伏地。毫无疑问，华盛顿是有实无名的间谍总管。

监视法国人民

1793 年，法国

法国大革命（French Revolution）期间，马克西米利安·罗伯斯庇尔（Maximilien Robespierre）以他在恐怖统治中扮演的角色而闻名——他下令在法国各城镇和村庄对外国人进行监视。第一届监视委员会（Comite de Surveillance）成立于 1792 年。1793 年 3 月 21 日通过了一项法律，允许在全国各地设立革命委员会（Revolutionary Committee），以内部揭发的方式来监控和逮捕任何被视为可疑的人。其中一个结果就是法语单词“surveillance”（监视）进入了英文。这个单词来源于拉丁语的“super”和“vigilantia”，分别意为“过度”和“警觉”。

最初会议中会确定外国人名单，后来会议上还确定嫌犯名单并逮捕他们

撒迪厄斯·洛教授的军用气球已经充气，对七松之役（Battle of Fair Oaks）进行军事侦察

空中监视

1861 年 6 月 16 日，美国

1861 年，一名“空中间谍”升空——撒迪厄斯·洛（Thaddeus Lowe）教授展示了一个用甲烷充气的气球，这个气球能让合众国军队进行空中侦察。这种方式在同年 8 月获得批准，合众国军队因而得以在南北战争（Civil War）期间获得联邦军队（Confederate State Army）行动的战术报告，并发送给部队。摄影师还详细记录了这次内战——这也是美国历史上第一次以这种方式报道战争。这些摄影师有的受雇于军队，有的则是记者。例如安德鲁·莱特尔（Andrew Lytle）在《南北战争摄影史》（*The Photographic History of the Civil War*）一书中被称为“联盟的摄影间谍”，这导致他被认为是一名秘密特工。然而对此几乎没有证据可以证明。

图为 1898 年德雷福斯被处以无期徒刑后监禁在魔鬼岛上的房间内

德雷福斯事件

1894—1906 年，法国

19 世纪末叶，各国对间谍活动的兴趣尤为高涨。1894 年，在法国军队炮兵团服役的犹太人阿尔弗雷德·德雷福斯（Alfred Dreyfus）上尉被认为在巴黎的德国大使馆向德国人提供军事情报。他被告上军事法庭，后被监禁于法属圭亚那（French Guiana）的魔鬼岛（Devil's Island）近 5 年。这是一个重大的误判。1896 年，反间谍部门负责人乔治·皮卡尔（Georges Picquart）发现了一项证据，指向另一名官员——费迪南·沃尔森·埃斯特拉齐（Ferdinand Walsin Esterjazy）少校。然而，这条线索的开展并不顺利，这一信息也被压制了。两年之后，埃斯特拉齐经过短暂的审判后被宣判无罪并离开。1899 年，德雷福斯被判定犯有其他的罪行，并被判处 10 年徒刑。但幸好他的噩梦及时结束了——他获得赦免并无罪释放，最终在 1906 年被授予重返军队的权利。

黑室成立

1919 年 5 月，美国

美国国家安全局（National Security Agency）的前身，即所谓的黑室（Black Chamber），长达 12 年都不为人所知。黑室是第一次世界大战后的密码局（Cipher Bureau），是美国第一个致力于和平时期破译密码的组织。因此，黑室在电信公司的配合下，渗透了近 20 个外国政府的外交和私人通信。对外，黑室是一家为银行和企业编制商业代码的公司，但它对美国政治、军事方面的贡献是巨大的。黑室破译了英国和日本之间的通信，这在 1921 年的华盛顿海军会议（Washington Naval Conference）期间被认为是一个明显的优势。当然黑室也违反了许多法律。直到 1931 年，密码局的创始人赫伯特 · 奥斯本 · 亚德利（Herbert O Yardley）写了一本揭露密码局工作的书，这一善于窥探秘密的机构才开始受人关注。

剑桥间谍组

1934 年至 20 世纪 50 年代，英国

在苏联情报机构的精心策划下，剑桥大学的一群学生在英国机构和情报组织中取得了关键职位，由此可见，苏联为了窃取他国秘密甚至不择手段。苏联情报官员阿尔诺德 · 多伊奇（Arnold Deutsch）诱使共产党人哈罗德 · 菲尔比（Harold Philby）为苏联进行间谍活动，随后加入的有唐纳德 · 麦克莱恩（Donald Maclean）、盖 · 伯吉斯（Guy Burgess）、安东尼 · 布朗特（Anthony Blunt）和约翰 · 凯恩克罗斯（John Cairncross）。莫斯科（Moscow）情报机构得以在 1941 年发现美国的原子弹计划，后来又发现了韩国（Korea）战争的军事计划。2014 年发布的文件显示，苏联方面的负责人将他们视为不信守秘密的醉汉，但这些文件也表明，伯吉斯仅在 1945 年的前 6 个月就向克格勃（KGB）上交了 389 份机密文件。在遭到调查时，菲尔比和布朗特显然出卖了其他成员以洗清自己的嫌疑。

为了在战时削弱德国军队实力，休·道尔顿成立了特别行动执行处

英国成立特别行动执行处

1940 年 7 月 22 日，英国

战时经济部长（Minister of Economic Warfare）休·道尔顿（Hugh Dalton）在第二次世界大战（World War II）期间创建了特别行动执行处（Special Operations Executive，SOE）进行间谍活动和破坏行动。英国首相（Prime Minister）温斯顿·丘吉尔（Winston Churchill）已指示他"让欧洲热烈地燃烧起来"（set Europe ablaze），并为特别行动执行处在各个国家的运作铺平了道路，这些国家都遭到轴心国的占领或袭击。特工们发明了绝妙的设备，例如在奶油中隐藏材料的方法、销毁敏感文档的自爆手提箱。特工们训练有素并经过测试。漂亮的女人会被用来测试他们的忠诚和谨慎度；战斗专家会告诉他们瞬间杀人的方法；窃贼会指导他们如何撬锁。他们被称为丘吉尔的秘密军队。

破译德国情报的恩尼格玛密码机

1940 年，英国

阿瑟·谢尔比乌斯博士（Dr Arthur Scherbius）于第一次世界大战（World War I）结束时发明了恩尼格玛密码机（Enigma machine）。该机器能够为信息编译密码，使通信更加安全。这一机器很快被纳粹用来保护他们的信息，但是波兰数学家找到了破译的方法。不过，面对德国人不断升级密码的复杂程度，一直坚持尝试破译的是英国人。英国数学家艾伦·图灵（Alan Turing）证明了自己的价值。他和戈登·韦尔什曼（Gordon Welchman）在白金汉郡（Buckinghamshire）的布莱切利园（Bletchley Park）工作，发明了炸弹密码破译机（Bombe）。这台机器帮助解决了恩尼格玛密码机的排列问题。到了 1940 年，他们已经能够读取德国空军的信号了。密码破译者的持续努力发现了关于德国军事计划的更多细节。这一切对于盟军在战争中的诸多胜利而言至关重要。

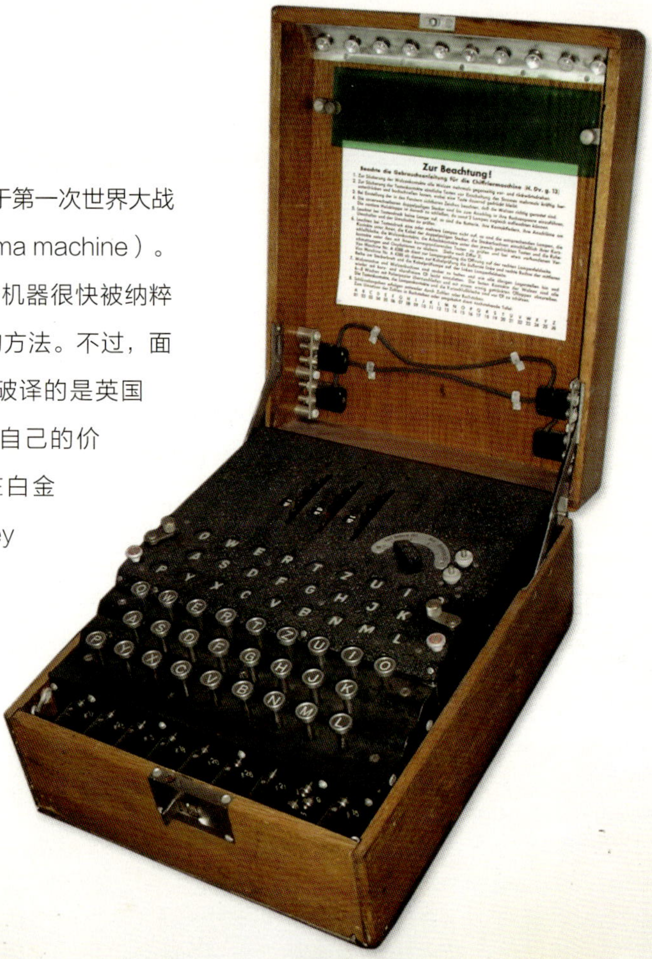

这一单座单发动机侦察机能够从 2 万多米高的空中收集情报

U-2 侦察机的兴起

1956 年，美国

对苏联进行空中侦察并非没有经历失败。普通飞机进入苏联领空时就会被击落，因此美国人决定制造一些能够在高空飞行的飞机，以避开侦察和炮击。美国空军要求制造商设计出一架飞行高度能够达到 21,000 米的飞机。洛克希德臭鼬工厂（Lockheed Skunk Works）的航空和系统工程师克拉伦斯·“凯利”·约翰逊（Clarence ‘Kelly’ Johnson）设计了 U-2 侦察机。U-2 于 1957 年推出，且在实践中被证明非常有用，特别是从越南战争爆发到 1975 年期间，但它也遭到争议。1960 年，一架 U-2 侦察机在苏联领空进行空中摄像侦察时被击落。飞行员弗朗西斯·鲍尔斯（Francis Powers）跳伞后安全着陆，他在莫斯科被判处间谍罪。18 个月后他获释，与苏联间谍鲁道夫·阿贝尔（Rudolf Abel）交换。

中央情报局的成立

1947 年 9 月 18 日，美国

中央情报局（Central Intelligence Agency, CIA）是在《国家安全法案》（National Security Act）通过后诞生的，以取代在日本突袭珍珠港后由富兰克林·德拉诺·罗斯福（Franklin D Roosevelt）总统设立的战略情报局（Office of Strategic Services）。随着战争的结束，哈里·杜鲁门（Harry Truman）总统认为美国缺乏与英国和苏联相匹敌的情报系统，认为情报系统的任务是收集情报和履行“与情报相关的影响国家安全的职能和职责”。中央情报局最终在对苏联的冷战（Cold War）中发挥了关键作用，热衷于将苏联描绘成一个由共产主义独裁者领导的邪恶国家，追求残酷的社会制度。中央情报局通过招募数以千计支持西方的外国特工来收集信息，并且很快巩固了自己在公众意识中的地位，成为一股不可忽视的力量。即便如此，错误情报也曾多次给中央情报局造成尴尬局面。

图为 1947 年，哈里·杜鲁门总统与同年成立的中央情报局

Yard confirms it: Poison brolly story wa true
Sinister micro-
that killed Mark
ANNABEL MARKOV
nt faces a diplomatic dil
voy is summoned to
By GORDON GREIG
Political Editor
sort of thing is just not done on the streets of London.'
But there can be no official recriminations, nor can diplomatic relations with Bulgaria be severed as

伦敦街头的刺杀

1978 年 9 月 7 日，英国

小说家兼剧作家乔治 · 马可夫（Georgi Markov）在伦敦（London）滑铁卢桥上等一辆公共汽车，突然他感到大腿疼痛难忍。当他转过身时，他看到一名男子拿起一把雨伞，冲过马路，登上了一辆等待的出租车。后来人们很快发现，马可夫被保加利亚特勤局（Bulgarian Secret Service）定为攻击目标，那把雨伞可能是用于在他腿上植入含有致命蓖麻毒素的小珠。四天后，马可夫在圣詹姆斯医院去世，享年 49 岁。马可夫是一名共产主义保加利亚的叛逃者，自从 20 世纪 60 年代末，他一直在英国政治流亡。他曾为英国广播公司（BBC）世界服务处工作，他的死亡在全球范围内引起了冲击。在英国街头行刺是一件非常令人震惊的事情，据说克格勃也参与了这一刺杀行动。然而，凶手从未受到惩罚。

古巴五人组在迈阿密被捕

1998 年 9 月，美国

菲德尔 · 卡斯特罗（Fidel Castro）政府派了五名古巴人前往佛罗里达州（Florida）南部，收集一些有关古巴裔美国人团体的情报。这些人组成了黄蜂网络（Wasp Network）的一部分。他们于 1998 年被捕，3 年后接受审判，彼时古巴已承认他们是情报人员，但否认他们是在监视美国政府。据美联社报道，这些信息已经经过加密软件、编码电子电话信息和高频无线电传输发送回了古巴。这五个人，每人都被判定犯有间谍罪，被判处至少 15 年有期徒刑。他们现在都已经获释，有几位是在古巴和美国交换情报官员时获得释放的。

五名成员分别为赫拉尔多 · 埃尔南德斯（Gerardo Hernandez）、费尔南多 · 冈萨雷斯（Fernando Gonzalez）、安东尼奥 · 格雷罗（Antonio Guerrero）、勒内 · 冈萨雷斯（Rene Gonzalez）、拉蒙 · 拉瓦尼诺（Ramon Labanino），他们在古巴被视为英雄

爱德华·斯诺登曾效命于中央情报局，泄密时他是国家安全局的承包商

爱德华·斯诺登揭露美国的网络监控

2013 年，美国

前美国国家安全局的承包商爱德华·斯诺登（Edward Snowden）泄露了绝密情报文件，声称美国不仅对其他国家，甚至对其公民进行非法监视，此举引起了轩然大波。据称，国家安全局收集了电信服务运营商威瑞森无线（Verizon）用户的通话记录，并能够访问包括脸书和谷歌在内的大型互联网公司的运营系统。斯诺登因为违反了美国《1917 年间谍法》（Espionage Act of 1917）被美国政府通缉。随后，斯诺登接受了英国广播公司的采访。在采访中他进一步表明，英国的情报和国家安全机关政府通信总部 GCHQ（见插图）能够使用一款名为蓝精灵套件（Smurf Suite）的工具侵入电话。斯诺登现在居住在俄罗斯，并在那里获得了庇护。

美国加大力度监视恐怖分子

2001 年 10 月，美国

2001 年 9 月 11 日，美国遭到袭击。美国情报官员接受了讯问。虽然中央情报局知道本·拉登（Osama bin Laden）想袭击美国，但他们不知道具体的时间、地点和方式。最终恐怖分子利用飞机袭击了纽约世界贸易中心（World Trade Center）以及五角大楼（Pentagon）。接下来的一个月，乔治·W. 布什（George W Bush）总统通过了《美国爱国者法》（USA Patriot Act）。该法案允许政府窃听通信、监控“孤狼”嫌疑人并拘留嫌疑恐怖分子，以获取更多情报。这一监控的权力于 2015 年 6 月到期，参议院未能达成新协议。不过同月，这些权力被写入《美国自由法》（USA Freedom Act）。

重要情报机构

018 中央情报局：在阴影之下行动

028 克格勃的剑与盾

034 军情六处：为了女王和国家

044 世界各地的间谍

ВЧК - КГБ

ÜBERWACHUNGS
KANZLERIN

中央情报局：在阴影之下行动

中央情报局的存在既隐蔽又颇具争议，其成员积极参与间谍活动，保护美国国家利益。

中央情报局（Central Intelligence Agency）是美国政府中负责收集他国活动情报的主要组织，它的诞生源于一次严重的情报失败。1941年12月7日日本（Japan）袭击珍珠港（Pearl Harbor）之前，已经有充分的情报消息在发出警告，但是，当时美国在收集和分析这些信息方面没有协调机制，也没有可信、通用的决策过程来处理这些信息。最终这场偷袭破坏了美国在太平洋的军事能力，并将整个国家拖入第二次世界大战。在珍珠港事件之后，富兰克林·罗斯福总统于1942年年初创建了战略情报局（Office of Strategic Services, OSS），相当于现代中央情报局的前身。战略情报局负责协调情报行动，消除民间和军事服务机关之间的竞争，例如联邦调查局（Federal Bureau of Investigation, FBI）和海军情报局（Offices of Naval and Army Intelligence），并全面分析美国面临的外交机遇和风险。

庞大的中央情报局总部大楼位于华盛顿特区（Washington, DC）外的弗吉尼亚州的兰利市（Langley, Virginia）

信息协调办公室（The Office of the Coordinator of Information）是1941年7月以此为目的而设计的一个早期组织，但收效甚微。但是，罗斯福决心不让战略情报局遭受类似的命运。为了领导这个新机构，他选择了代号“狂野比尔”的威廉·多诺万将军（William Donovan）。多诺万将军处事雷厉风行，在第一次世界大战中功勋卓著。

在多诺万将军的领导下，战略情报局在第二次世界大战期间组织了多次隐蔽行动，训练特工进行破坏、突击队袭击、支持游击队组织、收集有实际价值的情报等秘密任务，以对抗轴心国。到1944年年底，超过12,000名人员参与了战略情报局的行动。尽管战略情报局仍是一个新成立的组织，而美国是所有工业国中最后一个成立正式情报机构的国家，但是战略情报局对第二次世界大战胜利的贡献依然不容小觑。

暂时空缺

战后各国急于回归和平时期，因此许多战时发挥了作用的政府机构都遭解散。在众多被解散的政府机构和部门中，战略情报局正是其中之一。但是，杜鲁门总统很快意识到，这种战略缺陷是美国情报机构内部的“盲点”。杜鲁门尤其担忧，在迅速发展的冷战期间，美国没有专门的情报机构将导致与他国的情报差距，因此他

情报组负责进行秘密活动，并就任何国家安全威胁提供战略早期预警。在1947年年末，这两个机构都被解散。

随着当年国家安全法案（National Security Act）的通过，国家安全委员会（National Security Council, NSC）和中央情报局成立。中央情报局职责广泛，包括情报的收集、整理对应、评估和传播，并协调现有机构的情报活动。

70多年来，中央情报局的角色、管理和使命都有所演变。今天，美国主要的对外情报机构由中央情报局局长领导。中央情报局主要由五个司组成。行政管理与后勤司负责管理中央情报局的工作人员以及财务状况；科技司则负责情报局的监视和侦察能力；行动司进行隐蔽行动、开展间谍活动；情报司分析各来源收集的信息。2015年，中央情报局下建立了一个全新的司——数字创新司，该司负责网络行动和情报。

中央情报局的行动

随着冷战局势日益紧张，中央情报局定期通过操纵媒体的方式，传播关于共产主义的负面信息。从20世纪

尽管战略情报局仍是一个新成立的组织，而美国是所有工业国中最后一个成立正式情报机构的国

随着冷战局势日益紧张，中央情报局定期通过操纵媒体的方式，传播关于共产主义的负面信息。

40年代后期开始，“知更鸟行动”协助建立了许多主要报纸和广播网络的反共控制。

与此同时，“知更鸟行动”在中东发展情报网络起到重要作用，利用隐蔽行动特工和双重间谍在铁幕后建立了可靠的间谍网络。“血石行动”的开启是为了招募前德国情报官员，他们中许多人都与纳粹党（Nazi Party）有联系。尽管招募前纳粹分子的做法模糊了善恶之间的界限，但情报界的负责人认为，只要最终目的是正确的，便可以不择手段——任何反共产主义者都符合这种说法。

在国外的疯狂行动

中央情报局担心共产主义在全球蔓延，便在随后的几年中积极参与了各国政权更迭。1953年，由于担心马克思主义在西方世界站稳脚跟，中央情报局实施了一个隐蔽行动计划，最终推翻了危地马拉(Guatemala)政府。这项行动包括资助、武装和训练军事反对派，广播宣传，甚至伪造总统哈科沃·阿本斯（Jacobo Arbenz）政府所犯下的暴行，导致总统最终辞职。

同年，该机构成功推翻了伊朗总理穆罕默德·摩萨台（Mohammad Mosaddeq），并恢复了沙阿的统治。1973年，中央情报局在智利（Chile）设计了一场军事政变，最终导致左翼总统萨尔瓦多·阿连德（Salvador Allende）在政变中身亡，并建立了奥古斯托·皮诺切特（Augusto Pinochet）将军领导的军政府。

中央情报局在东南亚的行动中支持越南（Vietnam）南部的亲美政权，在旷日持久的越南战争中，美国支持越南南部对抗北部军队和越共游击队。美国由此卷入越南战争，在近20年的军事干涉中，美方死亡人数超过58,000人。中央情报局在越南的行动还包括组建一支由当地赫蒙族（Hmong）部落构成的队伍，以监控胡志明小道[1]（Ho Chi Minh Trail）沿线的共产主义部队和补给动向。“凤凰计划”则是一场旨在清理越南共产主义势力的行动，导致近29,000人死亡，并支持了老挝政府对抗老挝共产党人巴特寮（Pathet Lao）的战争。

在超过25年的时间里，中央情报局运营了美国航空公司（Air America），这是一家货运和客运航空公司，为隐蔽行动提供前线服务，包括供应补给、人员的输送和撤离，甚至可能参与毒品交易。

虽然中央情报局的许多活动都产生了预期的效果，但中情局也遭遇过失败，其中最为著名的事件包括1961年灾难性的猪湾（Bay of Pigs）事件。该事件中，古巴反政府人士企图推翻古巴马克思主义菲德尔·卡斯特罗政权。多年来，暗杀卡斯特罗的企图数不胜数，其中一些计划很荒谬，包括在他的雪茄中插入爆炸性制品、毒品或毒药，甚至试图招募黑手党杀手来刺杀他。卡斯特罗对美国的批评直言不讳，半个多世纪以来一直掌权，执政期间经历了9位美国总统。他于2016年去世。

自成立以来，中央情报局在不同时期都曾卷入丑闻，例如20世纪80年代早期的伊朗门事件（Iran-Contra Affair）。该事件中，中央情报局参与了国内监视和侦察活动，这些都违背了其使命。中央情报局还间接参与了导致尼克松总统下台的水门事件（Watergate Scandal）。在很多情况下，中央情报局一直是国会调查的对象和媒体谴责报道的主题。

与苏联的猫鼠游戏

冷战持续了近半个世纪。在这期间，中央情报局通过窃听、监听、卫星监视、卧底、双重间谍和其他手段收集了大量情报，这些情报对美国和苏联之间限制核武器的谈判而言有极其重要的意义。中情局特工渗透了苏联军事机构和苏联主要安全机构克格勃。中情局的影响力扩展到苏联的从属国，导致这些国家的通信受到监控。中央情报局的影响还扩张至中国。

中央情报局的监视行动也促成了洛克希德高空U-2侦察机的发展，这一侦察机能够提供详细的侦察照片。U-2也是一次尴尬事件的中心。该事件中，飞行员弗朗西斯·加里·鲍尔斯（Francis Gary Powers）在一次隐秘的间谍任务中被击落，这次飞行任务侵犯了苏联领空。近三年后，U-2空中侦察证实古巴存在苏联中程弹道导弹，促使美国对该岛进行海上封锁。此次事件的中情局处理人员是苏联双重间谍奥列格·潘科夫斯基（Oleg

这项行动包括资助、武装和训练军事反对派，广播宣传，甚至伪造总统哈科沃·阿本斯（Jacobo Arbenz）政府所犯下的暴行，导致总统最终辞职。

1 胡志明小道：越南老挝边界与越南柬博寨边界崇山密林中的一条运输线。

最终证明，中央情报局支持的情报活动和收集的信息对于西方世界获得冷战胜利具有重要意义。

事实证明，洛克希德 U-2 侦察机对收集侦察照片很有用

Penkovsky）上校，他获得的情报在古巴导弹危机期间影响了约翰·肯尼迪（John F Kennedy）总统政府的谈判策略。

最终证明，中央情报局支持的情报活动和收集的信息对于西方世界获得冷战胜利具有重要意义。

恐怖主义：一个新的现实

苏联解体后，中央情报局不得不改变其重点，将重心转移至国家安全和利益的新威胁，包括全球恐怖主义、大规模实施种族灭绝和种族清洗的专制政权、国际犯罪活动和核武器扩散。

在海湾战争和阿富汗战争期间，中央情报局支持了美国和北约（NATO）在巴尔干（Balkan）各国和中东（Middle East）地区的行动。随后在 2001 年 9 月 11 日，基地组织（Al-Qaeda）对世界贸易中心和五角大楼发动了臭名昭著的恐怖主义袭击。在一次塔利班俘虏起义中，美军士兵约翰·迈克尔·斯潘（Johnny 'Mike' Spann）遇难。他是第一位在入侵阿富汗和随后的反恐战争中遇害的美国人。2003 年，美国主导入侵伊拉克，起因是中央情报局提供了错误信息，认为萨达姆·侯赛因（Saddam Hussein）拥有大规模杀伤性武器。

中央情报局自 1981 年以来便被禁止进行政治暗杀，尽管如此，美国政府仍然认为中情局消除基地组织和其他恐怖组织领导人的行动是合法的，因为政府认为严格意义上而言，国家正处于“战争状态”。自从中央情报局发起共同行动方案来杀害或抓捕恐怖组织领导人以来，已经消灭了几十名基地组织的武装分子。2011 年 9 月 30 日，中情局管理下的一个联合特种作战司令部基地派出两枚捕食者无人机，发射的地狱火导弹在也门（Yemen）北部击毙了多次发动恐怖袭击的美国公民安瓦尔·奥拉基（Anwar al-Awlaki）。

反恐战争最重要的成就发生于2011年5月2日。当天，在中央情报局的战术指挥下，海豹突击队第六分队突袭了基地组织头目本·拉登在巴基斯坦阿伯塔巴德（Abbottabad, Pakistan）的住宅，击毙了这个对于基地组织而言有鼓舞人心作用的领导人。迄今为止，中央情报局试图从被俘的恐怖分子口中获取有价值的情报的做法一直颇有争议。中央情报在其他国家使用所谓的“黑室”审讯俘虏；使用“强化”审讯的方法，例如水刑；运用非常规引渡将囚犯运送到外国；在缺乏有效指控的情况下无限期拘留个人。这些做法都让中央情报局遭到了严厉的审查。

有时中央情报局被视为一个失控的组织，在未经美国政府行政分支的批准或同意的情况下进行自己的隐蔽行动。但是，中央情报局对国家和全球安全所做的贡献应该得到认可。

危险的任务，尤其是危险的秘密任务对他而言司空见惯。

中情局之父

现代中央情报局的前身——战略服务办公室的主任威廉·“狂野比尔”·多诺万因其在第一次世界大战期间的英勇表现被授予杰出服役十字勋章（Distinguished Service Cross）。

在多诺万接下来的人生中，危险的任务，尤其是危险的秘密任务对他而言司空见惯。在他的领导下，美国情报界形成了自己的精神体系。在两次世界大战之间，多诺万曾担任律师，并曾竞选公职。在第二次世界大战前夕，多诺万成为富兰克林·罗斯福总统信任的顾问，后者于1941年夏任命多诺万为信息协调员。珍珠港事件后，多诺万被任命为战略服务办公室主任。多诺万建立了培训学校和虚假公司作为间谍活动的前线，并开始招聘。为战略服务办公室效力过的人包括著名厨师茱莉亚·切尔德（Julia Child）、心理学家卡尔·荣格（Carl Jung）、演员斯特林·海登（Sterling（Hayden）、电影导演约翰·福特（John Ford）、作家史蒂芬·文森·贝尼特（Stephen Vincent Benet）以及众多美国著名家族的成员。

战略服务办公室的战时活动为当时被占领的国家提供了重要情报，支持了抵抗行动，同时为未来的中央情报局奠定了基础。战后，多诺万担任美国驻泰国（Thailand）大使，于1959年去世，享年76岁。

威廉·多诺万，他通过战略情报局负责人的工作，为今天的中央情报局奠定了基础

作为一名中情局特工是什么体验?

前中央情报局官员道格拉斯·劳克斯（Doug Laux）后来成为了一名作家。他在其回忆录《爆炸之后》（*Left of Boom*）以及在社交新闻网站热提网（Reddit）的"随便问"栏目（Ask Me Anything, AMA）中公开分享了现代间谍在实际工作中的体验。他分享了这份工作的压力、阻止了一个简易爆炸装置，并告诉网民们电影里哪些场景只是好莱坞的虚构。

申请工作

"招聘人员来到我所在的印第安纳大学（Indiana University）校园发表了演讲。然后他鼓励我们都上网申请。我照做了，一切就这样开始了。"

社交生活

"我每认识一个新朋友，都要向这个人保守我的秘密，还要编故事。过了一段时间后，我的整个人际关系网就变得很复杂。"

使用假名

"这是100%真实的。尽管我的大多数朋友都知道我的真名，他们还是用我的假名称呼我。难以置信，对不对？"

他的角色

"一个案件专员的目的是发展'间谍''线人''特务''卧底'——或者你想用的其他称呼方式，发展这些人后，就需要他们收集能有利于我们国家的秘密信息。"

对家人说谎

"当我被派遣到阿富汗的时候，我告诉他们我搬去了夏威夷。因为他们住在中西部，而夏威夷是离那里最远的州。"

离开中情局

"当你离开中情局的时候，你就失踪了。《浪人》（*Ronin*）里的情景是电影虚构的，但可以说至少是个维京人的葬礼。"

中情局最知名的任务

伊朗政变，1953 年

伊朗总理穆罕默德·摩萨台下台，并将权力交还给沙阿，中央情报局也参与了这一过程。1979 年，伊朗国内反抗沙阿的儿子穆罕默德·礼萨－巴列维（Mohammad Reza Pahlavi）的专制统治，导致了伊朗伊斯兰共和国（Islamic State）的建立。

黄金行动，1954 年

这是一项与英国秘密情报局共同进行的联合行动，只在窃听苏联军队的通信情况。通过在柏林总部下挖掘隧道，他们得以窃听苏联的固定电话。这项行动由英国特工乔治·布莱克（George Blake）发起，很快便被苏联发现。不过后来乔治·布莱克被发现是一名双重间谍。

U-2 侦察机事件，1960 年

中情局飞行员弗朗西斯·加里·鲍尔斯驾驶 U-2 高空侦察机进行图片侦查秘密任务，侵犯了苏联领空，随即飞机被击落，鲍尔斯被推定身亡。德怀特·艾森豪威尔（Dwigh D Eisenhower）总统政府试图掩盖真相，苏联总理尼基塔·赫鲁晓夫（Nikita Khrushchev）出示了证据，包括鲍尔斯因间谍罪而受审判，拆穿了美国的谎言。

猪湾事件，1961 年

中情局发起的对古巴的军事入侵，试图推翻菲德尔·卡斯特罗的政权，最终，古巴革命武装力量击败了 2506 突击旅，这支部队由古巴裔人士组成，中情局向他们提供武装。最终入侵部队遭遇惨败，几乎被歼灭，100 多人被杀，1200 人被俘。

星门计划，1978 年

该计划成立于马里兰州（Maryland），研究心电感应能力等特异功能在情报收集方面的应用。中央情报局曾在报告中强调，超能力这种波动、廉价，且暂无相应的防御措施的技能，在未来的情报工作中很有潜力。然而，到了 1995 年，中央情报局报告称该计划对情报行动没有用处，计划因而被终止。

击毙本·拉登，2011 年

在追踪基地组织头目本·拉登 10 年之后，中央情报局情报官员终于在巴基斯坦的阿伯塔巴德找到了他的藏身之处。2011 年 5 月 2 日，在代号为“海神之矛”的行动中，美国海军海豹突击队第六分队成员在中情局的指挥下击毙了本·拉登。

克格勃的剑与盾

在冷战的阴影之下，苏联的克格勃最终成为全世界最大的国家安全机构。

苏联解体一年后，前克格勃军官瓦西里·米特罗欣（Vasili Mitrokhin）走进英国驻拉脱维亚大使馆。叛变者上门而来，声称能够获取苏联的秘密，这种情形并无不寻常之处。但是这个衣着破旧的米特罗欣和他的故事让使馆的值班人员感到不同寻常。他们给米特罗欣递了一杯茶，米特罗欣打开了一个塞满脏衣服和机密文件的手提箱。

作为克格勃的首席档案员，米特罗欣能够访问克格勃内部资料的权限之高，是使馆人员前所未见的。1972年，他的任务是将整个档案从莫斯科越来越拥挤的卢比扬卡（Lubyanka）大楼搬迁到有新设施，但位置偏远的亚先涅沃（Yasenevo）——这项任务花了 12 年才完成。在此期间，这位档案员的幻想已经破灭，他开始把一些文件偷出来，做详细的笔记。他把这些笔记塞到鞋子里，把鞋子藏在乡下别墅的木地板下面。

在他走进英国驻拉脱维亚使馆的几个月后，米特罗欣帮助转移了超过 20,000 页的文件，这些含有最高机密的文件最早可追溯到 1918 年，都被转移至英国秘密情报局军情六处（MI6）。在米特罗欣去世前，根据这些资料写成的两本著作问世，书中揭露的这些资料提供了令人震惊的见解，

在处理背叛事业者方面，克格勃一直有着黑暗的历史，这些叛徒会在卢比扬卡大楼遭到处决，随即脸朝下埋葬在无名的坟墓里。

ВЧК - КГБ

让人们了解世界上最秘密的组织之一的活动。用米特罗欣自己的话说，就是揭露了冷战期间和平是如何不堪一击，世界曾离热战如何之近。在米特罗欣收集笔记时，他一定知道自己正以个人生命危险为代价在冒险。在处理背叛事业者方面，克格勃一直有着黑暗的历史，这些叛徒会在卢比扬卡大楼遭到处决，随即脸朝下埋葬在无名的坟墓里。

菲利克斯·捷尔任斯基——苏联第一个情报部门契卡的负责人

盾牌上的血迹

冷战时期克格勃的根源可以追溯到第一个苏维埃国家安全机构——契卡（Cheka）。契卡成立于 1917 年 12 月 20 日，布尔什维克革命之后。契卡的创始人是波兰裔前贵族、人称“铁腕菲利克斯”的菲利克斯·捷尔任斯基（Felix Dzerzhinsky）。当布尔什维克开始他们伟大的共产主义实验时，政治领导人意识到，集中国家手中的生产工具就需要一个警惕性极高的安全机构的支持。安全机构能致力于消灭人民的敌人的工作，更确切地说——消灭党的敌人。

苏维埃制度必须受到保护，免受试图摧毁新政权的旧秩序残余分子和帝国主义分子的攻击。契卡处理反对派最有效的方法就是制造恐怖。如，不加区分的逮捕、未经审判的处决和各种诡异的酷刑。尽管契卡的行动都沾染了血迹，但捷尔任斯基这样描述契卡成员：“拥有温暖的心灵、冷静的头脑和干净的双手”，这一说法已成为克格勃特工培训指南。克格勃成员会自豪地称自己为一名契卡——每个月的 20 号是他们发工资的日子，这是为了纪念契卡成立的日子。 在俄罗斯日历中，12 月 20 日仍然是一个专业人士的节日——国家安全服务工作者的节日。

捷尔任斯基选择了盾和剑的设计，这二者最终成为了克格勃的象征——代表着保卫国家和打击敌人。直到 1991 年，契卡领导人的铁像一直竖立在莫斯科克格勃总部广场上——这里曾是全俄保险公司的办公室，自 1917 年起成为契卡总部。克格勃和其前身契卡一样，其存在是确保国家的存续和国家的意识形态免受国内外威胁的影响。然而，苏联的这一国家情报机构并非从诞生起就被称为“克格勃”。事实上，该机构经历了 7 次名称变更，最终于 1954 年 3 月确定使用“克格勃”这个名字——来自“国家安全委员会”（Komitet gosudarstvennoy bezopasnosti）俄语名称首字母的缩写 KGB。随着每次更名，国家安全机构的革命热情就越发高涨。

1937 年，在庆祝布尔什维克革命的聚会上，约瑟夫·斯大林（Joseph Stalin）下了最后通牒，来简要地总结苏联情报部门的主要任务：“如果任何人的行为或思想威胁到社会主义国家的统一，我们将无情地摧毁他们。”正如列宁曾说过的一句名言：“信任虽然不错，掌控更佳。”通过寻找并摧毁敌人，国家安全机构得以维持秩序。这里的敌人是指通过其行为或思想判断出的，真实的与潜在的敌人。

赫鲁晓夫解冻

1953 年斯大林逝世后，赫鲁晓夫成为苏联领导人。赫鲁晓夫利用自己作为政治家的技能，谴责安全部门在过去的所作所为。克格勃成立于 1954 年，恰逢赫鲁晓夫开启社会改革和自由化运动。曾经遭禁的艺术家重新进入大众视野，政治犯恢复了名誉，国际关系得到改善。1956 年，赫鲁晓夫在莫斯科举行的苏共二十大上发表了关键性演讲，抨击斯大林。这一演说象征着现在被称为“赫鲁晓夫解冻”时期的开端。不过，自由化和去斯大林化对赫鲁晓夫时代安全机构的地位产生了负面影响。

1954 年，克格勃的第一任主席是伊万 · 谢罗夫（Ivan Serov）。他曾在乌克兰（Ukraine）和波罗的海国家（Baltics）组织了大规模驱逐行动，并协助建立了民主德国秘密警察斯塔西（Stasi）。同赫鲁晓夫一样，谢罗夫是斯大林主义的旧派。几位重要的克格勃军官向西方世界叛变，加上谢罗夫的名声对于正在改革的赫鲁晓夫而言无异于外交上的污点，谢罗夫的克格勃主席任期因此终止。

赫鲁晓夫释放了数百万古拉格监狱的囚犯，改变了安全部门处理国内异议的方式，旨在改善苏联在世界上的形象。克格勃虽然因其在苏联境外的情报活动而闻名，但它依然履行了多项国内安全职能——调查个人的政治、经济罪行，监督审查制度并进行国家宣传。第二总局和第五总局负责打击国内关于政治不可靠的言论。

克格勃的其他任务包括：保护苏联的陆地和海上边境（边防军局）、为国家官员提供保镖（第九局）以及维护国家机构使用的电话和无线电系统（第十六局）。在谢罗夫被撤职后，新任主席亚历山大 · 谢列平（Alexander Shelepin）开始推动建立一个更加复杂的情报部门，摆脱过去的状态。在他任职期间（1958 年至 1961 年），克格勃任用了大量大学毕业生来取代老员工。

安德罗波夫的“匈牙利情结”

在 1956 年匈牙利革命期间，安德罗波夫为苏联驻匈牙利大使。这位未来的克格勃主席目睹了一个国家是如何快速地被民众推翻的。这一革命困扰了他的余生。随后，安德罗波夫成为克格勃任职时间最长的主席，并在 1982 年开始接替勃列日涅夫担任苏共中央总书记。他在匈牙利的经历让作为克格勃主席的他认为，在处理苏联卫星国的政治异议时，武装力量是必要的；克格勃在苏联之外开展行动也是必要的，能够阻止那些可能会蔓延到苏联的抵抗行动。

克格勃将大量的资源和精力投入海外行动中，不管是为了掌控卫星国还是对抗“帝国主义势力”——尤其是对抗其“主要对手”美国。苏联海外行动的早期成功主要体现在商业间谍活动以及斯大林时期从美国获得原子弹机密。事实证明，利用官方外交掩护身份的合法特工是重要的资源。例如，1962 年，克格勃华盛顿分部的合法特工亚历山大 · 费克里索夫（Alexander Feklisov）曾是苏联原子间谍组的案件专员，他曾协助解决了古巴导弹危机。

然而，让克格勃收获声誉的是非法间谍的使用。这些非法间谍以卧底身份定居海外。在克格勃最隐秘的部门 S 局的监管之下，使用非法间谍为克格勃的外国情报收集奠定了基石。即使他们的间谍身份暴露，这些行动也能作为苏联的政治宣传。这些间谍多年来用假名生活在海外，建立可靠的背景网络，深入敌方进行战斗。这是何等令人惊愕的奉献精神。在开始一项行动之前，这些潜伏特工会发誓“每一天、每一分、每一秒”都会效忠祖国。1957 年，苏联的非法间谍鲁道夫 · 阿贝尔身份暴露，导致了冷战期间间谍活动中最广为人知的事件之一——阿贝尔和 U-2 侦察机飞行员加里 · 鲍尔斯这两位间谍的互换。后者在中央情报局侦察苏联的机密任务中被击落。克格勃开展的对外干涉和全球行动包括在英国利用“剑桥五杰”以及针对“主要对手”美国所展开的活动，都收获了成功。

苦涩的结局

1953 年斯大林去世后不久，根据一些人的情报，担任安全机构首脑的拉夫连季 · 贝利亚（Lavrenti Beria）将成为下一届领导人。最终贝利亚被撤职并处决——同他的前任雅戈达（Yagoda）和叶若夫（Yezhov）的命运如出一辙。斯大林的最终继任者尼基塔 · 赫鲁晓夫主导了针对贝利亚的阴谋，他担心这位安全机构的首脑已经准备好报复手段，因此努力限制克格勃的势力。许多克格勃主席试图一跃成为国家领导人，最终尤里·安德罗波夫于1982年成功实现这一突破。

1991年，试图废除米哈伊尔·戈尔巴乔夫（Mikhail Gorbachev）的政变的领导者正是克格勃主席弗拉基米尔·克留奇科夫（Vladimir Kryuchkov）。克留奇科夫出于对社会自由化的无奈，在莫斯科的一家澡堂里孵化了一个最终注定要失败的计划。那些在勃列日涅夫或斯大林统治下本会被迅速清理的不同政见者，反而在戈尔巴乔夫的领导下的苏维埃社会里找到了空间；以前被归类为颠覆破坏的政策要求反而成为主流。由于莫斯科放松了对卫星国的控制，政治透明度增加、市场改革和民主化伴随着东欧的自由化进程不断发展。

1991年圣诞节那天，锤子和镰刀旗最后一次在克里姆林宫（Kremlin）降落。由于参与了未遂政变，克格勃于1991年12月6日停止运作，其职能分属于两个新机构：秘密警察机构联邦安全局（FSB）和情报机关对外情报局（SVR）。

在20世纪90年代中期，“西罗维基”（silovik）一词在俄罗斯开始被普遍使用，代指曾经效力于军事和安全部门，后成为政客的人。他们相信严苛的法律和秩序体系，并准备采用强硬的手段。此后，西罗维基很大程度上影响了俄罗斯政府的政策，占据了整个政府内关键部长的职位。

莫斯科的卢比扬卡大楼——克格勃最早的总部

政治反对派最终未能躲过克格勃的长剑。

1940 年

列夫·托洛茨基（Leon Trotsky）

1940 年，斯大林最著名的对手遭谋杀，这给世界各地的斯大林批评家传达了一个重要信息。1929 年，红军前负责人托洛茨基在苏联被判流放，后定居在墨西哥城（Mexico city）。他最终被一名刺客用冰镐凿入后脑而亡。

1957 年、1959 年

斯捷潘·班杰拉（Stepan Bandera）和列弗·里贝特（Lev Rebet）

克格勃刺客伯格丹·施塔辛斯基（Bogdan Stashinsky）用能够传送致命剂量氰化物的喷枪，暗杀了这两名乌克兰民族主义者。然而后来施塔辛斯基叛逃到西柏林（West Berlin），并接受审判承认了这一罪行。这给克格勃带来了巨大的损失，导致苏联集团以外的暗杀事件变得不那么频繁。

1978 年

乔治·马可夫

持不同政见的作家乔治·马可夫是保加利亚托多尔·日夫科夫（Todor Zhikov）政权的著名反对者。马可夫在伦敦的一个公共汽车站等车时，被含有蓖麻毒素的毒珠射中。这一毒珠从克格勃设计的伞形枪射出，部分小珠溶解，毒素进入马可夫的血液，导致他最终不治身亡。

1979 年

哈菲佐拉·阿明（Hafizullah Amin）总统

阿富汗前总统哈菲佐拉·阿明在喀布尔的阿明宫宅邸遭到克格勃领导的特种部队突袭。这位已经逃过三次苏联暗杀的总统此次未能生还。阿明死后，苏联便增加了在该地区的武装力量，长达近十年的占领和战争由此拉开序幕。

军情六处：为了女王和国家

一个世纪以来，英国的情报机关在一场由间谍发起的秘密冲突中解决了政府的敌人……

1909年10月1日，星期五，一名穿着花呢套装的男子来到威斯敏斯特（Westminster）维多利亚街64号，在一个底层商铺的楼上有一间不起眼的办公室，男子打开了办公室的大门。从窗户望出去，对面是陆军和海军百货商店，楼下的街道上忙碌的伦敦人熙熙攘攘，无视了众多微小的事件，而正是这些事件图谋让他们的城市甚至他们的国家进入人类历史上最暴力的时期。如果有人问起，那个穿着西装的男人会回答说，他的名字是德鲁先生，而在他刚刚开始租用的这间办公室里，他即将开办私人侦探所。

德鲁先生的真名是曼斯菲尔德·史密斯－卡明（Mansfield Smith-Cumming）上尉。从事侦探行业的他并不是一名私人侦探，而是英国政府新组建的秘密勤务局（Secret Service Bureau, SSB）的负责人。该机构负责收集德意志帝国不断增长的军事威胁的情报。卡明就像柯南·道尔（Conan Doyle）笔下的福尔摩斯，是个非同寻常的人。他曾是一名海盗猎手，后来在一场车祸中失去了左腿。据传言，当时他不得不割断自己的腿，才得以从车祸中逃生。但这场车祸并没有让卡明变得更加谨慎。实际上他之前就在自己的劳斯莱斯上安装了特殊车牌，这样他就算在伦敦街头飙车也不会被警察拦下。此外，他用后来装上的木腿来考验在招募新兵时那些不知情的应试者。在面试过程中，卡明会突然用小刀刺自己的木腿，以评估这些应试者的反应。

第一次世界大战爆发后，秘密勤务局更名为军情六处，并迁入距离议会大厦不到一千米的白厅（Whitehall），尽管政府内很少有人知道该部门的存在。位于白厅2号的新办公室门口有一个黄铜门牌，上面写着“草地猎鹰有限公司”——一家注册业务为进出口的公司。它的平淡无奇足以阻挡很多好奇的目光。当然这也是卡明的另一种自我掩护。

随着与德国的战争持续发展，军情六处陷入困境。虽然军情六处在被占领的欧洲甚至俄国设立了一个成功的间谍网络，但未能在德国有所建树。这是一个不祥的开始，但接下来的事情更加糟糕。

1918年，和平来临。欧洲的旧秩序大部分已经瓦解，剩下的也面临着新的挑战。大英帝国也未能幸免。1919年，爱尔兰共和军（Irish Republican Army, IRA）发起了一项爱尔兰独立运动。卡明得到命令，组织一个间谍部门来对抗爱尔兰共和军。根据他在战时被占领欧洲建立的网络，他将这支新部队称为都柏林地区特殊分支（Dublin District Special Branch,DDSB），并引入了他手下最优秀的特工。然而，他们在爱尔兰遭遇了对手。

1920年11月21日，在迈克尔·柯林斯（Michael Collins）领导下的爱尔兰共和军反情报部门发起了对都柏林地区特殊分支的行动。在血腥的短短几个小时里，卡明的特工中14人身亡。这次大规模袭击的幸存者立即被撤出。时至今日，这仍是英国情报活动历史上最严重的一次灾难，但军情六处从这一残酷的教训中收益良多。

两年后，即将退休的卡明去世。而他努力建立并为之奋斗过的组织开始蓬勃发展。1926年，军情六处再次搬家，搬进了伦敦市中心圣詹姆斯公园（St James’ Park）地铁站对面的一栋建筑。在这里，军情六处继续快速发展，变得日益成熟，招募了更多的特工并在国外开展秘密行动。在14年的时间里，军情六处已经成长为一个遍布全球的间谍网络。这个网络在即将到来的战争中发挥了关键作用。

军情六处与纳粹的较量

1939年9月1日，德军入侵波兰，引发第二次世界大战。几个月内，纳粹势力席卷了欧洲大部分地区。到了1940年7月，英国被德军包围，失去了与欧洲大陆的联系，只能独自面对希特勒（Hitler）。首相温斯顿·丘吉尔意识到，英国若要生存，就不得不动用肮脏的手段，军情六处则被视为进行这场战斗的最理想武器。军情六处与政府宣传部门和研究部门联手组建特别行动执行处，目的是（用丘吉尔的话来说）为了“让欧洲热烈地燃烧起来”。特别行动执行处采取的游击战术和方法包括：破坏活动、暗杀和反间谍活动。20年前对抗爱尔兰时，军情六处首次使用了这些方法，现在面对纳粹，他们要证明这些方法同样奏效。

大部分招募到特别行动执行处的特工都是从欧洲大陆逃出来的外国人。这些男男女女拥有相应的语言技能以及对被占领土的深刻了解，这些技能使他们成为无价的情报人员。所有人都希望看到自己的家园得到解放，所以他们也充满动力、值得信赖，且愿意冒极大的风险来解放自己的家园。

特别行动执行处的行动人员和军情六处的其他特工一样，为自己的使命做好了充分的准备。在跳伞空降至纳粹占领的欧洲大陆之前，他们接受了几个月的密集突击训练。教授的技能包括一系列自卫技能，从机枪、消声手枪到匕首等各种小型武器的使用。特工们也接受了训练，比如，学习如何赤手空拳杀人。其他训练课程还包括使用高爆炸药进行破坏、导航、伪装和运用密码传输。特别行动执行处不仅在反抗纳粹的游击运动中取得了巨大的成功，还大大激励了从巴黎（Paris）到布拉格（Prague）的各项抵抗运动。

最终空投至欧洲被占领地区的特别行动执行处特工大约有13,000名，但据称，在战争期间，他们动员组建的抵抗队伍超过了100万人。这对德国在战场上造成了毁灭性的影响。

军情六处帮助英国赢得战争的努力不仅体现在国外。到1941年年初，在白金汉郡的布莱切利园内，军情六处的密码破译者已经破解了德国所谓坚不可摧的恩尼格玛密码。德军运用密码机来传输其所有最高机密的情报。现在，英国可以截取并解密希特勒的最高指挥部发送给其战争机器的信息。然而，军情六处没有足够的资源和人力来处理秘密获取的大量信息。因此，1941年2月，一个彼时仍然中立的美国的代表团受邀前往布莱切利园。在这次具有历史意义的会晤中，军情六处的负责人向美国情报机关透露了英国战时最密切防范的机密——他们已经破译了恩尼格玛密码。英国方面希望通过分享这一信息，促使美国加入反抗希特勒的斗争。这是英美两国在历史上首次共享如此大规模的重要情报，这也标志着丘吉尔所谓英国和美国之间“特殊关系”的开端。

随着战争的推进，两国的关系进一步加深。1941年12月，美国正式加入战争，美国的密码破译者很快就加入了他们的英国同行，一起在布莱切利园的小屋里工作。来到这里的人不仅对英国人的创造力印象深刻，更惊叹于军情六处所有不同部门之间的顺畅协调——从密码破译到突击队袭击，从伦敦市中心的总部到各个功能部门，流畅无比。在当时，美国还未能建立起这样一个机构。因此，1942年，美国政府在纽约成立了战略情报局。其创始人美国陆军上校威廉·多诺万基本照搬了卡明30多年前创立的情报工作模式。

战争快结束时，英国已经给了美国在整个欧洲的间谍网络和秘密监听站的访问权限，两国的情报部门紧密交织。就像军情六处由曾经的秘密勤务局演变而来一样，1947年，美国的战略情报局改组成为了中央情报局。随着冷战拉开序幕，世界进入一个不确定的新时代，美国与英国情报部门间的合作亦不断深化。

那个叛国的男人

然而，冷战新时代暴露出了军情六处在政策上的一个致命缺陷。自成立以来，军情六处招募的国内间谍基本上来自英国的上层阶级。这个精英阶层通常被认为会忠于英国的政治建制。一个人的社会地位——他们上过的学校和他们交往的人，就足以证明他们的爱国之心，因此在招募之前无需进行背景调查。这种天真的盲目信任就遭到了苏联秘密情报机关克格勃的利用。在20世纪30年代，欧洲逐渐走向战争的边缘，知识分子希望能够遏制法西斯崛起，共产主义思想因此在知识分子中开始传播。意识到这一点的克格勃渗透到英国顶尖大学，寻找可能背叛自己国家的人。1934年，克格勃招募到了他们最著名的间谍——剑桥毕业生金·菲尔比（Kim Philby）。

菲尔比的父亲是一位知名学者、西敏公学（Westminster Public School）的校友，这让菲尔比的上层阶级背景无可挑剔。在克格勃的指示下，菲尔比加入军情六处，努力晋升，同时不断地为克格勃提供信息。到了1949年，

到1941年年初，在白金汉郡的布莱切利园内，军情六处的密码破译者已经破解了德国所谓坚不可摧的恩尼格玛密码。

冷战已全面展开，菲尔比成为英国驻华盛顿大使馆的一等秘书。这一职位让菲尔比得以获得大量有关美国和英国对抗苏联的联合行动的机密情报。他很快就开始向莫斯科的间谍机关提供这些情报。

然而1951年，菲尔比被召回伦敦。另外两名驻华盛顿大使馆的工作人员盖·伯吉斯和唐纳德·麦克莱恩同为剑桥毕业生和苏联间谍。在一次关于泄露的调查期间，两人失踪，后出现在苏联。英国国家安全局军情五处（MI5）开始就此事审讯菲尔比，以确定他是否为伯吉斯和麦克莱恩之外，间谍组中的“第三人”。尽管最终没有证据能够证明这一猜测，菲尔比也从军情六处辞职，但关于他叛国的传言仍然挥之不去。然而，英国政府依然确信，菲尔比是自己人，不可能为苏联效力。政府内的建制派对此深信不疑，以至于在下议院（House of Commons）时任外交大臣的哈罗德·麦克米伦（Harold MacMillan）还为菲尔比辩护。菲尔比便利用这种信任，在1955年精心策划了一场新闻发布会。在发布会上，他面对公众，继续为自己的清白辩护。在接下来的10年中，他也多次否认关于他是双重间谍的传闻。

到了1965年，有关菲尔比是间谍的不利证据实在太多，让人无法忽视。担心遭到逮捕的菲尔比逃往苏联，满心期待自己能被苏联视作一名英雄。然而，迎接他的却是来自苏联的怀疑。在之后的20年里，菲尔比都处于苏联当局的软禁之中。菲尔比开始用酒精麻痹自己，就像当时的苏联一样摇摇欲坠，最终于1988年在莫斯科去世。

在现代间谍活动中，最危险的无疑就是双重间谍。这大概也是为什么军情六处在冷战初期渗透克格勃的所有努力都付诸东流。然而，在20世纪60年代后期，他们发现了一名看起来可能与西方合作的苏联特工。奥列格·戈迪夫斯基（Oleg

1985年叛逃英国的克格勃上校奥列格·戈迪夫斯基

Gordievsky）是一名年轻的克格勃间谍，在丹麦（Denmark）工作。1968年苏联入侵其盟友捷克斯洛伐克后，对于自己服务的政权拒绝实行自由化改革，戈迪夫斯基深感失望。于是他暗示他愿意为军情六处工作。

世界末日的边缘

戈迪夫斯基在克格勃迅速晋升，获得了上校军衔。1982年，他被派往伦敦，任克格勃在英国的首席情报官员。因此他负责苏联在英国的情报收集和间谍活动。这也让戈迪夫斯基更容易接触他的军情六处联系人，他开始定期向军情六处提供机密信息。

虽然这听起来有点不可思议，不过这位军情六处的双重间谍实际上拯救了世界。1983年年末，欧洲徘徊在核战争的边缘，只是公众对此并不知情。美国鹰派总统罗纳德·里根（Ronald Reagan）于1981年当选，大大加剧了冷战的风险。

里根在外交政策演讲中将苏联称为“邪恶帝国”。他还在演讲中宣布了一项颇具争议的计划——战略防卫先制（Strategic Defense Initiative），又被称为“星球大战计划”，即将导弹置于地球轨道上进行防御。1972年美国和苏联签署了联合国反弹道导弹条约（Anti-Ballistic Missile Treaty），以减少全球核毁灭的威胁。然而通过在地球外层空间部署防御，美国能够规避这一条约。

在同一时期，里根大幅增加美国的国防开支，1983年一年的国防预算涨幅高达20%，一年内国防开支跃升了440亿美元。彼时的局势已经十分紧张。北约原计划在当年11月份举行一次名为1983年优秀射手演习（Able Archer 83），重现模拟核打击中的冲突升级时期。即使是美国总统也以武装部队总司令的身份参与其中。这次演习本是西方国家的一场巨型战争游戏，但是当他们在苏联西部边界地区大规模部署军队和武器时，克里姆林宫认为这非常像是为全面进攻做准备。作为回应，苏联领导层已经部署完毕武装力量，并且就在命令进行先发制人核打击的边缘。当时看来战争几乎已不可避免。在伦敦的戈登夫斯基收到了莫斯科发来的消息，通知他即将发动的核打击。他当机立断，将这一切告知了军情六处。这一信息迅速传递至中央情报局和美国政府，他们很

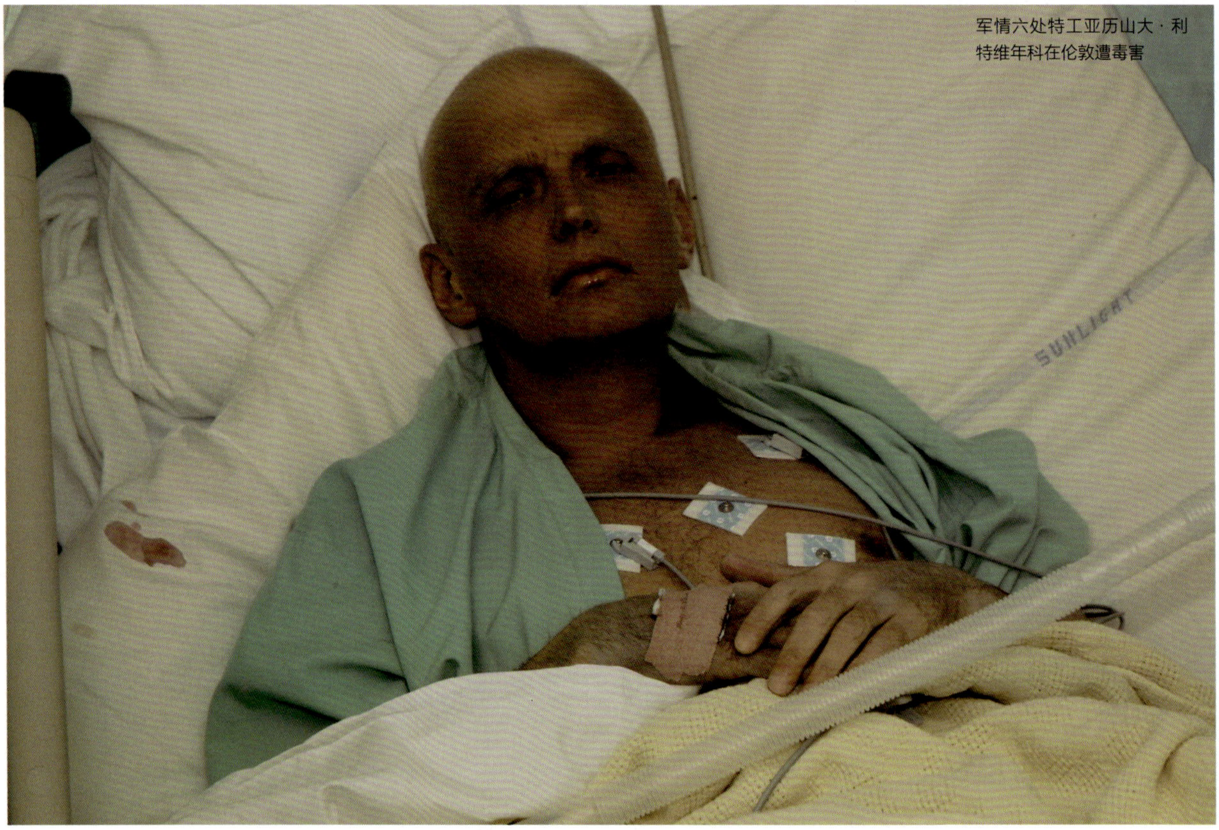

军情六处特工亚历山大·利特维年科在伦敦遭毒害

快意识到自己在不经意间即将挑起一场战争，便立即缩减了演习规模，里根也不再参与其中。戈迪维斯基的勇气和敏捷思维避免了一场核浩劫，惊险程度令人捏汗。6年后柏林墙(Berlin Wall)倒塌，与之一同崩塌的还有苏联。看起来军情六处对苏联的秘密战争即将结束。但在2006年，俄罗斯逐渐崛起，事实证明，冷战结束后取代克格勃的情报机构俄罗斯联邦安全局(Federal Security Service)比其前身更加危险。11月1日，持不同政见者亚历山大·利特维年科(Alexander Litvinenko)在伦敦一家酒店中遭到毒害。当时他喝的茶里含有放射性物质钋-210。然而，利特维年科遭到谋杀并不是俄罗斯政府摆脱直言不讳的批评者的唯一案例。后经披露，利特维年科实际上是一名军情六处特工，与英国政府合作，调查俄罗斯黑手党对俄罗斯政府的渗透。对他的暗杀可以被看作是国家批准的行动。

在冷战结束的今天，军情六处的任务变得更加复杂。苏联的解体留下了巨大的权力真空，趁虚而入的是腐败的政府、隐蔽的犯罪网络，以及政治和宗教的极端分子，他们构建高度成熟的恐怖主义网络，利用互联网在全球进行招募、散播仇恨。如此看来，当年卡明在维多利亚街的商铺里建立起军情六处的前身，密切监视德意志帝国来保卫国家安全。一个世纪之后的今天，军情六处对于保卫英国安全而言依然至关重要。

詹姆斯·邦德系列电影

伊恩·弗莱明（Ian Fleming）笔下詹姆斯·邦德（James Bond）的故事受到了第二次世界大战期间军情六处事迹的启发，又在定义公众对于军情六处的想象方面发挥了独特的作用。在弗莱明笔下，军情六处的情报世界魅力无穷，充满了鸡尾酒、飙车和西装革履的间谍。

然而事实上，军情六处的特工不能像弗莱明笔下的人物那样引人注目。正如詹姆斯·邦德的那句名言：间谍并没有杀人的执照。间谍活动的主旨恰恰就在于违反间谍活动发生国的法律，让法律许可（执照）的概念变得无关紧要。这并不是说军情六处的特工并没有杀人。

当然，广为人知的邦德故事的确基于现实。多年来，爆炸的老鼠、窃听设备和催泪瓦斯钢笔都来自军情六处的研究和开发部门，也就是弗莱明笔下的Q部门。同书中一样，在军情六处里这个部门的负责人实际上就被称为Q，取自英文“军需官”（quartermaster）一词的首字母。军情六处的创始人曼斯菲尔德·卡明则被称为C，这一代号最初取自他姓氏的首字母，但后来军情六处的每一位负责人都被称为C，这个代号有代表英文中“老大”（chief）的意思。当然，在邦德故事中，情报机关负责人这一角色被命名为M——不知这是否是创始人名字曼斯菲尔德的缩写？

军情六处最著名的任务

这些秘密任务包括防止核爆炸、追踪独裁者。

企图推翻列宁的政权—1918 年

1918 年 3 月，西德尼·赖利（Sidney Reilly）抵达莫斯科，组织推翻列宁布尔什维克政府的政变。然而，列宁被一名潜在的刺客所伤，引发了大规模的镇压。该任务被中止，赖利逃离莫斯科。1925 年，他再次来到莫斯科尝试推翻列宁，最终被俘虏并处决。

对抗伊朗民主的政变—1953 年

1953 年，军情六处特工在伊朗策划了一场政变，推翻穆罕默德·摩萨台的民选政府，后者试图限制英伊石油公司（Anglo-Iranian Oil Company）（现为英国石油公司的一部分）对伊朗石油储备的控制权。之后沙阿的君主统治一直持续到 1979 年的伊朗革命。

阻止纳粹核弹— 1943 年

1943 年，纳粹生产了工业用量的重水，试图建造原子弹，直到他们在挪威韦莫克（Vemork, Norway）的工厂在 2 月 27 日被特别行动执行处的特工炸毁。那里生产的剩余化学品于一年后在运输途中被特工销毁。

抓捕卡扎菲上校— 2011 年

2011 年，军情六处协助抓捕了前利比亚（Lybia）领导人穆阿迈尔·卡扎菲（Muammar Gaddafi）上校。利比亚内战期间，政权被推翻的卡扎菲随即躲藏起来。在一项名为 X 行动的任务中，卡扎菲在沙漠里遭到追捕。据报道，当时使用的高科技监视设备价值高达 2500 万英镑。

军情六处的间谍总部

自 1994 年以来，军情六处的总部便位于沃克斯霍尔（Vauxhall）地区专门建造的秘密情报局大楼里。

地下神经中心

军情六处庞大而复杂的计算机控制中心也位于地下数米处，以防止潜在的恐怖袭击。

防监控窗户

这栋标志性建筑中使用的所有玻璃都是三层玻璃，可以防止电子窃听。整栋建筑使用了超过 25 种不同类型的玻璃。

地下长廊

大楼的不同部分都有许多地下长廊。据传言，其中一条长廊甚至经过泰晤士河（Thames）下方，联通 1.5 千米以外的白厅政府办公室。

钢筋骨架

建筑师特里·奥法雷尔爵士（Sir Terry Farrell）用钢筋来支撑巨大的横梁和沉重的墙壁，使得这栋造价 1.526 亿英镑的建筑物能够防弹。

监控摄像头
大楼内外有数百台闭路电视摄像机，确保任何接近大楼的人，或者已经在大楼内的人受到持续的监视。
防爆墙
这些墙壁由超强复合材料混凝土制成，厚达数米。2000 年爱尔兰共和军对该大楼的火箭袭击对建筑几乎没有产生影响。

世界各地的间谍

中央情报局和军情六处仅仅是世界上众多最强大的情报机构之二。

从阿富汗到津巴布韦，许多国家都有自己的情报机构。这些机构都能够收集和分析信息，并允许在保护本国人民的前提下开展行动。几十年来，这些情报机构在政府中的地位不断巩固。

很多国家的情报机构成立于第二次世界大战结束之后。在冷战进程开始加速的大背景下，收集和分析情报信息就变得至关重要。各情报机构希望影响甚至颠覆其他国家，来帮助构建本国的军事战略、加强国家安全。但这些情报机构不仅运用了间谍活动、通信拦截和密码分析，还参与了更加阴暗的行动——暗杀事件并不鲜见。

在此，我们将介绍7个最可怕的情报机构，这些机构与中央情报局和军情六处一起构成了情报界的支柱。这些机构被广泛认为是情报界的行业标杆，但这一清单难以穷尽。例如，古巴的情报总局（Dirección de Inteligencia）拥有大约15,000名员工，曾因试图协助左派运动而被认为与苏联的克格勃有密切联系。此外，朝鲜的国家安全保卫部（State Security Department）是世界上最高效的警察部队之一，不过脱北者认为该机构可能只是其他安全机构的掩护。

这些情报机构除了能威慑他人，当然也有犯错的空间，所以关于这些机构的成功、失败和争议并存。根据部分证据，这些情报机关甚至收集本国人民的情报。因此，有人可能正在秘密地监视你，而你永远都不会知道。

俄罗斯总参谋部情报总局

克格勃给所有的冷战参与者带来了巨大的恐惧，但它只属于苏联（Soviet Union）时代。今天，军事情报机构总参谋部情报总局（Main Intelligence Agency of the General Staff）实际上是俄罗斯的超级间谍部门，又称格鲁乌（GRU），是俄罗斯三大情报机关之一，于1992年启用这个名字。

格鲁乌得到了普京总统的鼎力支持。事实证明，自2006年搬到新总部之后，格鲁乌的工作十分有效。据称，格鲁乌与车臣的激进军事分子有密切联系。后者在1991年俄罗斯支持下的格鲁吉亚（Georgia）叛乱中得到了格鲁乌的帮助。据了解，格鲁乌还在夺取克里米亚（Crimea）和东乌克兰的亲俄叛乱中发挥了重要作用。

2016年12月，美国前总统奥巴马（Barack Obama）驱逐了35名俄罗斯外交官，此举是为了反击俄罗斯。因为奥巴马总统认为俄罗斯干涉了美国的总统选举。据说，格鲁乌对美国总统选举施加了影响，让选举更加有利于现任总统唐纳德·特朗普（Donald Trump）。根据指控，格鲁乌使用了类似维基解密（WikiLeaks）等信息来源，公布了遭到黑客攻击的民主党全国委员会（Democratic National Committee）和重要民主党人的邮件。而共和党人特朗普称之为“假新闻”。

俄罗斯总统弗拉基米尔·普京访问情报机构总部

印度研究分析室

1962 年中印战争和 1965 年印巴战争后，印度（India）发现自己遇到了情报问题。英国建立的情报局并没有充分保护印度，因此印度研究分析室（Research and Analysis Wing, R & AW）于 1968 年应运而生。三年内，研究分析室在孟加拉国（Bangladesh）的独立进程中发挥了重要作用，并让印度得以在不被检测到的情况下进行核武器测试。

印度 1974 年的第一次核试验受到了研究分析室的保护

今天，该组织负责监督所有可能影响印度国家安全的军事、经济、科学和政治的发展。组织的整体架构与美国的中央情报局有诸多相似之处。研究分析室仅向总理汇报，而不对人民负责，因此该机构主动窃听电话通信。事实上，研究分析室通过监听巴基斯坦军队领导人佩尔韦兹 · 穆沙拉夫（Pervez Musharraf）和他的参谋长之间的谈话，确定了巴基斯坦于 1999 年参与了卡尔吉尔（Kargil）冲突。

研究分析室的特工训练有素，需要多年训练才能在经济分析、空间技术、科学知识以及信息和能源安全方面打下坚实基础。特工们变得熟稔于开展秘密行动，而研究分析室也野心勃勃。据报道，2016 年，印度间谍库尔布尚 · 亚达夫（Kulbhushan Yadav）承认研究分析室支持俾路支分裂主义叛乱，以破坏巴基斯坦的稳定，不过印度方面否认了亚达夫与印度政府的联系。

研究分析室在孟加拉国独立战争中发挥了作用

以色列摩萨德

摩萨德（Mossad）与新的以色列国一同成立于1949年，并因其为世界上最无情、最高效的情报机构而声名鹊起。成立初期，摩萨德大部分时候都处于幕后。但1960年，摩萨德发现纳粹领导人阿道夫·艾希曼（Adolf Eichmann）生活在阿根廷，这让这一机构一下子成为了头条新闻。五名摩萨德特工轻松躲过了阿根廷的安全检查，将艾希曼秘密绑架回以色列。艾希曼在以色列接受审判后被绞死。

两年后，摩萨德领导了一个名为“达摩克利斯行动”的秘密任务，针对那些被认为是在帮助埃及制造火箭的德国科学家和技术人员。当然，随着中东的局势日益紧张，摩萨德将更多的注意力转向阿拉伯邻国。1972年的慕尼黑（Munich）奥运会上，11名以色列运动员遇害。摩萨德使用枪支、炸弹和诡雷处决了巴勒斯坦“上帝之怒行动”的负责人。1978年至1979年革命后，摩萨德伊朗（Iran）变得更加活跃，渗透了伊朗的核武器计划。

这些活动在全球范围引起了对摩萨德的恐慌。摩萨德使用大量双重间谍，据说机构内还有一个高度隐蔽的部门，名为“刺刀”，专门负责处决反对势力。该部门由精英部队以色列国防军（Israel Defence Forces）的前士兵组成。关于这一部门信息的泄露令人尴尬，泄密者是摩萨德前官员维克托·奥斯特洛夫斯基（Victor Ostrovsky）。据称，摩萨德还曾与中央情报局合作，共同对抗真主党（Hezbollah）。

然而，摩萨德也有过重大错误。1997年，一起哈马斯（Hamas）自杀爆炸事件在耶路撒冷（Jerusalem）造成了16名以色列人死亡。摩萨德企图用从耳朵注射毒素的方式，暗杀在约旦的哈马斯领袖哈立德·马沙尔（Khaled Mashal）。但他活了下来。哈马斯军事指挥官马哈茂德·马布胡赫（Mahmoud al-Mabhouh）被指控于1989年杀害两名以色列士兵。2010年，摩萨德特工在马布胡赫的旅馆房间内将他闷死。但特工们无意中暴露了自己的身份，此事也让摩萨德再一次登上头条。即便如此，随着中东局势持续动荡，摩萨德将继续收集情报，保护犹太社区。它的任务远未结束。

以色列间谍沃尔夫冈·洛茨（Wolfgang Lotz）在埃及行动，并在六日战争（又称第三次中东战争）之前提供了有关情报

巴基斯坦三军情报局

前三军情报局首脑哈米德·古尔（Hamid Gul）涉嫌参与了卡拉奇（Karachi）爆炸事件，于 2007 年被捕

巴基斯坦三军情报局（Inter-Services Intelligence, ISI）创建于 1948 年，由澳大利亚裔的英国陆军总司令罗伯特·考索恩（Robert Cawthorne）创建，旨在密切关注巴基斯坦的敌人——印度。今天，三军情报局已经积累了几十年的经验，它的职责范围广泛，但也在西方国家中激起很多质疑情绪。美国曾声称，三军情报局应该被视为性质类似基地组织的恐怖组织。

2000 年，英国情报机构军情六处表示，三军情报局一直在帮助基地组织和塔利班建设训练营。军情六处称，三军情报局与阿富汗游击反叛组织哈卡尼网络（Haqqani network）有联系。20 世纪 50 年代，当巴基斯坦宣布反对共产主义时，三军情报局很可能受益于西方的支持。在冷战时期长达十年的阿富汗战争中，三军情报局也在与苏联的斗争中积累了秘密战争的经验。三军情报局低迷了一段时间，不过在 1965 年的克什米尔（Kashmir）战争之后重新树立了自己的声望，自那之后西方开始对三军情报局保持警惕。

2000 年，英国情报机构军情六处表示，三军情报局一直在帮助基地组织和塔利班建设训练营。

2017 年 2 月，坎普尔（Kanpur）发生了一起火车脱轨事故，造成 148 人死亡。印度总理纳伦德拉·莫迪（Narendra Modi）声称这是一次破坏行为，指责三军情报局应对此负责。印度还指责三军情报局，认为其应对 2008 年孟买（Mumbai）袭击事件负责。那次袭击中，一名枪手杀死了 165 人。对三军情报局的妖魔化显然夹杂着一些政治利益，但西方国家仍然怀疑三军情报局为武装组织提供支持。尽管该机构公开招聘新人员，但它仍然是一个神秘而令人恐惧的组织。

巴基斯坦三军情报局拥有的强大支持超过了世界上所有其他情报机构

德国联邦情报局

德国联邦情报局（Bundesnachrichtendienst, BND）。成立于1956年，前身为盖伦组织（Gehlen Organisation）。该机构的目标是向德国联邦政府提供信息。据报道，自从1999年以来，联邦情报局一直在监视英国广播公司、路透社（Reuters）和纽约时报（*New York Times*）的记者，这让联邦情报局于2017年年初上了新闻。在此之前的很长一段时间，该机构都未进入公众视野，恰恰显示了德国行动的世界级水准。当维基解密称美国和英国一直在监视柏林后，联邦情报局与军情六处和中央情报局便不和。考虑到这一点，德国情报机构的水平更令人佩服。

联邦情报局取得了许多成功。联邦情报局在事前得知了1967年六日战争（Six Day War）的爆发；调解了以色列和真主党之间的秘密谈判，促成了2008年的囚犯交换。联邦情报局每天收集2.2亿份电话数据。但是，直到1972年以色列运动员在慕尼黑被谋杀后，联邦情报局才开始建设有效的反恐能力。情报局从一名告密者那里收集到所谓的大规模杀伤性武器的细节，并于2003年作为证据转交给美国。这一证据得以证明一次对伊拉克的袭击。联邦情报局中有一个专门防御网络攻击的部门，说明情报局对网络战争做好了充分的准备。

示威者反对监视活动，谴责安格拉·默克尔（Angela Merkel）总理，称其为“监视总理”

法国对外安全总局

法国境内多次发生恐怖袭击，因此法国对外安全总局（Direction Générale de la Sécurité Extérieure, DGSE）常被认为“姗姗来迟”。然而，成立于1982年的安全总局也发现并制止了多次伊斯兰武装分子的阴谋，其中包括2006年针对英吉利海峡隧道（Channel Tunnel）袭击计划。

尽管安全总局雇用了5,000名特工和大量志愿者，但整个机构仍然非常隐秘。安全总局的很多人在巴黎东部的一个庞大高层建筑群内工作。他们已经成功散播了有关卢旺达内战（Rwandan Civil War）的错误信息，渗透了阿富汗的训练营，且据2013年的《世界报》（*Le Monde*）报道，他们不仅监视法国境内的公共电话、电子邮件和互联网活动，还监视法国和其他国家的往来通信。

意料之中的是，安全总局的工作引起了争议。2013年，安全总局计划扮演成英国纳粹组织战斗18（Combat 18），在伦敦街头暗杀极端主义传教士阿布·哈姆扎（Abu Hamza）。据说在过去，安全总局还替人质支付赎金，而包括英国、美国在内的部分国家并不认同这一做法。

不过最令人印象深刻的是1985年的“撒旦行动”（Opération Satanique）。当时，绿色和平组织（Greenpeace）的“彩虹勇士号”停泊在新西兰奥克兰的港口。安全总局的特工在船上放置了两枚塑胶炸药，造成一名船员死亡。安全总局这样做是因为担心该船将被用于抗议法国在太平洋（Pacific Ocean）海域穆鲁罗阿环礁（Moruroa）进行的法国核试验。两名负责的特工因“过失杀人罪”被判刑，不过最终，他们只服了十年刑期的两年。

在当今世界，安全总局将继续监视伊斯兰国（ISIS）和其他可能对法国构成威胁的恐怖组织。安全总局会一如既往地在阴影之中运作，宁愿将看得见的工作交给法国警察。

2014 年，法国陆军参谋长皮尔·代·维利尔斯（Pierre de Villiers）将军在参加战争内阁会议之后与对外安全总局局长贝尔纳·巴若莱（Bernard Bajolet）交谈

Australian Government
Australian Secret Intelligence Service

澳大利亚秘密情报局

尽管澳大利亚秘密情报局（Australian Secret Intelligence Service, ASIS）1952 年就成立了，但一直非常隐秘，直到 1972 年被《每日电讯报》（*The Daily Telegraph*）曝光后，澳大利亚人才知道这个机构的存在。现在情报局已广为人知，甚至还有专门的网站宣传该组织的目标：收集外国情报，把情报分发给政府，开展反情报工作并与其他机构合作。2001 年，情报局成为法定机构，可以参与准军事行动。

这一许可是个转折——澳大利亚秘密情报局曾因一次失败的训练演习而被禁止携带武器。1983 年 11 月 30 日，情报局特工在墨尔本（Melbourne）的喜来登酒店进行演习。他们在酒店 10 层模拟救援外国叛逃者，但没有将此事告诉酒店的工作人员。当经理试图调查此事时，却遭到解雇，只能打电话给警察，但等待警察的却是戴头套的武装分子。这一事件成为了国际性新闻，这对于情报局和澳大利亚政府而言都是一种羞耻。

2016 年，情报局的间谍总干事尼克·华纳（Nick Warner）站了出来——这是第一次有情报局的负责人这样做。他警告说，菲律宾南部日益壮大的极端主义者正在影响着国家安全。他认为，伊斯兰国试图在那里建立据点，还指出了澳大利亚间谍不得不适应的一些建议。据称，2017 年 2 月，澳大利亚特种空勤团（Special Air Service, SAS）士兵在非洲执行秘密行动，但没有情报局官员的陪同。

澳大利亚秘密情报局成员曾因一次失败的训练演习而被禁止携带武器。

尼克·华纳是现任澳大利亚情报局局长

秘密战争

054 揭底秘密战争

067 “二战”十大秘密任务

080 恩尼格玛密码机

093 法国抵抗运动

108 有组织犯罪

历史上，这样的秘密行动数不胜数，因此我们仔细筛选之后，为您带来了一些最令人惊讶的秘密战争……

揭底秘密战争

从中央情报局支持干涉古巴革命，到英国谋划拉拢美国加入第二次世界大战——这些是世界上秘密冲突的真实故事。

世界历史上，战争不断，从导致国家分裂的内战，到军事入侵占领整个国家，乃至吞没全世界的大战。

然而，每一次公众视野内的冲突都意味着，在阴影之下，就有人在不知疲倦地战斗。战争之中往往还有战争；一国隐蔽地与另一国发生冲突和战争；政府秘密资助或训练遥远战争中的其中一方……这一切在历史书中鲜有提及。

在这一章里，你将了解到美国曾长期参与老挝内战（Laotian Civil War），所以在越南战争之前美国就已经被拖入东南亚的冲突。你会深入了解英国说服美国加入第二次世界大战的秘密计划，并最终扭转了希特勒第三帝国（Third Reich）压倒性的优势。你还会知道前总统奥巴马如何资助参与了索马里（Somalia）不断升级的内战。

历史上，这样的秘密行动数不胜数，这一章展示的是精心筛选后那些最令人惊讶的秘密战争……

美国支持下推翻卡斯特罗的尝试

中情局训练的部队由古巴返回美国。猪湾事件对美国和肯尼迪总统而言是一场公关灾难

猪湾入侵，古巴，1961 年 4 月

1961 年，美国处于紧急备战状态。美国摆脱第二次世界大战的动荡已经 15 年有余，现在美国与前盟友苏联卷入了一场与以往完全不同的冲突。在麦卡锡主义（McCarthyism）和“红色恐慌”（Red Scare）的影响下，共产主义被描绘成看不见的敌人，正试图从内部摧毁美国。当时，距离佛罗里达州基韦斯特（Key West）仅 90 英里的岛国古巴，已经被革命吞没了，一个新的社会主义政权已经建立。

随着苏联势力在东方继续扩张，美国政府意识到必须有所行动，但又不能冒全面宣战的风险。就在这一背景下，猪湾事件发生了。这项任务由中央情报局负责。1960 年 5 月，中情局开始招募在卡斯特罗政变后逃离该国的反共古巴人。中央情报局很快在危地马拉（Guatemala）太平洋沿岸马德雷山脉（Sierra Madre）的雷塔卢莱乌（Retalhuleu）附近建立了代号为“JMTrax”的基地，训练 430 名战士，为未来的军事策略做好准备。这一团体的代号为 2506 旅，日后成为了反对卡斯特罗新的古巴民主革命阵线（Cuban Democratic Revolutionary Front）的先行部队。

中央情报局支持的计划很简单：从危地马拉和尼加拉瓜（Nicaragua）发起攻击，在猪湾（古巴南部海岸的一个小港口）登陆，镇压古巴革命武装部队并推翻卡斯特罗和切·格瓦拉（Che Guevara）。美国总统德怀特·艾森豪威尔首先提出了这一行动倡议，但 1961 年 4 月，他的继任者约翰·肯尼迪才最终签署批准了这一行动。4 月 13 日，1,400 人组成的反卡斯特罗古巴部队乘船出发，前往猪湾。当他们驶近海岸时，中情局提供了 8 架 B-26 轰炸机于 4 月 15 日袭击了古巴机场。一天后，入侵部队抵达古巴。五个步兵营和一个伞兵部队包围了附近的一个民兵组织。但是当卡斯特罗得知入侵时，他决定自己带兵反击。

肯尼迪虽然同意了最初的轰炸机场计划，但他不愿批准对古巴进行空中和海上军事行动，主要是担心将苏联拉入另一场世界大战。没有了美国飞机和舰艇的支援，2506 旅受到了古巴军队以及更为庞大的古巴民兵的全面冲击，最终不得不在三天后投降。

协约国武装干涉俄罗斯内战

北极熊远征（PolarBear Expedition），俄罗斯，1918 年 9 月—1919 年 7 月

1917 年，俄国陷入动荡。一场社会主义革命摧毁了沙皇君主制，国家被分裂成两派，一派支持旧秩序，一派则想要建立一个共产主义的未来。俄国已经承诺加入协约国，共同对抗德国，但是当共产党与反布尔什维克的白色运动作战时，俄国陷入了混乱的内战。

考虑到俄国很有可能退出战争，协约国决定介入，支持白色运动，阻止布尔什维克把军火运送给轴心国，即德国及其同盟国。1918 年 3 月，新成立的布尔什维克政府与德国签署了布列斯特 - 立陶夫斯克条约（Treaty of Brest- Litovsk peace agreement）。此举让协约国最终决定进行军事干涉，在这场内战中协助对抗共产党。

作为这次军事干涉内战的一部分，英国、美国和其他 9 个国家开始派出军队、运送弹药，以遏制布尔什维克在战争中的参与。1918 年 9 月的北极熊远征是此次军事干涉的一部分。当时距离第一次世界大战结束仅有两个月，5,000 名美国陆军士兵登陆了俄国阿尔汉格尔斯克（Arkhangelsk）。

美国北俄国远征军（American North Russia Expeditionary Force，ANREF）与红军发生战斗，争取夺回被盗的协约国弹药，并解放被困的反布尔什维克捷克军团。最终这场战斗没有产生任何成果（战斗中有 200 多名美军士兵身亡）。1918 年 11 月，第一次世界大战结束，几个月后协约国被迫撤军。

图中为俄罗斯红军士兵。4 年的战争已经让英国和美国筋疲力尽，不得不撤出

英国人自己的越南战争

阿姆斯特丹行动（Operation Masterdom），
越南，1945 年 9 月—1946 年 3 月

在美国陷入最灾难性的海外冲突之前的 30 年，英国在越南的土地上驻扎了部队，与共产主义势力作战。在纳粹德国正式投降后不到两周，英国的部队便降落在越南，在越南南部接受日军的投降。4 年前，日本侵略了中南半岛（Indochina）（曾经是法国控制的地区，包括今日的越南、老挝和柬埔寨）。由于纳粹的长期占领，法国几乎瘫痪，因此英国同意推进权力移交进程。盟军东南亚战区最高司令（Supreme Allied Commander Southeast Asia Command）蒙巴顿勋爵（Lord Mountbatten）带着一支主要由英国和印度士兵组成的部队，准备前往越南西贡，组建一个盟军委员会，并监督盟军法属印度支那陆军部队（Allied Land Forces French Indochina, ALFFIC）。意料之中的是，一些问题出现了。

首先，被任命为盟军委员会负责人的道格拉斯·格拉塞（Douglas Gracey）少将决定，在东京收到日本正式投降信息之前，暂停移交程序。由于这一决定，突然间英国军队的停留时间就从几周延长到了几个月。解放了越南的共产党越南独立同盟会（Viet Minh）让越南和印度支那地区陷入了混乱之中，局势进一步恶化。投降的日本部队也为了控制西贡而被迫为盟军作战。

法国最终于 1946 年 3 月重新控制该地区，英国部队不久之后就撤离了该地区。

英国支持阿曼对抗叛军的战争

佐法尔省反叛，阿曼，1962 年 4 月—1976 年 3 月

20 世纪 70 年代的阿曼（Oman）与今天的截然不同。当时，这个中东国家被称为马斯喀特和阿曼苏丹国（Muscat and Oman），受控于君主苏丹[1]的绝对统治之下。当时的统治者赛义德·本·泰穆尔（Sultan Said Bin Taimur）禁止任何技术进步，使得整个国家陷入经济停滞。

苏丹是阿曼的最高权威，阿曼看似是由苏丹绝对统治，但实际上整个国家在英国殖民统治之下。尽管阿曼人大多数生活在绝对贫困中，但阿曼的石油资源丰富，原油天然资源已经出口到英国。由于该国区域众多，这种单方面的设置不可避免地导致与阿曼人民的摩擦，就在佐法尔省（Dhofar）的山区，叛乱开始了。

1962 年，佐法尔省解放阵线（Dhofar Liberation Front, DLF）成立。这个共产主义团体拒绝苏丹的统治，并宣布与阿曼多年来屡次交战的邻国沙特阿拉伯（Saudi Arabia）结盟。佐法尔省解放阵线和沙特阿拉伯游击队袭击英国在该地区的石油储备，这是该地区长达 10 年的混乱的开端。很快，佐法尔省解放阵线就开始从也门民主人民共和国（Yemen）等地获得资金和军火，转变为被占领的阿拉伯湾人民解放阵线（Popular Front forthe Liberation of the Occupied Arabian Gulf, PFLOAG）。这场叛乱不再是只为领土自治而斗争，而是要将阿曼变为另一个共产主义国家。被占领的阿拉伯湾人民解放阵线改进了苏联的武器，比阿曼苏丹国武装部队（Sultan of Oman's Armed Forces, SAF）使用的第二次世界大战栓动步枪要先进许多。英国很快派出飞机、部队和大炮来支援苏丹武装部队，但叛乱激起了更大的阻力。1970 年 4 月苏丹被废除。随着苏丹的废除，英国担心其对该地区的控制可能会受到影响，但英国也很清楚，他们无法承受一场旷日持久的战争。英国政府派出了几个特种空勤团，和一支皇家工程师队伍，作为“心灵和思想”政策的一部分，结束佐法尔省的旧秩序，帮助重建该国基础设施。英国大赦了反叛分子，并支援了苏丹武装部队与那些选择继续战斗的武装分子对抗。到了 1975 年，阿曼的共产主义团体已经不再获得外界支持。随着阿曼已经处于变化阶段，重振旗鼓的苏丹武装部队终于能够结束叛乱。

1 苏丹：伊斯兰教历史上的一个官职，现今作为一种统治者的称号使用。

美国在老挝长达十年的轰炸战争

老挝内战，老挝，1953 年 11 月—1975 年 12 月

2016 年，美国总统奥巴马前往东南亚国家老挝。这是一个重大的时刻，不仅因为奥巴马是第一位到访该国的现任美国总统，更是因为他承诺花费 9000 万美元，用于清除仍留在老挝土地上的数百万枚未爆炸的美国炸弹。然而，尽管这位美国的第 44 任总统曾表示，他对美国在 40 多年前几乎将老挝夷为平地的行动感到遗憾，但许多人注意到，美国并没有给出实质的道歉。

对于美国而言，老挝依然是一个无端战争的例证。在这场保密得不太好的战争里，他们在老挝执行了 580,344 次轰炸任务，投下了 2.6 亿枚炸弹——相当于大约 200 万吨的弹药。对于老挝人民来说，美国的空袭在老挝的土地上留下了难以褪去的伤痕。在全国 18 个省中，仍有 10 个省受到未爆弹药的影响。那么美国为什么轰炸这个泰国和缅甸的邻国，乃至每分钟要投下 8 枚炸弹?

1961 年，老挝成为美国反共外交政策的焦点。彼时冷战已经全面展开，共产主义也在中国和越南迅速站稳脚跟，社会主义在亚洲快速传播。德怀·D. 艾森豪威尔以及他的继任者约翰·肯尼迪希望遏制社会主义的蔓延。距离美国土壤仅 150 千米的古巴转变为共产主义国家后，美国政府越来越担忧全球日益高涨的“红色浪潮”。受越南北方支持的共产主义政治运动巴特寮正在逐渐控制老挝，因此中央情报局开始在该地区积极训练和武装反共战斗人员。与数千名美国支持下的老挝士兵一起，美国开始了一场可怕的轰炸行动，旨在摧毁从老挝北部的巴特寮到南部的“胡志明小道”。

战争快结束时，美国撤出其作战队伍，结束对皇家老挝军队的支持，那时，成千上万的老挝人已经丧生于炮火之中。据估计，美国的这次轰炸行动造成该国十分之一的人口死亡。虽然这次在老挝的轰炸行动从未像美国在柬埔寨或越南的行动那样，获得大篇幅的媒体报道（主要是因为中央情报局试图掩盖此次轰炸），但老挝确实成为美国在东方遏制共产主义运动蓝图中的牺牲品。

美国的索马里阴影战争

索马里内战，索马里，1991 年 1 月至今

在秘密战争这份清单上，没有太多的冲突是持续至今日的。但是当你读到这里的时候，美国在非洲国家索马里的秘密行动仍在持续。在奥巴马总统任期内，这些行动得到加强，训练有素的美国士兵开展秘密行动，对索马里进行轰炸，成为了长达 26 年的索马里内战的一部分。

有人会问，为什么美国会卷入一个万里之外的非洲国家的内战冲突呢？就像美国在二十世纪六七十年代不断在亚洲地区抗击共产主义浪潮一样，现在美国面对的是一个非常不同的敌人——极端主义在非洲之角（Horn of Africa）的蔓延。1993 年的摩加迪沙之战（Battle of Mogadishu）导致 18 名美军士兵遇难，此后，美国一直非常谨慎，避免派遣自己的部队参战。目前约有 300 名士兵驻扎在索马里及其附近的其他非洲国家，对当地部队进行战术训练，并为他们提供弹药。

他们的目标是什么？为了打击该地区的青年党（Al-Shabaab）。这是一个遍布东非的超级激进的宗教组织。青年党与基地组织有联系，多年来在索马里发动了多次恐怖袭击事件，包括企图炸毁一架客机。美国也在对该组织进行空袭。据报道，2016 年 3 月的一次空袭导致 150 名极端主义战斗人员丧生。2016 年 6 月，奥巴马向国会通报，他计划在这个日益不稳定的地区继续扩大行动。

青年党与基地组织有联系，多年来在索马里发动了多次恐怖袭击事件，包括企图炸毁一架客机。美国也在对该组织进行空袭。

图为青年党成员

摩加迪沙之战派生了小说及其奥斯卡获奖影片《黑鹰坠落》

北约的秘密幕后行动

短剑行动（Operation Gladio），欧洲，1956 年 11 月 26 日—1990 年 7 月 27 日

1940 年，温斯顿 · 丘吉尔成立了特别行动执行处。这是一个秘密计划，旨在通过游击战术支持欧洲的抵抗运动。随着德国在欧洲大陆快速扩张，特别行动执行处也和许多计划一样，不知疲倦地深入敌方。

当第二次世界大战结束，希特勒的宏伟计划失败时，一个针对失效的保护计划显然很有必要，来确保盟军在未来可怕的权力崛起中做好准备。这其中的很多都在战争结束时被解散了。但到了 20 世纪 50 年代中期，英国和美国意识到，苏联开始以一种熟悉的方式不断扩张，即共产主义的铁幕（Iron Curtain）。在中央情报局和英国情报部门的协助下，北约支持的秘密“幕后”行动完成了计划，并开始执行。

这个想法很简单：在秘密地点储存武器和弹药，并建立间谍小组，以便在共产主义崛起的时候随时激活这些间谍。位于意大利的“短剑行动”是最早形成的行动之一，后来这个名字成为了一项横跨整个欧洲大陆行动的代号。这一行动持续运行，直到 1990 年苏联的缓慢解体和冷战的结束。

意大利政府于 1990 年公开了该行动。但随后在 2004 年，瑞士历史学家达尼埃尔 · 甘塞博士（Dr Daniele Ganser）在一本书中宣称，“短剑行动”可能已经演变成一个恐怖主义风格的团体，用于在欧洲制造紧张局势、抹黑左翼政党。

英国和美国意识到，苏联开始以一种熟悉的方式不断扩张，即共产主义的铁幕。

法国的非洲战争

法国非洲行动，中非共和国，1960—2016 年

法国与非洲国家有着漫长而痛苦的历史。从 17 世纪起，法国的殖民扩张是世界上最大的殖民扩张之一，从北非一直延伸到格洛里厄斯群岛（Glorioso Islands）的遥远海岸。在现代，法国的殖民帝国已经缩小，转变为法国海外省和海外领地（Overseas France），这是一小部分被官方认定为法国土地的 5 个省份和 8 个领地。

2013 年，法国的“红蝴蝶行动”（Operation Sangaris）遭到其他欧洲国家的批评。“红蝴蝶行动”是一个维和行动，本意在中非开展短暂的行动，在许多陷入混乱乃至内战的地区重建和平。这场运动持续了三年，过程痛苦，最终法国于 2016 年正式撤出。但此次干预并非第一次。事实上，“红蝴蝶行动”是法国在困境重重的中非共和国（Central African Republic）开展的第七次军事干涉。

1960 年，中非共和国独立，希望能够进入一个自治的繁荣新时代。但实际上法国殖民者的离开却在这片土地上导致了权力真空，激烈的权力斗争便由此开始。在接下来的 40 年里，不断更迭的法国政府协助组织了不下五次的政变，其中一次的结果是一个自称“皇帝”的军官让 - 贝德尔 · 博卡萨（Jean-B é delBokassa）上台。

博卡萨痴迷于法国独裁者拿破仑（Napoleon），最终在其统治下国家破产。据说，他还对自己的人民施以暴行，直到 1979 年法国推翻了他的统治。接下来的几十年里，法国在中非的秘密战争都是其海外行动留下的不良后果。

英国密谋将美国拖入第二次世界大战

英国安全协调局，全球，1940 年 5 月—1945 年 9 月

1940 年，随着希特勒的纳粹战争机器入侵法国，纳粹主义政权在整个欧洲大陆扩张，英国似乎看到了英吉利海峡正在萎缩。英国面对德国的闪电战（Blitz）毫无还手之力，苏联则以中立态度远远地袖手旁观，看起来英国注定要投降，一切只是时间问题。

首相温斯顿·丘吉尔已经认识到了一个明确但痛苦的事实：如果英国不能以某种方式说服美国作为盟友加入第二次世界大战，英国就会战败，沦为第三帝国的殖民地。如今的美国和英国联系密切，但彼时美国基本上是一个奉行孤立主义的国家，对于在英伦三岛发生的一切漠不关心，反对参加一场远在欧洲、且似乎注定要以德国胜利而告终的战争。美国国会不希望在经济复苏阶段，把国家推入一场全球战争，而总统富兰克林·罗斯福不愿意在总统大选临近时参与世界大战。看起来，美国已经准备好不插手第二次世界大战，让一切顺其自然。在这一背景下，英国安全协调局（British Security Coordination, BSC）应运而生——这个秘密计划的任务不是深入德国或法国的敌军后方，而是在大西洋对岸的美国开展行动。在加拿大间谍——詹姆斯·邦德在现实世界的原型威廉·斯蒂芬森（William Stephenson）的协助下，英国情报局在纽约市（New York City）成立了安全协调局。但对于安全协调局的成立，美国并非不知情。罗斯福总统可能不愿意激怒国会，但他坚决反对纳粹，所以授权战略情报局（中央情报局的前身）支持这一行动。

通过安全协调局在洛克菲勒中心（Rockefeller Center）的纽约办公室，该局在全美开始了秘密宣传，在美国的报纸和广播电台中大肆宣传亲英反德的消息。目标是散播对第三帝国及其意大利（Italy）和日本这两个轴心国盟友的恐惧，并创造与英国的外交团结情绪。该行动激怒了美国联邦调查局首任局长约翰·埃德加·胡佛（J Edgar Hoover）和联邦调查局，因为安全协调局开始通过成千上万的特工来操纵民意。引导美国参与战争的转折点出现在 1941 年 10 月——据说纳粹要将战争扩大至南美洲（South America）。一幅地图显示，南美洲被划分为五个新区域。这份地图影响重大，甚至罗斯福总统都借此来公开谴责纳粹，认为占领美国的邻国墨西哥（Mexico）会给美国带来巨大的安全威胁。所以两个月后日本袭击珍珠港之时，美国已经准备好加入新的世界大战。

斯蒂芬森成为位于洛克菲中心的英国安全协调局得以运营的关键人物

加拿大温尼伯市的一尊斯蒂芬森的雕像

机密

“二战”十大秘密任务

改变了第二次世界大战进程的间谍活动和破坏行动

第二次世界大战的进程由人类历史上几场最伟大的战役塑造。数以百万计的战士在全球各地的战区浴血奋战，战争规模空前。

然而，第二次世界大战的参战者不仅仅是士兵和他们的工业战争机器。第二次世界大战还见证了一种新型战争方式：能深入敌人后方打击目标的隐蔽任务和秘密行动。

这些任务和行动与那些史诗般的战役一样重要。这些任务的目标能否达成，会以积极或者消极的方向影响战争，对最终结果产生影响。这些任务通常由勇敢的少数人在最危险的情况下开展，因为希特勒下令处决所有被俘敌军突击队，这也就意味着投降者将付出生命的代价。

今天许多著名的秘密组织都可以追溯到第二次世界大战：英国突击队（British Commandos）由温斯顿·丘吉尔本人组建，美国战略情报局后来成为了中央情报局，而最著名的特种部队特种空勤团于 1941 年在北非沙漠中成立。

参与第二次世界大战战斗的不仅仅是士兵，从平民百姓到科学家——每一个人都在其中扮演了一定的角色，而战争中一些最重要的秘密任务正是由那些最普通的人执行的，并且最终获得了胜利。在下文你还会看到，在拯救成千上万盟军的生命、对抗纳粹战争的过程中，甚至有一个死人也扮演了至关重要的角色。接下来的故事中有最勇敢和最聪明的战士，这些男男女女无疑是进行那些最危险的秘密任务的绝佳人选，他们开展的间谍活动加上胆魄和勇气，决定了这场人类历史上最大冲突的最终结局。

帕斯特里欧斯行动

纳粹入侵美国本土

日期： 1942 年 5 月—6 月

目标： 破坏重要的经济目标并削弱美国的战争能力。打击目标包括尼亚加拉大瀑布（Niagara Falls）的水力发电厂、纽瓦克（Newark）的宾夕法尼亚车站（Pennsylvania Station）和伊利诺伊州（Illinois）的铝厂

交战双方： 纳粹秘密特工、联邦调查局

战区： 美国本土

1942 年 5 月 25 日，两艘纳粹 U 型潜艇驶向美国。他们的目的地是佛罗里达州的长岛（Long Island）和庞特韦德拉比奇（Ponte Vedra Beach）。每艘潜艇都载着 4 名纳粹特工，他们的任务是：轰炸美国重要的制造业基础设施。8 名特工中有两人是美国公民：恩斯特 · 布格（Ernst Burger）和赫尔伯特 · 豪普特（Herbert Haupt），另外 6 名特工虽然都是德国人，但战前都在美国工作过。他们携带的物品包括炸药、雷管和大约 17.5 万美元的现金。这项行动原计划持续两年。但其中两名特工，布格和乔治 · 约翰 · 达施（George John Dasch），一上岸就决定叛变。达施逃往了华盛顿特区，到联邦调查局自首。起初联邦调查局的工作人员都认为这个人是个疯子，直到达施把他的 84,000 美元现金都扔到桌子上，他们才相信。他们立即拘留并审问了达施。在接下来的两周内，其他特工全部被逮捕并接受审判。包括达施和布格在内的所有 8 名特工都被判以电椅死刑。就在这个时候，罗斯福总统介入，将达施和布格的判决分别改为 30 年有期徒刑和终生监禁。其余的特工都在华盛顿的一间监狱里被处以死刑。战争结束后，罗斯福给予达施和布格宽大处理，前提是他们要返回德国。

结果：

一个目标都没有命中，对于纳粹而言，帕斯特里欧斯行动完全失败。对于特工们而言，结局也很悲惨：只有两人幸存下来——还是在罗斯福总统干预的前提下。

失败

帕斯特里欧斯行动的打击目标：

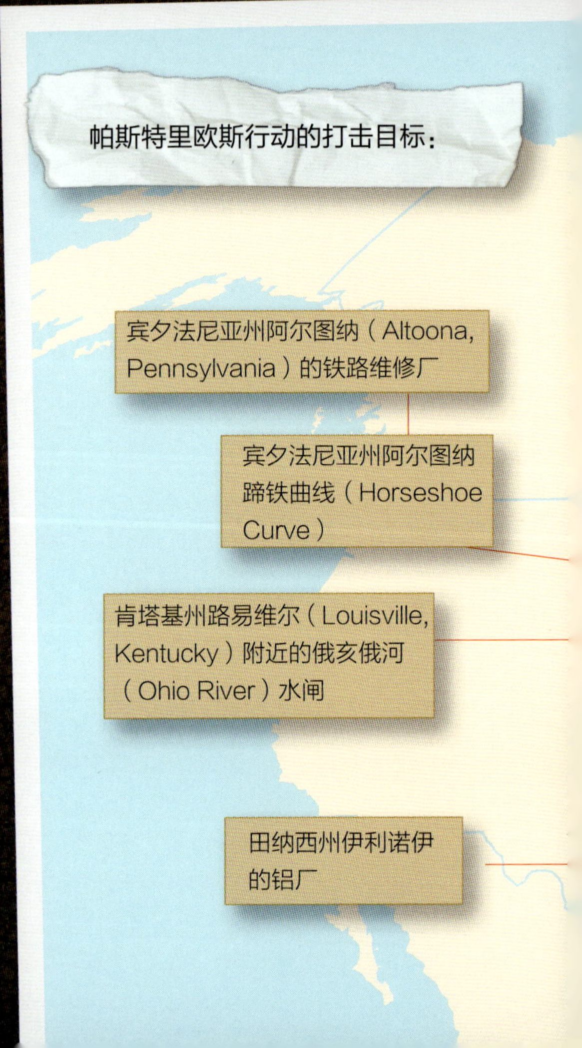

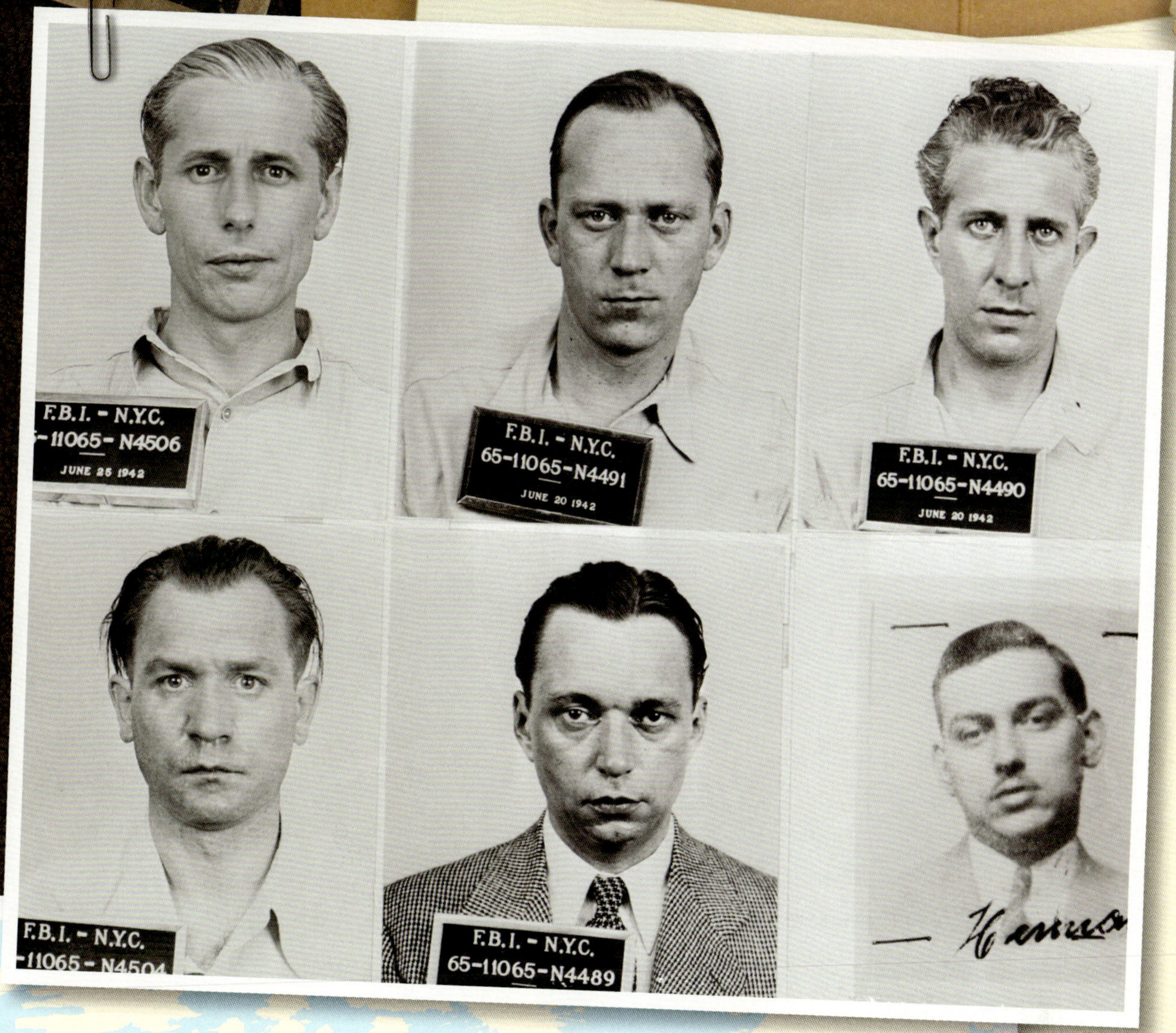
F.B.I. - N.Y.C.
-11065-N4506
JUNE 25 1942
F.B.I. - N.Y.C.
65-11065-N4491
JUNE 20 1942
F.B.I. - N.Y.C.
65-11065-N4490
JUNE 20 1942
F.B.I. - N.Y.C.
-11065-N4504
F.B.I. - N.Y.C.
65-11065-N4489

纽约的地狱门大桥
（Hell Gate Bridge）
尼亚加拉大瀑布
的水力发电厂
纽瓦克的宾夕
法尼亚车站
费城的冰晶石
工厂

蒂泽德计划

丘吉尔给美国的情书

日期： 1940 年 9 月

目标： 与美国进行科学和技术合作，以维持美国对英国的援助

交战双方： 亨利 · 蒂泽德（Henry Tizard）、英国军队成员和科学界人士

战区： 美国本土

战争期间，并非每一项秘密任务里都由无畏的士兵在阴影之下做出伟大的英雄之举；西装革履的精英人士和科学家们也在其中扮演了一定角色。

这样的一项任务将会对英国在战后工业世界中的地位产生巨大影响，因为这项任务让温斯顿 · 丘吉尔把英国最先进的技术拱手送给美国。作为回报，美国会动用其巨大的工业王国协助英国的反纳粹事业。

丘吉尔派出了亨利 · 蒂泽德和由一流科学家及工程师组成的代表团，前往执行这一“慈善”任务。他们带着世界上最先进的航空电子设备和航空航天技术：如，弗兰克 · 惠特尔（Frank Whittle）设计的第一架喷气发动机、制造原子弹的计划，以及一台多腔磁控管，时至今日，这仍是雷达中的关键部件。

那些设计图极其珍贵，因此被装在一个金属保险箱里。如果德军的 U 型潜艇用鱼雷攻击他们的远洋邮轮，这些设计图就会随着保险箱一起沉入海底，而不会有落入敌人手中的风险。尽管如此，邮轮起航前他们差点弄丢了保险箱。雷达专家爱德华 · 鲍恩（Edward Bowen）博士受托负责照看保险箱。当他抵达伦敦尤斯顿站等候其他行李的时候，他将箱子交给了一位热情的搬运工。然后，鲍恩就眼睁睁地看着这位搬运工一刻也不等地跑去寻找开往利物浦（Liverpool）的 0830 客运火车了。鲍恩一路追去，在战时熙熙攘攘的人群之中，差点没追上那位搬运工。

谁是亨利 · 蒂泽德?

亨利 · 蒂泽德（1885—1959 年）是一名科学家、飞行员和皇家学会（Royal Society）成员。在他的职业生涯里，他曾在英国皇家空军、壳牌和军火部任职，并曾担任温斯顿 · 丘吉尔的科学顾问。蒂泽德于 1927 年首次被授予骑士头衔，1937 年获得爵级司令勋章（Knight Commander），1949 年获得爵级大十字勋章（Knight Grand Cross）——这是骑士的最高等级。第二次世界大战后，他成为英国首席科学顾问，并参与了多个国家项目，包括不明飞行物（UFO）调查和与中央情报局共同进行洗脑研究。

结果：

此项任务获得了成功，那些秘密技术大大促进了战后美国航空航天和航空电子业的发展。反观英国，其战后工业却在走衰。

成功

弗兰克顿行动

轻舟英雄（The Cockleshell Heroes）

日期： 1943 年 12 月 7 日—12 日

目标： 在德军停泊在波尔多（Bordeaux）的货运船上安装吸附雷，炸沉船只后逃往西班牙

交战双方： 英国皇家海军、德国海军

战区： 欧洲

1942 年，在比斯开湾（Bay of Biscay），一艘英国潜水艇出现在距离吉伦特（Gironde）河口十几千米的水面上。五艘独木舟进入水中，每艘都载有两名皇家海军陆战队队员和一批吸附雷。他们的目的地是波尔多，目标是停泊在波尔多港口的德国货船。要抵达他们的目标，这些人需要面对：2 艘海上拖网渔船、12 艘 S 艇、12 艘巡逻艇、6 艘 M 级扫雷艇、德军和 50 多英里[1]的海浪与潮水。成功的机会？微乎其微。

1942 年 9 月，英国人确定波尔多为一个关键目标。法国港口是许多德国军队不断输送重要原材料的目的地，因此是纳粹战争机器中至关重要的一环。1942 年 12 月 7 日，一支皇家海军特别小队出发，目标是炸沉尽可能多的德国货船，如果他们在本次突袭中幸存下来，就借道比利牛斯山口（Pyrenees）逃到西班牙，从那里回英国。不过他们出师不利。第一天晚上，两艘独木舟就在海上失踪了。12 月 8 日上午，鳕鱼小队的船员被德国人俘虏。此时只剩下了两艘独木舟来完成任务。到 12 月 11 日，这两艘独木船到达波尔多并准备进行袭击。鲶鱼小队开往西岸，而龙虾小队则往南航行。他们在 8 艘德国货船上安装了吸附雷，随即继续沿着河流逃往西班牙。

弗兰克顿：行动地图

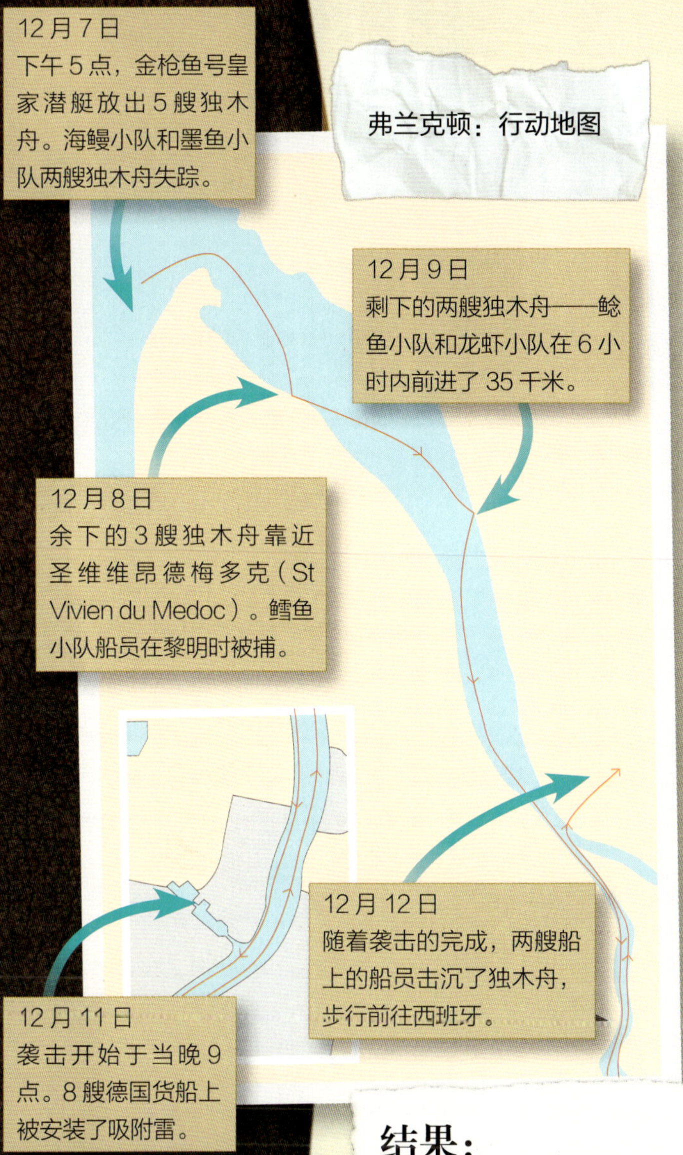

结果：

任务大获成功，宛如一个奇迹。丘吉尔说，这次任务的顺利完成将战争缩短了六个月。

成功

1 1 英里约等于 1.61 千米。

菲利普行动

终结沙漠之狐

日期：1941 年 11 月 10 日—18 日

目标：刺杀陆军元帅埃尔温·隆美尔（Erwin Rommel）

交战双方：英国突击队、德国非洲军团

战区：北非

1941 年冬天，在图卜鲁格（Tobruk）的围困之中，隆美尔的部队困住了英国第八军，并威胁要夺取埃及。虽然英军本来已有计划来扭转这种局面，但丘吉尔看到了一个机会，利用他的突击队执行一项大胆的计划：刺杀隆美尔。

根据消息，隆美尔的总部位于利比亚阿波罗尼亚（Apollonia, Libya）29 千米之外贝达（Beda Littoria）的一栋别墅里。11 月 10 日，59 名突击队员登上了两艘皇家海军潜艇。他们的目的地是深入敌人防线 400 千米的海滩。起初，一切并不顺利。由于天气恶劣，只有 36 名突击队员成功上岸，但这并没有阻止突击队员。他们兵分 3 路，每支队伍都有不同的目标，包括袭击通信设施和隆美尔本人。一支队伍进入了别墅，但被德军击退，指挥官乔佛里·凯耶斯（Geoffrey Keyes）中校在战斗中牺牲。虽然大多数突击队员计划返回潜艇，但恶劣的天气使他们无法重新登陆潜艇。最后，只有两名突击队员经过漫长的沙漠徒步后，成功回到英国。

沙漠之狐：

埃尔温·隆美尔（1891—1944 年）被认为是第二次世界大战中伟大的德国军事将领之一。在 1940 年德军入侵法国和比利时（Belgium）以及 1944 年诺曼底（Normandy）防御中，隆美尔都发挥了一定作用。不过在北非，他赢得了“沙漠之狐”的绰号，并首次遇上了他最著名的对手蒙哥马利（Montgomery）元帅。

1941 年，隆美尔前往利比亚。他和他的装甲师部队支持意大利部队，将盟国赶出了非洲。先进的坦克和隆美尔的出色战术完美结合，几乎击败了蒙哥马利。在他的军事成就之外，隆美尔并不是希特勒及其政策的忠实执行者，所以隆美尔无视希特勒杀死所有平民、敌方突击队员和犹太士兵的命令。在战争的后期，隆美尔还参与了刺杀希特勒的阴谋。被发现后，隆美尔达成了保护家人的协议，被迫自杀。

结果：

这次行动完全失败，不过隆美尔曾这么评价：“这是一次伟大的行动，参与者展现了极大的胆魄。”

失败

复仇行动

为珍珠港事件报仇

日期：1943 年 4 月 18 日

目标：刺杀日本海军司令山本将军

交战双方：美国海军、日本皇家海军

战区：太平洋

1941 年 12 月 7 日这一天，日本偷袭了珍珠港的美国海军，美国因此加入第二次世界大战。计划此次袭击的人是日本海军司令海军上将山本五十六（Isoroku Yamamoto）。1943 年年初，美国海军破译了日本海军密码，这是美国得以掌控日军行动的关键一步。4 月份，美军截获了一条消息，详细描述了山本视察所罗门群岛（Solomon Islands）的航班安排。美国海军便制订了一个计划，拦截并击落山本乘坐的飞机。

为避免被发现，美国的飞机需要往返飞行 1500 千米，这意味着只有一种飞机可以执行这一任务：P-38 闪电式战斗机（P-38G Lightning）。飞行过程中，为了避免被敌军监测到，飞机的飞行高度不得超过 15 米，并进行无线电静默。他们提前一分钟抵达拦截点。在美国飞行员参与的战斗护卫下，其中一架闪电式战斗机攻击了山本乘坐的飞机，并击中了它。飞机坠入下面的丛林中。闪电式战斗机结束了本次攻击任务，返回了基地。

目标简介：山本五十六

出生：1884 年，日本长冈市（Nagaoka, Japan）

死亡：1943 年 4 月，巴布亚新几内亚（Papua New Guinea）

军衔：海军元帅

效忠：日本帝国

山本出生时名为高野五十六（Isoroku Takano），是长冈县武士高野贞吉（Takano Sadayoshi）之子。1916 年，他被山本家族收养并取名为山本五十六。此时，他已经在日本帝国海军服役了 12 年，并已获得陆军中将军衔。1923 年，他被任命为上尉，并于 1940 年成为海军上将。1919 年至 1921 年间，山本在哈佛大学（Harvard University）学习，这在一定程度上能解释他为什么反对和美国的战争。尽管如此，日本帝国海军在 1941 年袭击珍珠港时，实施的正是他的计划。

结果：

美国海军消灭了他们的目标，日本的士气大大受挫，珍珠港事件的大仇已报。

成功

印第安纳波利斯号的最后一次航行：

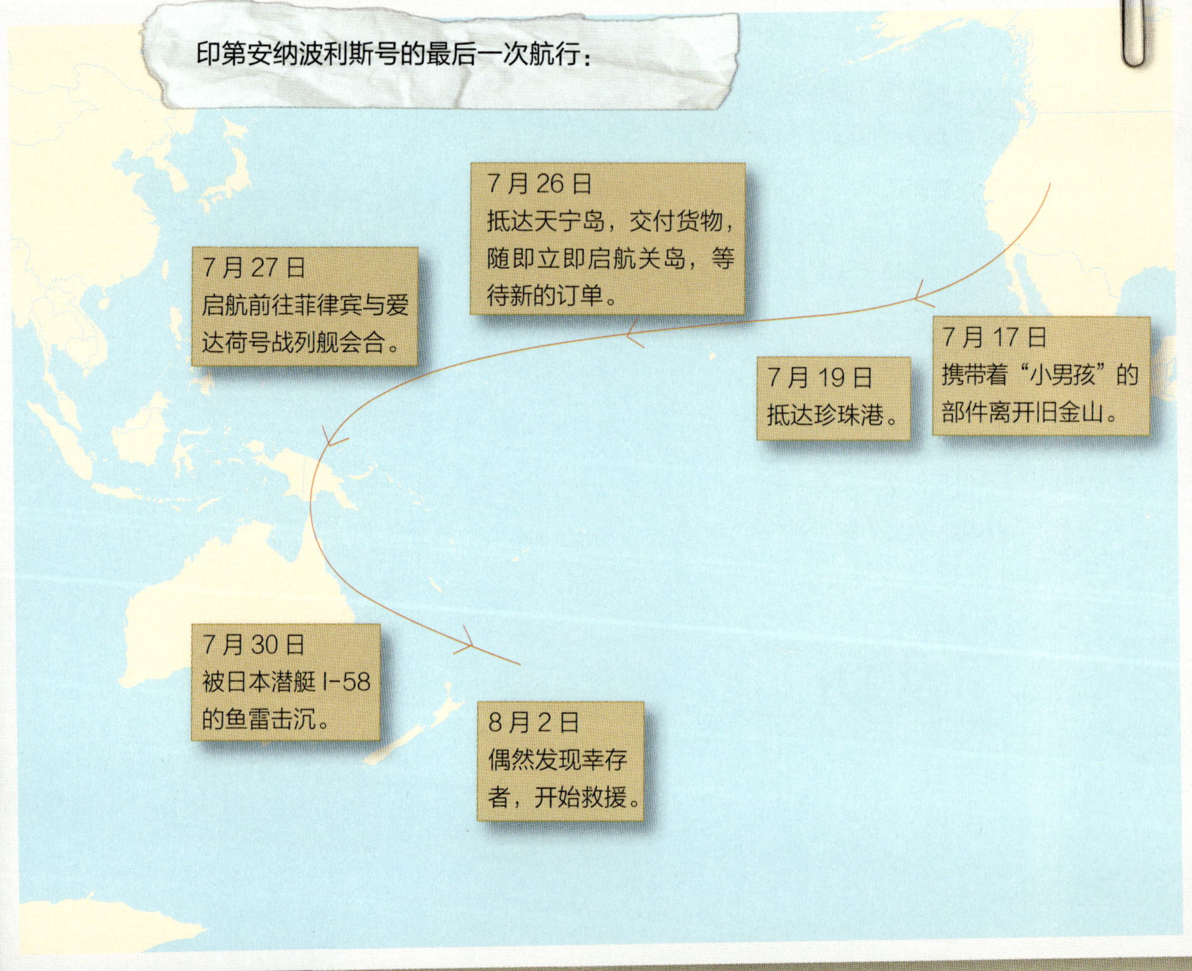

天宁岛行动

印第安纳波利斯号运送原子弹

日期：1945 年 7 月

目标：1945 年 7 月 30 日向美国空军运送“小男孩”（Little Boy）原子弹

交战双方：美国海军、日本皇家海军

战区：太平洋

1945 年 7 月 30 日，一艘独立巡洋舰正从关岛（Guam）驶向菲律宾。突然间，船头发生两起爆炸。巡洋舰开始侧翻，随即便沉没了，消失得无影无踪。在短短的 12 分钟内，巡洋舰就沉了。

就在几天前，美国波特兰级巡洋舰印第安纳波利斯号（USS Indianapolis）执行了可谓太平洋战争中最重要的任务。它运送了“小男孩”原子弹的重要部件，包括爆炸部件铀 -235。事实上，小男孩原子弹需要这一宝贵资源全球供应的约一半。

它的目的地是天宁岛（Tinian）上的美国基地。运送任务完成后，它便收到了新的订单：与菲律宾莱特岛（Leyte）的美国爱达荷号战列舰（USS Idaho）会合。就在那时，日本潜艇找到了它。

令人费解的是，印第安纳波利斯号在航行时没有任何船只护送，舰上也没有任何潜艇检测设备，现在，它的水手们将为此付出代价。根据官方报告，它的下沉速度之快，让船员都来不及发出求救电话。没有人知道它遇到麻烦了。最后还是美国飞行员在日常出动中偶然发现了印第安纳波利斯号。但那时，船员已经在水里待了三天。舰上的 1,196 名船员中，有 900 人落水。到 8 月 2 日救援开始时，只有 317 名水手幸存了下来。近 600 人因暴晒、自杀、脱水和鲨鱼袭击而丧生。原子弹的运送非常成功，但代价呢？至今为止，印第安纳波利斯号的沉没仍是美国历史上最大的海难。

结果：

印第安纳波利斯号巡洋舰顺利运送了原子弹，盟军得以战胜了日本，但是牺牲了许多船员的生命。

成功

鲍姆特遣队

巴顿将军最大的错误

日期：1945 年 3 月 26 日

目标：解放 13B 军官战俘营（Oflag XIII-B），并拯救巴顿（Patton）的女婿约翰 · K. 沃特斯（John K. Waters）

交战双方：美国军队、德国军队、英国地方军

战区：欧洲

这一计划由巴顿将军设计，亚伯拉罕 · 鲍姆（Abraham Baum）上尉指挥执行。鲍姆特遣队的目标是驾驶 75 千米进入敌方领土，解放位于德国哈默尔堡（Hammelburg）的战俘营。

然而，这不是普通的战俘营，因为巴顿的女婿约翰 · K. 沃特斯正被关押在那里。沃特斯在北非作战期间于突尼斯（Tunisia）被俘，最近他刚从西里西亚（Silesia）被转移至那里，这给了巴顿一个机会。工作组面临的主要问题是，他们不知道营地的位置，而且他们之中一共只有 15 张地图，因此他们不得不询问当地人来获得信息，打听到目的地的具体位置。

3 月 27 日，他们到达了营地并找到了沃特斯，但他被一名德国士兵击中了臀部，所以无法移动，特遣队不得不把他留在营地。当鲍姆的特遣队开始回到安全区域时，他们遭到了德军的包围和攻击，被迫投降。鲍姆并不知道，德国侦察飞机全程都在暗中观察他的特遣队。一共有 300 人参与了特遣队行动，其中 32 人在行动中丧生，35 人返回盟军控制区，包括鲍姆在内的其他人均被俘。

鲍姆特遣队：巴顿的团队要解放 13B 军官战俘营

- A 连队——第 10 装甲营：4 名军官和半履带装甲运兵车上的 169 名士兵。
- C 连队——第 37 坦克营：3 名军官和坦克上的 56 名士兵。
- D 连队——第 37 坦克营：1 名官兵和坦克上的 18 名士兵。
- 指挥与支援——第 10 装甲步兵营：3 名官兵和 60 名士兵，各类其他车辆。

结果：

完全失败。艾森豪威尔将军因此次行动遣责了巴顿，不过鲍姆还因他的遭遇获得了一枚奖章。

失败

冈赛塞德行动

泰勒马克的真正英雄

日期： 1943 年 2 月 16 日—28 日

目标： 销毁位于泰勒马克的韦莫克重水化工厂

主角： 特别行动执行处、英国突击队、挪威反抗军、纳粹德国

战区： 欧洲

1942 年，制造世界上第一颗原子弹的竞赛开始。当美国人和英国人在新墨西哥州开展曼哈顿计划（Manhattan Project）时，纳粹正忙于在挪威（Norway）朝着同一目标迈进。重水是建造原子反应堆的重要组成部分，韦莫克重水化工厂是世界上唯一生产重水的地方——而这个地方属于纳粹。盟军知道他们必须停止工厂的生产活动，但工厂位于深山之中，因此无法进行空袭。在前一年，英国的特别行动执行处已经通过松鸡行动在该地区安排了特工。1942 年 11 月又开展了一次灾难性的袭击行动（新生行动），那次行动中所有的英国突击队员都遇害了。现在轮到挪威人出手了。

2 月 16 日，6 名挪威突击队员跳伞进入泰勒马克。他们会见了松鸡行动的特工们，制订了最后的打击计划。进行地面进攻是挪威突击队唯一的选择，他们通过唯一的入口进入工厂，这就意味着要穿过一座悬在山谷上方 300 米处的狭窄吊桥。整个地区不仅埋有地雷，还装有探照灯。但是，这些人并没有选择通过桥梁来进攻，而是决定爬下山谷，穿过冰冷刺骨的河流，从山谷的另一侧爬上去。令人难以置信的是，他们成功进入了工厂，没有被发现。潜伏在工厂内的一名特工已经给他们提供了详细的工厂平面图，所以这些人知道目标物在哪里，应该在哪些地方安装炸药。所有的装置都安装完毕，他们还留下了一把英国机枪，这样纳粹会认为这完全是英国的行动，以防纳粹对当地居民进行任何报复。最终，爆炸装置被引爆，工厂的重水室被完全摧毁。

结果：

纳粹的重水供应被完全破坏，重要的制造设备也遭到破坏。随后纳粹组织了一场大规模的搜捕行动，但无济于事。突击队成功从挪威逃往瑞典。

成功

纳粹可能制造出原子弹吗？

重水——化学上称为氘代水（D2O），是一种含有氘的水，这使得氘代水比普通的水密度更大。重水被用于核反应堆中，用来浓缩钚。

纳粹需要用在泰勒马克（Telemark）生产的重水来制造核武器级的钚 -239。这是原子弹的反应部分，也就是产生爆炸的那部分。那么，如果挪威的破坏行动没有成功，纳粹是否会造出原子弹？现在看来，并不一定。虽然纳粹在整个战争期间，一直有制造原子弹的计划，但纳粹的进展远远不及盟军在新墨西哥州（New Mexico）制造原子弹的成果，因此纳粹很难成功造出原子弹。但是在 1942 年，没有人能够知道这一点。直到今天，希特勒拥有原子弹的可能性依然令人感到恐怖。

水源行动

炸沉提尔皮茨号

日期： 1943 年 9 月 20 日—23 日

目标： 炸沉三艘停泊在挪威的重型德国战舰——提尔皮茨号、沙恩霍斯号、吕佐号

交战双方： 皇家海军、澳大利亚皇家海军、纳粹德国海军

战区： 北海

随着德国对苏联战争的逐渐展开，希特勒命令他在北海（North Sea）的船只拦截并炸沉从冰岛（Iceland）运送补给品的苏联舰队。对此，英国人的回应是发动一场大胆的袭击，攻击纳粹德国海军（Kriegsmarine）三艘最大的战舰沙恩霍斯号特级战列巡洋舰（Schamhorst）、吕佐号德意志级装甲舰（Lützow）和提尔皮茨号战列舰（Tirpitz）。提尔皮茨号是德国最大的两艘战列舰之一，受到高度赞扬。丘吉尔对此行动的评价是：“彻底毁灭，哪怕只是破坏这艘船都是现代最伟大的事件。”这三艘船都停泊在被占领的挪威。英国的计划是用三人 X 级侏儒潜艇潜入这些船只，使用爆炸物破坏船体。9 月 20 日，常规潜艇将这 6 艘侏儒潜艇从苏格兰拖曳至挪威，这六艘侏儒潜艇分别为：长尾鲨号皇家潜艇（X5）、威猛号皇家潜艇（X6）、倔强号皇家潜艇（X7）、海上仙女号皇家潜艇（X8）、瑟提斯号皇家潜艇（X9）和君权号皇家潜艇（X10）。9 月 22 日，X 级潜艇舰队发动袭击。其中三艘在前往目标途中迷路，只剩下三艘：X5（舰队旗舰）、X6 和 X7。据称，X5 被提尔皮茨号击沉，X6 和 X7 攻击了提尔皮茨号。然而，X6 和 X7 投出的炸弹都低于目标。炸弹引爆，提尔皮茨号并没有被击沉，但也遭到了严重的损坏，以致随后的 6 个月都不得不停用。这两艘 X 级潜艇被发现，遭到了袭击。船员们不得不弃船而逃，最终被俘。

结果：

尽管提尔皮茨号并没有被击沉，但受到了严重的破坏，直到 1944 年 4 月才重新投入使用。

成功

目标：德国战列舰提尔皮茨号

提尔皮茨号是第二次世界大战中德国最大的两艘战列舰之一，另一艘是臭名昭著的俾斯麦号战列舰。提尔皮茨的主要武器包括 8 个分布在 4 座双联装炮塔中的 15 英寸[1]舰炮。提尔皮茨号全长 251 米，最高时速为 56 千米 / 小时，续航距离为 16,145 千米，乘员可超过 2000 人。

它在战争中扮演的角色有两个：一个是阻止盟军可能的入侵，另一个是阻止苏联海军的突袭。它也被用来拦截用于给苏联提供补给的盟军供给船。1944 年 9 月，英国皇家空军的兰开斯特轰炸机使用 5,400 千克重的高脚柜炸弹，最终摧毁了提尔皮茨号。

1 1 英寸约等于 2.54 厘米。

肉馅行动

一名死亡的间谍是如何骗过了纳粹，改变了战争？

日期： 1943 年 4 月 30 日

目标： 散播虚假信息，以掩护盟军对意大利的入侵

交战双方： 特别行动执行处、德国军事情报机构阿勃维尔（Abwehr）

战区： 意大利

肉馅行动可以说是有史以来最伟大的战时欺骗行动，让整个行动更加引人注目之处在于，成功完成这一行动的间谍当时已经死了。肉馅行动的策划者是查尔斯·查姆利（Charles Cholmondeley）和尤恩·孟塔古（Ewen Montagu）。行动的目的是误导纳粹认为盟军会进攻希腊，而盟军的真正目标是西西里岛（Sicily）。他们的计划是使用一个刚刚去世的遗体，并给它一个新的身份：尸体的钱包里放有一些纸张、账单、照片等，其背后的故事令人信服，会让纳粹以为这是一个真实存在的人。至关重要的是，他们还将一个外观看起来非常正式的公文包放到尸体上，公文包里放有关于盟军进攻希腊的信件。“威廉·马丁”（William Martin）于 4 月 30 日上午被一名西班牙沙丁鱼渔夫发现，渔夫把尸体带到在西班牙韦尔瓦（Huelva）工作的阿勃维尔特工阿道夫·克劳斯（Adolf Clauss）那里。纳粹仿佛上钩的鱼，全然相信了整个故事，错误的信息沿着指挥链一路传到希特勒耳中。结果，纳粹把他们的军事防御重心转移到了希腊，在这个过程中大大削弱了他们在西西里的防卫力量。德国人对威廉·马丁的信件如此确信，他们甚至认为盟军入侵西西里岛是一种误导策略，真正袭击的对象是希腊。等到纳粹反应过来的时候，已经是两个星期之后了，那个时候盟军早已在西西里站稳了脚跟，准备解放意大利。

结果：

肉馅行动大获成功，并拯救了成千上万人的生命。值得补充的一点是，参与此次行动的特工里，有一位名叫伊恩·弗莱明，后来他写了詹姆斯·邦德系列小说。

成功

恩尼格玛密码机

英国的密码破译者如何扭转第二次世界大战局势

布莱切利园的工作人员是如何破译“牢不可破”的德国恩尼格玛密码，以此来帮助击败希特勒的纳粹军团的?

现在是 1942 年 2 月，第二次世界大战的屠杀没有任何停止的迹象，世界力量的平衡岌岌可危。大西洋上，随着夜幕的降临，海水渐渐变得冰冷、黑暗。在世界各地的海洋深处，德国的 U 型潜艇像追踪猎物的食肉动物一样四处巡航。它们静静等候，耐心地等待可以浮出水面的那一刻。有些潜艇甚至公然地包围舰队，在它们周围隐秘航行。这天晚上，一艘 U 型潜艇放出鱼雷，一艘美国护航舰随即被吞没在明亮的火焰中，火光照亮了天空。这个舰队的船员们知道，他们将消亡在这片冰冷的海水中，他们穿越大西洋运往英国的重要物资也将沉入海底。当尖叫声和呼喊声停止，一切都回归到可怕的寂静。临近的船只上的人也只能绝望地在一旁看着，担心下一个被攻击的目标就是自己。狼群就这样又拿下了一个受害者。对于这些潜艇，盟军真的束手无策，只知道这些可怕的潜艇会再次袭击，但不知道什么时间、什么地点。

1942 年年末，英国皇家海军军舰爆炸号（HMS Petard）在巴勒斯坦（Palestine）港口发现了一艘德国 U 型潜艇 U-559，随即用深水炸弹击沉该潜艇。这一次，U 型潜艇上的船员体会到了一切被毁灭的感觉：潜艇在下沉，他们不得不弃船而逃。尽管潜艇已经逐渐沉到水面以下，海军上尉托尼 · 法森（Anthony Fasson）、一等水兵（Able Seaman）科林 · 格拉齐尔（Colin Grazier）和汤米 · 布朗（Tommy Brown）还是游向了它。他们看到潜艇内仍有灯光，随后惊讶地发现那是一台四转子恩尼格玛密码机和相应的密钥本。托尼 · 法森和科林 · 格拉齐尔凭借着勇敢和机敏，用防水材料把密码机、密钥本、二元语言模型表格包裹起来。他们这么做是为了盟军，那个时候他们都没有意识到这些东西的重要性。他们拼尽全力把机器和材料都交给正等在船外的 16 岁海员汤米 · 布朗。这是法森和格拉齐尔的最后一次行动，然后他们就随着 U-559 一起沉下去了。两人牺牲后都获得了乔治十字勋章（George Cross）。

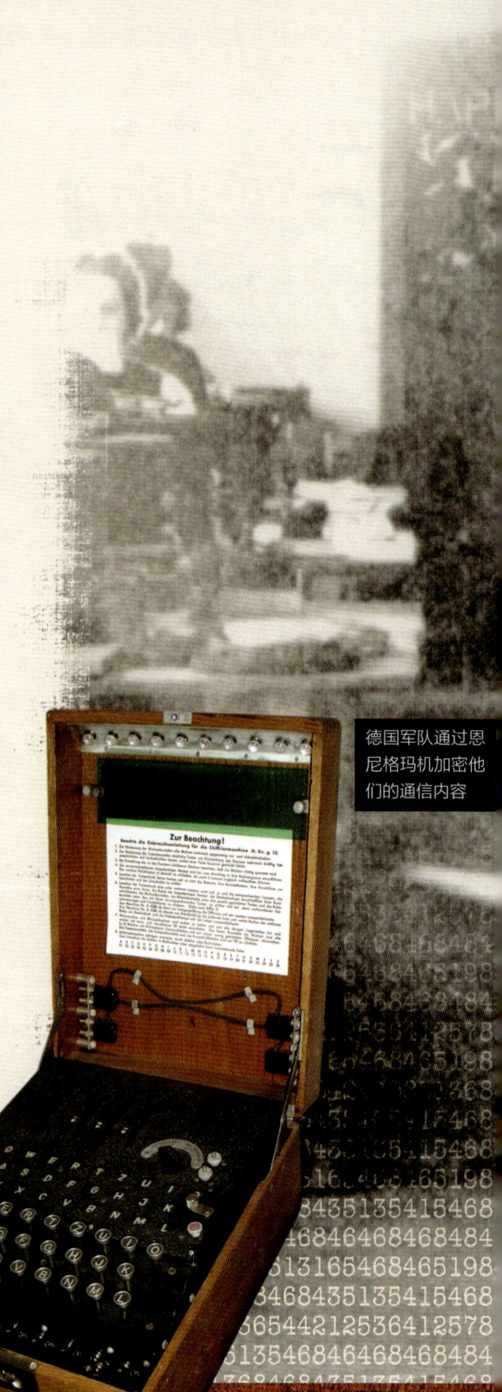

德国军队通过恩尼格玛机加密他们的通信内容

“无法破译”的恩尼格玛密码机

探索这台复杂的德国便携通信机器的主要装置

显示板

每个一个键被按下后，机器就会发出电流，显示板上的一个字母就会被点亮。不断重复整个过程，直到整个信息被加密，然后用摩斯电码的形式发送给收件人。将密码输入后，显示板的灯就会亮起加密前实际的字母。

转子

标准的恩尼格玛机有三个转子，先进的版本有四个。这些转子能把信息打乱，变成难以猜测的密文。纳粹德国的海陆空军队每一个都有相应刻有数字的字母环，而且转子可以每天更换。转子的设置通常在午夜更改，每个转子都可以设置为 26 个字母环中的任何一个。

键盘

当密码机操作员按下“打字机”键盘的其中一个键时，电流会经过旋转的加密字母转子。恩尼格玛的字母并不能自主加密。接收信息的操作员会按照相同的顺序在他的机器中输入收到的摩尔电码。

接线板

接线板使得机器的布线变得更加复杂，增加了数百万种可能的编码组合。接线板设置也可以每天更改。接线板上的 A 插座连接到键盘内置终端的第一个接口，B 插座连接到第二个接口，以此类推。

对英国密码破译者而言，这个机器就是个宝藏。密码机被送到了白金汉郡郊外的布莱切利园，那里有一栋乡间别墅。在战争初期，这里就作为情报总部。在那里工作的人知道，现在他们有一个绝佳的机会破译德国海军的密码，影响第二次世界大战的结果，这一密码的代号为“鲨鱼”。在整个破译过程中，一个古怪的年轻数学家发挥了关键性作用，他就是艾伦·图灵。

图灵生于 1912 年，年仅 27 岁的他从剑桥来到布莱切利，那天英国对德国宣战。他的衣服总是皱巴巴的，总有人觉得他像个流浪汉。当他因为某些问题或想法感到兴奋时，他总会因为急于表达大量观点而结巴。常有人看到他在布莱切利郊外骑着自行车，通常还戴着一个防毒面罩，以防花粉诱发他的花粉症。在办公室里，他会把咖啡杯用链条锁挂在暖气片上，这样就不会有人拿走了。图灵对战时的银行和货币缺乏信心，所以把钱换成了银条，埋在地下，准备战后再挖出来。然而他没有想到，当他沿着自己精心设计的路线指南去挖那些银条时，一个叫作米尔顿凯恩斯（Milton Keynes）的小镇正在郊外的那片土地上一砖一瓦地建设起来。在旁观者看来，艾伦·图灵正是一个人们刻板印

第二次世界大战密码编译者和破译者简史

1923

发明

第一台密码机是一项荷兰发明，拥有该专利的是亚瑟·谢尔比乌斯（Arthur Scherbius）博士。他在 1923 年的国际邮政联盟大会（International Postal Union Congress）上推广密码机，将其用于银行业务，但最终证明不太成功。

1932

波兰人

波兰数学家马里安·雷耶夫斯基（Marian Rejewski）、亨里克·佐加尔斯基（Henryk Zygalski）和杰尔兹·罗佐基（Jerzy Rozycki）使用复杂的数学成功破译了恩尼格玛机的密码，还发明了佐加尔斯基手工算法。这种方法极为耗时，而且只在恩尼格玛机升级之前的早期才有效。

1939

分享秘密

7 月，波兰召开了一场秘密会议，与会者包括布莱切利园的密码破译者：彼得·特温、迪利·诺克斯、艾伦·图灵和托尼·肯德里克（Tony Kendrick）以及法国情报部门的居斯塔夫·伯特兰（Gustav Bertrand），他们共同分享波兰密码分析师的发现。到了 9 月，波兰人已经将英格玛的模型交给了英国。

1940

突破、炸弹和秘诀

1 月，“绿色”（德国陆军）和“红色”（德国空军）的恩尼格玛机密码被破译。同年 2 月，击沉德国的 U-33 让布莱切利兴奋了一把，因为这为他们带来了一台恩尼格玛机。到了同年 3 月，第一台炸弹密码机“胜利”成功安装到了一号小屋中。但是在当年晚些时候，德军推出了一组新的恩尼格玛密钥。

迪利·诺克斯

英国人，1884—1943年

自1939年9月起，诺克斯就和图灵在布莱切利园共事，正是在那里，他们第一次破译了每日更换设置的恩尼格玛机的密码。诺克斯和他的团队——诺克斯情报服务小组于1941年破译了德国军事情报机构阿勃维尔的密码。诺克斯毕业于伊顿公学和剑桥大学国王学院，被认为是个聪明但有些古怪的人。他学习的专业是古典文学而非数学。

象中为军方工作的密码专家；而在他的同事看来——在这个由全国最聪明的头脑组成团队中——图灵是他那个时代真正的天才。

盟军知道德国人正在使用一台名为恩尼格玛的密码机。在布莱切利，有几个密码破译团队试图破解恩尼格玛密码机使用的代码。这些团队在新建的预制小屋里工作，每个小屋都有一个号码，而不是保密的代码。在八号小屋中，这些密码破译者专注于破解德国海军使用的密码。

他们已经知道德国海军的恩尼格玛密码机的操作者比陆军密码机的操作者更加谨慎，因此难以使用有根据的猜测，或用某些已知信息作为解码的密钥来找到德国人的错误。但是现在他们意识到，由于四转子恩尼格玛上的编码转子的数量增加，可能的设置数量也大大增加。图灵已经在专注升级波兰炸弹密码机，他意识到当务之急是需要有一台机器，来加快机械检查数百万个设置组合的过程。战前在剑桥的时候，图灵就有了一个独创的想法：通用图灵机（Universal Turing Machine），这是一种“超级打字机”，可以自动识别符号、写入、读取和执行其他任务，无须人工干预。然而，在研究过以前的波兰密码机和恩尼格玛的复制品之后，图灵知道，他的假想机器都无法满足破译的需求。于是他开始研究恩尼格玛的机械原理，研究它的转子、线路、接线板，并试图设计一个可以解密相同文本的电路系统。

不过图灵知道，如果用波兰密码机破译加密的德国信息，人为干预仍然是必不可少的，他需要利用已知信息作为编码密钥和数学计算来协助波兰密码机。一台能够快速检查数百万个组合的机器，这一想法具有颠覆性意义。然而，图灵是一个理论家，而不是一个密码破译的实操者，所以在六号小屋工作的密码破译者和出色的管理者戈登·韦尔什曼（Gordon Welchman）招募了来自剑桥的数学家奥利弗·朗（Oliver Lawn）来帮助制造机器；第一台炸弹密码机名为“胜利”，于1940年3月18日在一号小屋建造并完成安装。后来，韦尔什曼改进了炸弹密码机的电子对角线路板的设计，增加了机器的功率和计算能力。尽管当时他们已经每天都能读出德国空军恩尼格玛机的信息，但海军

常有人看到他在布莱切利郊外骑着自行车，通常还戴着一个防毒面罩，以防花粉诱发他的花粉症。

1941

破译“海豚”密码

马塔潘角海战（Battle of Matapan）之后，迪利·诺克斯团队使用一种语言学的方式，破译了意大利海军使用的密码。后来盟军截获了德国U-110潜艇上恩尼格玛的编码文件，加上纳粹重复地利用密码传输天气状况，布莱切利园里的破译团队终于能够破解德国海军使用的恩尼格玛密码。

1942

破译“鲨鱼”密码

2月，德国人为U型潜艇推出了更为复杂的四转子恩尼格玛机，使用的密码代号为“鲨鱼”，导致盟军方面出现情报破译的中断。10月份，皇家海军军舰炸弹号上的船员法森和格拉齐尔从纳粹潜艇U-559上找到了两本短信号编码册，这两本编码册被送往了布莱切利园。布莱切利园的密码破译员们终于破译了密码，可以解读U型潜艇的航线。

1943

巨人计算机

德国人推出了一种新的短天气预报密码，不过八号小屋在新型炸弹密码机的帮助下，避免了再一次出现情报中断的情况。十天之后，他们再次破译了“鲨鱼”密码——这是第二次世界大战中大西洋战役获胜的决定性因素。汤米·弗劳尔斯设计和制造了世界上第一台半可编程计算机“巨人”。

1944

成功登陆诺曼底

破译德国海军恩尼格玛密码在盟军的一次双重欺骗行动中发挥了关键性作用。该行动代号为南部坚忍行动（Operation Fortitude South）。盟军成功误导了希特勒，让后者相信他们计划在加来海峡（Pas de Calais）登陆，而非诺曼底，这对诺曼底登陆的结果产生了巨大影响。

戈登·韦尔什曼

英国人，1906—1985 年

阿拉斯泰尔·丹尼斯顿（Alastair Denniston）从剑桥把韦尔什曼招募过来。1939 年 3 月，韦尔什曼在伦敦参加了两周短期课程，于当年 9 月 4 日来到布莱切利园报到。他发明了六号小屋流量分析法，并运用自己的组织能力把布莱切利园从一个小屋作坊变成了一个高效的组织，每天 24 小时接受拦截信息，发出情报，一年 365 天，天天如此。

的恩尼格玛机是一根更难啃的硬骨头。1941 年，发生了两次重大海战——一次在北极圈（Arctic Circle）内，一次在大西洋。这两次海战让盟军得以获得恩尼格玛机的编码文件。根据这些信息，图灵计算出了一种他称之为“班伯里”（Banbury）的新方法，因为整个运算过程里需要在班伯里制造的长纸上打孔。在 1941 年夏天余下的时间里，布莱切利园的破译者已经能够解读德国海军恩尼格玛机的大部分信息，从而为英国航运提供了重要的保护，这也是布莱切利园里真正的成功故事。战争取得了重大突破，但随着战争的推进，密码破译团队将面临更加激烈的战斗。

布莱切利园的故事起源于 1938 年 8 月。当时，在牛津大学城和剑桥大学城之间的一个白金汉郡小型乡村火车站，一群衣着普通的人抵达布莱切利的一栋维多利亚时代的乡间别墅举行的社交聚会。在雷德利上尉的组织下，随行人员表面上看起来在享受上层阶级喜好的事情：周末射击派对。但这是真的吗？事实上，这群人都是军情六处和政府密码学校（Government Code & Cipher School, GC & CS）的成员，或者是备受尊崇的学者，后来他们都成为了密码破译者。他们评估了这座住宅及其地基，认为如果发生战争，这里可以作为战时的情报部门场所，而随着希特勒所发表的每一次煽动性的言论，战争的可能性越来越大。

当战争这一不可避免的事情发生时，这些人转而开始了一些后来被认为将战争缩短了两年的工作。来自各行各业的男男女女突然都在这个火车站台下车，他们中有数学家、古典文学学者、工程师、皇家海军女子服务团成员、空军女子辅助部队成员、语言学家、打字员、行政人员甚至是上层社会的年轻女子。

每个人都像是大轮子里的一个小齿轮，独立工作并且高度保密，他们不知道任何其他小屋中进行的工作。他们签署了《官方保密法》后，意识到了自己的工作对战争至关重要，但他们永远无法向任何人提及自己的工作。这些人的智慧毋庸置疑，不过最早破译恩尼格玛机的并非是布莱切利园的英国人，这个荣誉实属另一个国家。1932 年，波兰人首先破解了恩尼格玛机。当时，密码每隔几个月改变一次，而到了战争爆发的时候，密码每天都会更换。随着波兰遭到入侵的威胁迫在眉睫，他们转而向英国求助，来帮忙破译恩尼格玛机的 15 万亿种可能的组合——这是一个惊人的数字，150 亿个 10 亿。顶级的密码破译者们都被聚集到布莱切利园的预制编号小屋内。这些队伍由迪利·诺克斯（Dilly Knox）、约翰·杰弗里斯（John Jeffreys）、彼得·特温（Peter Twinn）和艾伦·图灵领导。他们的第一个突破是破译了德国军队使用的行政钥匙，简称为“绿色”，随后他们破译了德国空军使用的“红色”钥匙。当然，恩尼格玛机密码被破解在当时是最高机密，绝对不能让纳粹知道，因此他们捏造了一个名为伯尼法斯（Boniface）的军情六处间谍，以掩人耳目。在整个战争期间，德国都认为情报的破译都是因为双重间谍泄露了信息，而没有想到一个远程的密码破译团队正在解密。艾伦·图灵和戈登·韦尔什曼发明的炸弹密码机让整个破译机制得以工业化，以加速计算恩尼格玛机所有可能组合的速度。这个机器由皇家海军女子服务团成员操作，其工作环境炎热、有气味和噪声，但这一工作又是无价的。到了 1942 年，布莱切利园的成功首先帮助了北非的战情。在那里，布莱切利园破译的情报让皇家海军切断了隆美尔的供应线，并将德军的一举一动都告知了蒙哥马利将军。然而在早些时候，

词汇表

恩尼格玛

恩尼格玛的外型类似于一台扩展打字机，德国人使用这台机器进行通信。这是一台便携式机器，使用键盘、转子和电脉冲生成数百万种可能的字母组合，对信息进行加密和解密。

TYPEX 打字密码机

经过特殊改进的标准英国密码机，能够像恩尼格玛机一样运行，也带有转子、键盘和带打印机的纸张输送。这台机器被用来将加密文本转换回德文。

炸弹密码机

炸弹密码机不是一台电脑，而是一台可以快速检查数百种字母组合可能的电子机器，可以减少当天恩尼格玛可能生成的数字设置。

用已知信息作为解码密钥（Crib）

一种通过在密码文本中寻找固定模式的有根据的猜测方式，多见于常用的短语，或者德国行动人员使用的词汇，有时候可以通过发现德军错误的方式来猜测，比如他们一再重复使用自己女朋友的名字或粗鲁的词汇。

程序性错误（Cillis）

德国恩尼格玛机操作员的程序性错误，通常是因为他们使用了可识别的信息设置而不是随机设置，或者在发送文本之前没有改变转轮位置。

菜单（Menu）

基于当天用已知信息作为解码密钥的猜测结果而绘制的一系列图表，以提供给炸弹密码机，来减少确认当天的恩尼格玛机设置所需的时间长度。

鹪鹩（Wrens）

意为皇家海军女子服务团成员 。

“巨人”计算机（Colossus）

世界上第一台半可编程计算机。一台实用的数字处理机器，包含 1,500 根真空管，其在几个小时内完成的数学计算，若换以手动计算，则需耗时数周。

丘吉尔的金鹅

这位英国首相是布莱切利园最大的支持者

每天都会有一盒高级解密文件被放入上锁的箱子里，送往丘吉尔的办公室。箱子的钥匙由丘吉尔随身携带。只有外交部和军方的少数人知道这些文件来自哪里，但不是每一位知情者都和丘吉尔一样对布莱切利园的工作充满了信心。1941年9月，丘吉尔访问了布莱切利园。访问期间，他查看了破译密码的机器和小木屋，并与高级编码人员会面。之后，他将这些工作人员聚集在六号小屋外，发表了一次简短的演讲。在演讲中，丘吉尔将他们形容为那些“会下金蛋的鹅——但从不会多嘴”。得到了丘吉尔的支持和尊重后，布莱切利园给他发了一封信，要求获得更多工作人员。丘吉尔果断地做出反应：“确保他们获得想要的一切支持，他们享有最高优先级，完成此项工作后立即向我汇报。今天就开始行动。”

德国人推出了带有额外转子的恩尼格玛机，使得机器变得更为复杂。这导致了盟军重大的信息中断，而且是布莱切利园的密码破译员们面临的最大挑战之一。

好在，法森和格拉齐尔两位海员勇敢地从沉没的U-559中夺取了至关重要的恩尼格玛机密钥本，因此到了1942年年底，密码破译者成功破解了这一台新机器。从那时起，布莱切利园的团队已经能够解读“鲨鱼”密码了。不过，破译德军的战略密码才可以说是布莱切利园最伟大的地方。战略密码是希特勒用于和柏林以及各战区指挥官通信的密码。最初，这些密码仍需手动破译。随着拦截信息的数量不断增加，马克斯·纽曼（Max Newman）教授意识到需要一种新型机器来跟上信息量增加的速度。在出色的英国邮政总局（General Post Office, GPO）工程师汤米·弗劳尔斯（Tommy Flowers）的帮助下，这样一台机器得以完成设计并制造。这台机器被称为“巨人”，是世界上第一个半可编程电子计算机。后来这台计算机对于盟军入侵欧洲和诺曼底登陆行动（operation D-Day）的战略策划发挥了至关重要的作用。1938年，在这个豪宅的第一次“射击派对”上，人们就希望能通过密码破译获得这样的成功。但是同时，即使在政府内部也有很多人担心密码破译者对战争战规划可能产生的负面影响。

不过，艾伦·图灵并非普通的密码破译者。他拥有那个时代最优秀的头脑。毫无疑问，他对“通用图灵机”的独特构想不仅为布莱切利园内电子机器随着战争的推进而不断发展奠定了基础，也为我们今天生活的计算机时代奠定了基础。

在布莱切利园的所有同事中，与汤米·弗劳尔斯的合作可能是让图灵最为兴奋的。图灵和弗劳尔斯于1939年首次见面，当时这位年轻的、才华横溢的邮政总局工程师通过图灵首次得知了恩尼格玛机的秘密。这两人都热情洋溢，是各自领域的专家，并且一直相互尊重。图灵有时会去弗劳尔斯位于多尔利斯山（Dollis Hill）的实验室中看望他，在那里他们首先讨论了如何建造一台可以利用电磁铁破译恩尼格玛的机器。虽然这一想法超出了当时可用的技术范围，但图灵对于这样一台机器的构想和愿景一直留在弗劳尔斯脑海中，最终在“巨人”机器上得以实现。

不过，在天才的背后，图灵是一个饱受困扰的人。这位剑桥毕业生有一定程度的社交障碍，并且是一名同性恋。在那个时代，这不仅仅是一个会让人皱眉的性取向，还是非法的性取向。图灵曾向布莱切利的一位同事霍安·克拉克（Joan Clarke）求婚，后者接受了。但图灵随后又取消了婚约，并告诉了她自己的性取向。

图灵逐渐成为了一个全能型顾问，1942年11月，他作为最高级别联络人越过大西洋，（不仅要处理令人绝望的恩尼格玛危机，）还要就罗斯福和丘吉尔之间的语音信号进行电子编码提供建议。

不过，在图灵的一生中，他的天才和对战争的贡献从未得到过应得的认可。1952年，他因与一名男子发

奥利弗·朗

英国人，1919—2012 年

朗是一名数学家和密码分析师，1940 年 7 月韦尔什曼从剑桥大学耶稣学院招募了他，参与德国陆军和空军恩尼格玛机密码破译工作。彼时他的工作场所还在 D 区的六号小屋。1943 年，朗为炸弹密码机（高速、四个转轮）的设计做出了贡献。1944 年 1 月，他首次破译了新的恩尼格玛机“D 叔叔”——这是德军在陆军和空军三转子恩尼格玛机的基础上的改进版本，多一个新的可旋转反射器和接线口。

生关系而面临刑事指控，并被要求接受荷尔蒙治疗，以减少性欲。1954 年，42 岁的图灵被发现死于曼彻斯特（Manchester）的家中，死因为氰化物中毒自杀。

如今时过境迁，一切都不一样了。很多地方都立起了图灵的雕像：在苏塞克斯大学（University of Sussex）附近，因为图灵在这里长大；在曼彻斯特，因为图灵战后居住在这里。布莱切利园现在也成为了博物馆。2009 年，时任首相戈登·布朗（Gordon Brown）代表国家为针对图灵的起诉致歉，并公开承认盟军欠图灵一句感谢。这个国家和整个世界还应该感谢那些与图灵共事、在布莱切利那个毫无特色的火车站下车的人。

那个火车站见证了太多故事：有一个女孩因为想穿那一身潇洒的制服、希望有机会在海上服役而加入皇家海军女子服务团，结果发现自己被派到全英国离海几乎最远的地方；一位年轻人是著名的国际象棋冠军，正在攻读数学学位，他受邀在整个密码破译行动期间暂时搁置他的学业；一位秘书，只想“尽己所能”，所以在伦敦

申请了一个文书职位，但由于她能说流利的德语，导致她没能留在伦敦，而是拿着一张火车票前往了这个不知名的目的地。他们是普通的男男女女，有的甚至都没有离开过象牙塔，这些人的独特才能都以一种超凡的方式得到了运用。这些人都是心甘情愿地前来参与这项行动，他们通常就是在贝克街（Baker Street）的一栋匿名房子里签署了各自的《官方秘密法案》，之后就来到了这个看似不重要的地方。当他们走下那些列车时，他们不知道自己将成为惊人成就的一分子；他们也不知道，在自己的协助下，给这个国家留下了什么样的遗产。

艾伦·图灵发明了多种破密方法

尽管如此，他们还是来了：慢慢地，有数百人报到，后来随着英国面临闪电战的恐怖、敦刻尔克（Dunkirk）和诺曼底登陆，自愿前来的人越来越多。到 1945 年，在布莱切利园里的工作人员大约有 10,000 人。

布莱切利园是他们的故事开始的地方，是一场独特的斗智斗勇的战争，最终将第二次世界大战缩短了很多年。现在终于可以完整地讲述这个故事，并光明正大地庆祝所有的成就了。

手把手教你破译密码

遵循这六个步骤，你也可以像布莱切利园的密码破译者那样破解密码。

01 监听敌人收集情报

在布莱切利园，又称 X 电台，他们最初使用园区内水塔顶部的无线电发射室拦截摩斯电码、电传打字机和无线电代码。然而，布莱切利园的秘密位置也需要保护，因此英国在全国各地建立了一系列 Y 电台。拦截到的信息会通过摩托车快递给布莱切利园，或者直接通过电传打字机发送，并一起记录在登记室。

03 疏理不通顺的信息

处理并检查当天可用的已知信息，然后将 Typex 打字密码机的设置调整为与恩尼格玛机相同，并输入加密信息。一旦破译完成，解密后的信息就会打印在长条纸上。把这些信息裁剪并粘贴在原始信息的背面，将这些纸张送回六号小屋来完成剩下未破译的部分。之后这些信息会被送到三号小屋，由一个专门的团队对此进行战略分析。

02 运用数学知识和已知信息破解密码

密码破译者凭借自己的智慧和天才，首先通过寻找与原始文本相匹配的特征来手动破解密码。使用已知信息和联络分析，密码破译者经常可以在文本中找到可能存在的规律。了解密码机操作员的人为错误和心理活动（想象操作员是如何开展工作的）也有利于寻找有价值的信息。

04 翻译并理解德语原文本

三号小屋的语言学家将以六号小屋发送的解密文本作为原文，翻译成德语、意大利语和日语密码。在这一阶段，索引室将使用 C 座内的霍利里恩制表机和成千上万的索引卡片检查并交叉引用这些文本，以查看是否有任何之前已经看到过的内容。一旦分析完毕，这些信息就能够作为可用情报，在日常更新中发送给丘吉尔。

05 向丘吉尔发送情报

只有丘吉尔和少数指挥官知道布莱切利园的存在。布莱切利园破译出来的密码被称为“Ultra”，意为“超级”。不过，只有确认德国人完全不会怀疑盟军密码破译行为，盟军才可以使用这些破译后的信息。特别通信小组的设立是为了向各战区提供破译后的信息。第一次使用这些信息是在 1940 年 5 月的法国，之后还在 1941 年 3 月用于北非和其他地方。所有这些破译后的信息一旦收到就立即销毁。

见证者

吉恩·瓦伦廷（Jean Valentine）

皇家海军女子服务团（Women's Royal Naval Service）前成员，曾在布莱切利园工作

你是怎么来到布莱切利园的？

我在苏格兰的珀斯（Perth,Scotland）长大，18 岁时我决定参军。我在当地的海军招募中心参加了情报测试。当我收到通知后，我拿到了一张铁路通行许可，让我前往位于敦巴顿郡（Dumbartonshire）的一个皇家海军女子服务团训练中心。两周后，我被告知我将被派往伦敦，但没有告诉我具体的工作内容。然后我从伦敦被派到米德尔塞克斯郡（Middlesex）的伊斯特科特（Eastcote）的一个 Y 电台，在那里我第一次看到了一台炸弹密码机。后来我被派到布莱切利园工作。

你是否知道布莱切利园正在进行的其他工作？

不，一切都划分得非常清楚。在炸弹密码机上工作时，如果我们得到了一些可能的结果，我们会打电话给一个分机号码。直到战争结束后，我才意识到我打给的是只有一条小路之隔的六号小屋！如果“菜单”起了作用，德语文本就会出现在带子上，那么这些文本就会被送到十一号小屋对面的粉色小屋，在那里德语文本会被翻译成英文。除了园区内的这一小部分，我与任何其他工作都没有任何交集。

空闲时间里你会做什么？

在空闲的周六晚上，我们常常会去村镇里跳舞。布莱切利园里有很多俱乐部和社团，如果时间允许，方便离开自己的工作岗位的时候，每个人都可以参加。活动包括音乐、戏剧、体育运动，各种各样。

具体工作是什么样的？

每一个班次都比较辛苦：上午 8 点到下午 4 点、下午 4 点到零点或零点到上午 8 点。一旦你学会了如何操作炸弹密码机，就会发现这并不复杂，更多的是重复性工作。炸弹密码机自己会寻找答案，如果它认为找到了答案，就会停止运作。机器会产生很多噪声，听起来像是嘀嘀嗒嗒的钟表声，并没有让我感到很烦躁，不过其他同事并不习惯这一噪声。但我们都很年轻、有纪律，知道自己的工作是整个战争的一部分，所以我们都选择了接受工作所带来的一切。我感觉这项工作带给了我一段美好的经历，我很享受这份工作！园区里有各种各样的人，来自不同的阶级，但我们都在一起工作。每个人——不管是军官还是平民，都受到同样的待遇。夜班就更加辛苦，尤其是打乱了我们的饮食规律。也有一些过度疲劳的案例：有一次我被送到病房，睡了将近三天！然后我休息了两周，又精力充沛地回到了园区。

离开布莱切利园后你做了什么？

1944 年我 19 岁，被派往锡兰（Ceylon）从事日本气象密码工作。我在那里待了 15 个月。我从来没有把我在布莱切利园的工作告诉过任何人。1974 年第一本有关布莱切利园的书出版后，我感到非常惊讶，这个惊天秘密终于揭晓了。然而，许多人在战后很长一段时间都不愿谈论布莱切利园，还有一些人现在仍然不愿意提及那里的工作。

十一号小屋和十一 A 号小屋

十一号小屋用于放置炸弹密码机，该机器由图灵和韦尔什曼发明，用来加快密码破译速度。十一 A 号小屋于 1942 年建成，用来放置更多的炸弹密码机，训练人数日益增多的皇家海军女子服务团成员，以满足操作密码机的需求。

四号小屋

四号小屋用来破译八号小屋发送过来的恩尼格玛机的加密信息，为德国的 U 型潜艇和盟军舰队之间的战役提供了重要的日常情报。代号为“南部坚忍行动”的双重欺骗行动正是基于四号小屋的情报才得以成功，为诺曼底登陆做了准备。

布莱切利园地图

F 区和 H 区

这里包括了特斯特小组、纽曼小组、希斯·罗宾逊密码机和“巨人”计算机。F 座主要包括日军密码破译团队。

D 区

六号小屋位于这一区域。六号小屋专门破译德国陆军和空军每日的密码设置。三号小屋也位于这一区域。当六号小屋破译了信息之后，三号小屋就会对这些信息进行翻译和分析，让那些难懂的德语军事用语读起来像是一份可信的报告。这一区域里还有八号小屋，专门破译德国海军密码，最早由图灵领导。

A 区和 B 区

随着布莱切利园内工作人员的数量越来越多，木制小屋已无法满足需求，因而园区内就需要更多永久性建筑。A 区成为了海军部门解密中心。四号小屋于 1942 年迁到了 B 区。海军恩尼格玛密码破译区专注于破译四转子恩尼格玛机。拉尔夫·特斯特（Ralph Tester）的工作小组也位于这个区域，专注于破译洛仑兹密码机，后来该小组搬去了 F 区。

十二号小屋

十二号小屋最早附属于三号小屋，后来成为了四号小屋的一部分。这里是尼格尔·代·格雷（Nigel de Grey）和他的情报分部的工作场所。1943 年 4 月，十二号小屋成为教育小屋，用于举办音乐会。

C 区

这里有一个巨大的索引中心，利用何乐礼制表机（Hollerith machine）来打孔中作索引表。文职人员建起了一整个交叉引用系统，详细列出人员的姓名、地点和单位，协助密码破译员的工作。每周，近 200 万张卡片会得到使用。这些卡片存储在数千个棕色硬纸板箱里。每张都拍照留底，发送至牛津（Oxford）的博德利图书馆（Bodleian Library）保存。

马厩区

车库用于放置军事车辆、急救车和信鸽。3 座相连的农舍成为了工作人员的宿舍。曾用于存储水果的仓库成为了图灵和诺克斯的“智库”房，被称为“平房”。

庄园宅第

布莱切利园的宅第被作为总部和娱乐场所，这里是高级官员的办公室。最初这里是电话通信室，并且放置了电传打字机，不过后来这些器材都被转移至防爆的小屋中。这栋维多利亚时代的乡村宅邸里有餐厅、图书馆、台球室和舞厅。

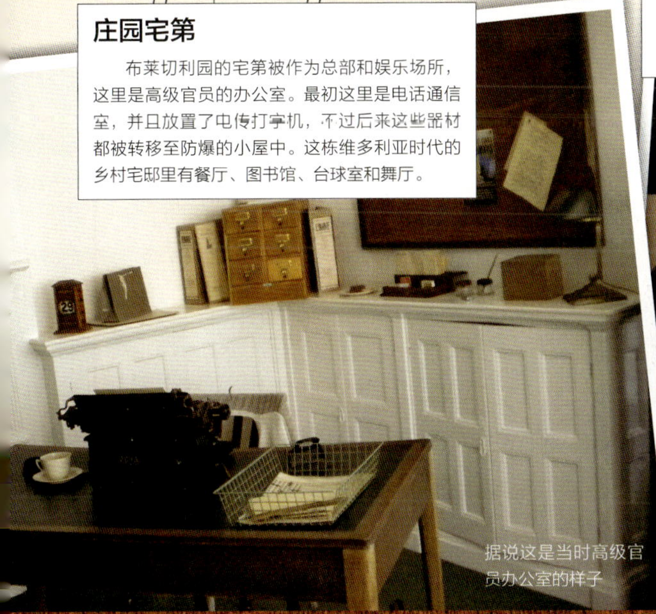

据说这是当时高级官员办公室的样子

1937 年英国人使用的 Typex 打字密码机

FRENCH RESISTANCE
HELPS THROTTLE THE BOCHE

法国抵抗运动

在纳粹占领和维希政权的压迫之下，法国的男男女女甚至外国人都奋起反抗、保卫法国。

希特勒羞辱了法国。纳粹用仅仅6周就打败了法国，维希傀儡政权的建立让法国尊严尽失，军事声誉亦毁于一旦。纳粹战争机器对欧洲其他地区发起闪电战，法国人很快发现他们自己的国家也被德国士兵占领。德国入侵法国速度之快、手段之狠，震惊了法国人民。而法国人还没来得及思考如何反抗，就不得不适应新的政权。

随着法国军队人数被强行削减至10万，贝当将军的维希政府变得越来越难以令人信服，于是法国沦陷区里有很多地方开始逐渐出现一些反抗势力。法国民众的记忆里，这场运动被称为法国抵抗运动（La Résistance Française），这个著名的故事讲述了流亡的夏尔·戴高乐（Charles de Gaulle）将军如何在英吉利海峡的那一端，定期通过电台广播鼓舞人心，动员法国的每一个平民百姓。

这场戴高乐运动协助了盟军解放法国。自那以后，一手持枪和一手拿烟的法国人的形象成为了法国抵抗运动的化身。解放当天，巴黎的大街上到处都是拍照的人，记录法国抵抗运动的胜利时刻。

一名法国抵抗运动成员拿着司登冲锋枪——抵抗运动中最受欢迎的武器之一

我们就像是夜之战士，生活在阴影之下，但我们的生活并不黑暗，也并非只有战斗……我们很多的朋友和同志都遭到逮捕、折磨甚至杀害，悲剧随时可能降临到我们任何一个人身上。我们为这项事业的正义性及其带来的挑战感到兴奋。从很多方面来看，那都是最坏的时代，但同时也是最好的时代，而我们今天铭记的正是最好的部分。

——吉恩－皮尔·莱维（Jean-Pierre Levy），
法兰西射手（France-Frereur）领导人

然而，后来的历史学家回溯那段故事，对这一版本的说法提出了挑战，这一抵制思想在某些方面已成为“戴高乐神话”。恰恰与大众的看法相反，法国抵抗运动还有许多不同派系的参与，每个派系都有着不同的宗教和文化，也包括政治光谱上的每一个派别。战后，戴高乐及其盟友尽量弱化那些名不见经传的反抗者在这次运动中的参与，特别是法国共产党人的付出，这样做是为了在即将到来的冷战中，为法兰西第四共和国（French Fourth Republic）争取尽可能多的政治余地。

近年来，《记忆政治》逐渐占了上风，试图认可这些鲜为人知的群体在战争中的努力，试图明确这场抵抗运动是整个欧洲范围内反法西斯主义事业的一部分。

仅有一部分法国人是出于爱国热情而捍卫他们的祖国。1945年后，在盟军胜利声浪中，很多人都忘了最初法国人容忍甚至配合了纳粹。其中一个例子就是由军人和极右翼分子约瑟夫·达纳尔德（Joseph Darnard）创立的右派军事团体军团秩序部门

戴高乐在海峡的另一端通过广播，鼓舞法国民众反抗法西斯

德国入侵法国速度之快、手段之狠，震惊了法国人民。而法国人还没来得及思考如何反抗，就不得不适应新的政权。

法国铁路网络频繁遭到抵抗运动战士的破坏，他们会让载有纳粹的火车脱轨

（Service d'ordrel é ionionire）。这个团体曾全力支持维希政府，甚至协助了纳粹驱逐犹太人。

法国方面对第三帝国的支持不仅限于法国境内。在苏德战争（Eastern Front）开始后，“查理曼”武装掷弹兵师（Charlemagne Division）的6000名法国人甚至和德国国防军（Wehrmacht）一同作战，对抗苏联军队。

当然，绝大部分法国人都不是民族社会主义者，他们的不反抗仅仅是因为他们还没有准备好承受一场抵抗所带来的风险。他们知道抵抗会很危险，所以选择低下头不闻不问，出于自我保护而服从纳粹的政策，只是希望能活下来。部分法国人选择与纳粹合作也有经济方面的目的。截至1942年4月，法国工业界和德国签署的合同价值达23.6亿帝国马克（Reichsmark）。所有不愿意生活在纳粹统治之下的法国人都选择了逃离，逃往维希政权和被占法国的非军事线以南地区。这些流亡的法国人携带所有家当，举家逃亡，人数高达800万。法兰西第三共和国（French Third Republic）就此灭亡。

在英国避难的戴高乐认为他自己是自由法国的领袖，但很少有人收听他自1940年6月18日开播的广播节目，很多人都有自己的政治及社会目的，按照自己的想法开展了行动。事实上，德国占领法国的第一年，戴高乐基本上没有任何实质的输出。维希政府新的领导人是菲利普·贝当（Philippe P é tain），很多人都希望这位凡尔登（Verdun）战役的民族英雄能够再次展现他的看家本领。然而，当法国人意识到贝当并没有带领大家奋起反抗的打算时，抵抗运动开始了。

最初，这是一项工薪阶层的运动。据估计，只有5%的法国人积极参与了抵抗运动，很多人在维希政权的压迫之下，选择了睁一只眼闭一只眼。然而，随着事态的发展，法国人对德

维希法国民兵：反抵抗运动

极少数人拿起武器，站在了纳粹党卫军那一边

合作派的民兵组织——荣誉战士团（Service d’Ordre Legionnaire）从纳粹入侵法国一开始便已存在，但到了1943年，该组织已经演变为更激进的维希法国民兵。这个组织由约瑟夫·达纳德（Joseph Darnand）领导，他向希特勒进行了一次表示忠诚的个人宣誓，并在党卫军中获得了二级突击队大队长（Sturmbannf ü hrer）军衔。到1944年，该组织协助盖世太保追捕反抗者，成员人数从最初的5000名已经增至35000名。他们以无情著称，折磨任何不服从的人，甚至射杀医院里的抵抗运动成员。维希法国民兵只是反抵抗运动中的一员，是迄今为止最大的组织。维希法国民兵的间谍协助逮捕了让·穆兰和特别行动执行处支持的“繁荣网络”（Prosper Network）的几位特工，后者的总部被党卫军保安局（Sicherheitsdienst，SD）渗透。

法国民兵成员自豪地扛着缴获的英国布伦轻机枪和李－恩菲尔德步枪

维希法国民兵经常与马基团体交战，前者常常在国防军的支持下占据上风。对于纳粹而言，马基是一个很容易打击的目标。因为他们不被认为是一支军队，适用于士兵们的规定不适用于他们，因而发生了几次针对他们的屠杀。德国人开始撤退时，维希法国民兵发现自己被孤立了，许多人因此逃亡去了德国。那些留在法国的人在解放后遭到了严厉的处置。

他们以无情著称，折磨任何不服从的人，甚至射杀医院里的抵抗运动成员。

国的仇恨情绪急剧上升，尤其是无辜的法国少女被纳粹军官强行带去电影院的事件，令法国民众出离愤怒。这也逐渐让抵抗运动成为了法国人民共同的愿景，从一种联盟变成了一个社群。抵抗运动自始至终都没有政治解决方案或者宪法框架，仅仅是民众们自发的一种行为，重塑民族骄傲和自尊。

抵抗运动众生相

抵抗运动中涌现的不同团体都对世界有着不同的愿景。纳粹的海狮作战（Operation Sealion）计划失败后，各方都意识到英国不会轻易被打败，因此各个团体都制订了自己的反抗计划。维希政府听从纳粹的指挥，命令法国民众不要反抗德国，以尽量确保没有军队会离开法国，加入其他盟军军队来对抗轴心国。

法国甚至需要支付德国国防军占领法国的费用。不过法国人民逐渐意识到，德军的占领是强制将法国文化转变为德意志民族共同体的开端，于是抵抗运动升级。1940年11月11日，一群法国学生试图在巴黎凯旋门（Arc de Triomphe）放置第一次世界大战的纪念花环，却遭到逮捕，该事件进一步推高了反德情绪。抵抗运动的参与者逐渐开始参加战斗，最初大多数行动都是秘密行为。然而，小范围传播反纳粹涂鸦和传单几乎不会对德军的占领带来任何影响。

法国人开始有了共同的信念，各种协调性更强的行动逐渐成型。在北部，圣母院兄弟会（Confrérie Notre-Dame）、解放南部组织（Libération-Sud）和法兰西射手（Franc-Tireur）成立。有一个名为“法国防卫队”（Défensede la France）的组织由学生们组织运营，大本营就在他们学校地理系的地下室。

总体而言，越靠近南部的地区的人们越不愿意卷入战争、反抗纳粹，担心这样做反而会以被纳粹占领收场。当时法国最大的抵抗运动团体是解放北部组织（Lib é ration-Nord），成立于法国北部。组织的“大脑”是克里斯蒂安·皮诺（Christian Pineau）和罗伯特·拉科斯特（Robert Lacoste），该组织还与法国贸易联盟有密切关系。组织成立时的文件是所谓的“十二人宣言”，其中包括了10名来自法国总工会（General Confederationof Labour）的贸易联盟代表。

法国的共产党人也成立了一个全国性组织，名为“国民阵线”（Front National），并迅速成为最为激进的反抗组织之一。这些组织都希望能够

盟军参与程度的不断加深，极大丰富了抵抗运动成员可用的武器和装备

成为反抗运动中最大的派别，所以常常互相斗争。直到后来，他们才被集结在同一面旗帜之下，有了共同的目标——解放法国。

众多抵抗运动组织里，有的采取暴力，有的采取非暴力。那些规模较大的组织中，其中一个大力协助了抵抗运动的组织就是铁道工人团体——铁路战斗队（les Cheminots）。他们在法国运输系统中拥有关键性地位，因而他们可以分发反纳粹宣传材料、协助抵抗运动成员逃亡。

很多组织成立后，加入了大部分的反抗势力，来逐渐消磨德国人的耐心，例如钢铁网络（Fer Réseau）。这些组织会故意将货物送到不正确的地点，在水泥里面加糖，故意疏忽铁道信号的变更导致脱轨……

1940 年年底，法国北部开始发行地下报刊，包括《解放你自己！》（Libere-Toi）、《踩在脚下》（Sous La Botte），各个团体互相通气，如何让那些占领者的日子更加艰难。甚至部分法国作家也开始用文学鼓舞法兰西民族主义。在法国，通过媒体表达异见司空见惯，所以文学出版物是一个极为有效的方式，动员法国民众奋起抗击纳粹。

音乐也在抵抗运动中发挥了重要作用。《游击队之歌》（*Le Chant Des Partisans*）成为了抵抗运动的非正式颂歌。然而，没过多久德国人便开始打击这些做法。任何人如果遭到逮捕，就会被送往劳工营。但这些威胁没能阻止这场运动，渐渐地法国人开始无惧这样的威胁。

个人破坏行为愈加频繁，一种常见的反抗做法就是剪断电话线。这导致了多名德国人的死亡，因为失去了电话通信的他们没有接到英国皇家空军轰炸的消息。

在众多抵抗组织中，其中一个组织很快证明了自己的价值——卡迪克斯小组（Cadix Team）。该组织由波兰人组成，在波兰沦陷后他们向西逃亡。他们把破译恩尼格玛密码机的方法传授给了他们的西方盟友。在组织成员被捕后，这个组织也解散了，不过即使受到了折磨，他们依然没有给敌方透露任何信息。

随着欧洲战场的战事升级，盟军飞行员会在法国领空被击落。抵抗运动成员会把这些飞行员偷偷送往中立的瑞士（Switzerland）或西班牙，获取德国军队的最新战略，并交给盟军指挥部。

参与这一行动的主要组织之一是法国的一个犹太复兴运动支持者组成的团体，称为“犹太军队”（Armee Juive）。该团体专门将犹太人偷偷送往比利牛斯山（Pyrenees）的南部。拯救、偷运这些飞行员往往需要像攀岩那样使用梯绳，据估计，约有 28000 名逃亡者从法国被偷偷送往了西班牙。当盟军听说这项快速发展的行动时，他们派出了英国特别行动执行处来帮助协调未来的行动。随后 1941 年 5 月，第一个特别行动执行处特工进入法国。显然，抵抗运动会继续下去。

从恼怒到威胁

1941 年 6 月 22 日，作为对巴巴罗萨行动（Operation Barbarossa）的直接回应，法国的所有共产党人组织合并，再一次推动了反纳粹行动的发展。这一次合并也大大增加了法国共产党团体的政治力量，从此他们直接从莫斯科接受指令，来遏制纳粹的军事行动。

此时，大部分的抵抗运动依然不提倡暴力。地下新闻和破坏行动仍然是最主要的反击方式，火车车厢里和公寓门口依然频繁有反纳粹宣传。1941 年，来自 BBC 的加密信息通过无线电进行传播，特别行动执行处和抵抗运动的战士们得以开始自由地通信。甚至还有维希政权的叛逃者开始参与抵抗运动。维希政府的前成员亨利·弗雷奈（Henri Frenay）开始出版自己的地下报纸。他对局势非常失望，便创建了自己的抵抗组织：战斗（Combat）。德国国防军和秘密警察盖世太保（Gestapo）进一步加强铁腕统治，叛逃者数量的增加也导致了反抵抗运动的产生。食物配给继续收紧，用车的权利严格限制，只留给法国人。盖世太保被动员起来时，许多抵抗运动的战士为了安全，逃往几个未占领地区的森林，并重新整合团队。到了 1942 年夏天，即使盖世太保在法国的人数增加，法国民众的不满情绪也被推高至极点。第一个公开不满的事件出现在 7 月 14 日。当天是法国巴士底日（Bastille Day），人们身着代表法国国旗的颜色——红白蓝，上街游行。当天共举行了 66 次示威活动，但两天后巴士底日的影响就被另外一个事件盖过了——“冬季自行车赛道”事件，德国士兵将成千上万的犹太人聚集到冬季自行车赛道，准备将这些犹太人驱逐到奥斯威辛（Auschwitz）集中营。

这一事件进一步削弱了维希政权和纳粹势力，然而非军事战线仍是一场全国性抵抗运动的最大障碍之一。在被占领的北方，政治宣传和意识形态传播要棘手得多，很多法国民众即使不亲德，但仍支持贝当领导的维希政权。抵抗运动组织很快意识到，抵抗德国人，也就意味着抵抗维希政权所代表的一切——全力配合第三帝国。

遏制纳粹

参与抵抗运动的不仅仅有法国民众和特别行动执行处。阿尔贝·格里斯（Albert Guérisse）曾是比利时抵抗运动的成员，使用化名帕特里克·艾伯特·奥利里（Patrick Albert O'Leary）。格里斯帮助建立了 PAT 逃亡线路，能够高效地将坠落的飞行员转移到安全的地方。甚至一名来自新西兰的飞行员也受益于其中的一条线路。新西兰皇家空军飞行员约翰·莫里斯（John Morris）驾驶的战斗机被击中，燃烧的飞机从空中坠落。所幸，他得以通过其中一条线路逃至安全的地点。

为了打击参与抵抗运动的组织，维希政权出版了大量宣传海报。在海报上，这些抵抗组织成员都被定位为罪人

特别行动执行处和抵抗运动

特别行动执行处派出的间谍协助抵抗组织，“让欧洲燃烧起来”。

第二次世界大战期间，抵抗运动发挥了重要作用，减缓了纳粹军队的占领进度，并最终为纳粹军队的溃败做出了贡献。英国的特别行动执行处成立，是为了帮助波兰、希腊、比利时和法国等地的抵抗运动。在 1941 年至 1944 年间，大约 400 名特工被派往法国，破坏发电站、水厂和运输网络以及确保物资下落区的安全，来帮助法国的抵抗运动。诸如约瑟芬 B 行动等计划的成功证明，派遣小规模行动人员破坏目标，比通过简单粗暴的空中轰炸更为有效。

在一些破坏行动之后，纳粹以处决等报复行为来回应。

为了避免进一步的报复，特别行动执行处表示要进行“无形的破坏”，特工们不会留下任何证据，证明有人企图进行破坏行动。例如：他们会伪造文书而不是破坏轨道，将火车送到错误的目的地。1945 年，艾森豪威尔将军称，“抵抗运动有组织的力量在整个被占领的欧洲开展行动，中断敌方铁路通信、扰乱德国公路行动、持续不断地给德国安全部门施加压力，这一切在我们的最终胜利中，扮演了相当重要的角色。”

1940 年 7 月 22 日，战时经济部长休·道尔顿（Hugh Dalton）根据温斯顿·丘吉尔的命令正式建立了特别行动执行处

此外，抵抗运动还获得了其他形式的帮助。1943 年美国战略情报局参与抵抗运动之后，美国间谍勒内 · 吉罗（Rene Guiraud）对抵抗运动做出了贡献。1941 年，吉罗与他的无线电操作员一起跳伞进入法国，来收集情报、破坏德军部队。他设法集结了 1500 名游击战士，并利用这些人组建了复杂的情报网络。他最终被抓捕并送到了达豪（Dachau）集中营。不幸的是，由于吉罗穿成了平民的样子，所以严格意义上而言，他是一个非法战斗人员，因而无法享有《日内瓦公约》（Geneva Convention）中的战俘权利。

达豪集中营因其对待犹太人的方式而臭名昭著，但关押法国抵抗运动成员的最常见场所是在阿尔萨斯（Alsace）附近的纳茨维勒 - 斯特鲁托夫（Natzweiler-Struthof）集中营。希特勒颁布了反对政治活动家的指令——夜与雾（Nacht und Nebel）。据估计，24,000 名反法西斯战士和大约 56,000 名法国战士因此被送往集中营。就此，这场抵抗运动真正成为了一场整个欧洲大陆范围的运动。

抵抗运动的参与者中有许多犹太人。在 1938 年水晶之夜（Kristallnacht）之后，前法国的陆军士兵安德烈 · 沙因曼（Andre Scheinmann）逃离了纳粹德国。他的父母被关押在奥斯威辛集中营，便以口译员身份加入德军。他在军队中努力晋升，最终成为一个拥有 300 名间谍的情报网络的第二负责人。沙因曼凭借自己的地位，利用法国国家铁路，帮助收集每周的简报中有关德国军队的信息。最终，盖世太保变得聪明起来，但当沙因曼被派往纳茨维勒时，他的工作已经完成了。他在集中营里幸免于难，战后被法国政府授予荣誉军团勋章（Legion of Honor）和抵抗法西斯奖章（Médaille de la Résistance）。

纳茨维勒集中营里最有名的囚犯当属第一次世界大战的将军夏尔 · 德莱斯特兰（Charles Delestraint）和法国第七军前指挥官奥贝尔 · 弗雷尔（Aubert Frere）。两人都参与了抵抗运动。德莱斯特兰于 1942 年被招募进入抵抗运动，并负责指挥秘密军队。弗雷尔是军人抵抗运动组织（Organisation de résistance de l’armée, ORA）的领导人。纳茨维勒中的许多囚犯都与一个被称为“马基”（Maquis）的团体有联系。该组织是法国暴力反抗的主力军，其起源可以追溯到 1942 年春天，当时这些自由战士主要集中在利穆赞（Limousin）和多姆山省（Puy-de-Dôme）地区，并不断发展，扩展到法国的其他地区。马基因其对德国军队的暴力攻击而闻名。从集中营逃脱的法国战俘，往往会因寻求报复而加入或重新加入马基。

联合抵抗

对于是否要让戴高乐获得他想要的地位，英国方面犹豫不决。丘吉尔和罗斯福从未百分之百地信任他。而且在 1940 年 9 月达喀尔（Dakar）英法军队惨败后，这位法国将军暂时被隔绝于所有军事计划之外。

1940 年后，很多波兰人留在了法国成为抵抗运动的一分子，图为他们的身份证

戴高乐与法国的接触有限，实际上他对法国国内抵抗运动的真实情况知之甚少。1941 年 10 月，他宣布他通过新的法国民族解放委员会（Comité Français de Libération Nationale）指挥抵抗运动，然而英法运动妥善协调之路，依然道阻且长。

后来，戴高乐指派了一名中尉、前公务员让·穆兰（Jean Moulin）在法国按照他的命令行动，戴高乐的梦想才最终得以实现。穆兰与法国南方的抵抗组织领导人们会面，包括战斗、解放南部和法兰西射手在内的队伍都归入秘密军队的麾下。尽管抵抗运动的领导人并不情愿，但他们还是承认了戴高乐作为他们的领导人，以换取伦敦方面的物资援助。

抵抗运动一直未能得到盟军的充分的供给和支持。戴高乐希望各派领导人能够转变想法，认同他的思维方式，他于 1942 年 6 月写下了《抵抗运动宣言》，对 16 个抵抗组织承诺，他将在战后的法国建立民主社会。尽管如此，穆兰领导的全国抵抗运动委员会（Conseil National de la Resistance, CNR）于 1943 年年中已经准备就绪，抵抗运动的最终阶段可以拉开序幕。

一名被抓捕的抵抗运动战士。德语标注写着：这名共产党领导人在通缉名单上。他的身份文件证明他与恐怖组织有联系

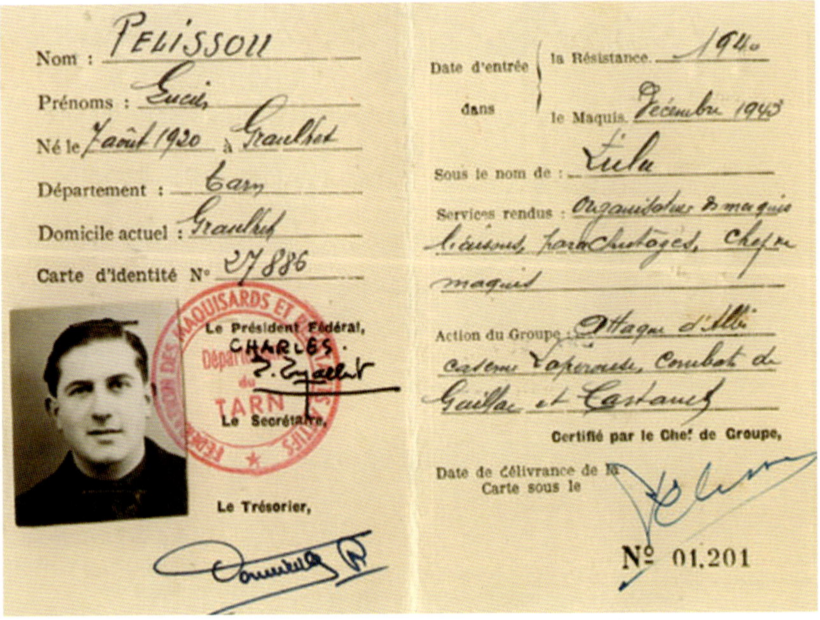

Nom : Pelissou
Prénoms : Lucien
Né le 7 août 1920 à Graulhet
Département : Tarn
Domicile actuel : Graulhet
Carte d'identité N° 27886

FEDERATION DES MAQUISARDS ET ... Département du TARN
Le Président Fédéral, CHARLES.
Le Secrétaire,
Le Trésorier,

Date d'entrée dans la Résistance 1940
le Maquis Décembre 1943
Sous le nom de : Lulu
Services rendus : Organisateur de maquis, liaisons, parachutages, Chef de maquis
Action du Groupe : Attaque d'Albi, caserne Lapérouse, Combat de Gaillac et Castanet
Certifié par le Chef de Groupe,
Date de délivrance de la Carte sous le
N° 01.201

抵抗运动成员卡，用于区分战斗人员及其所归属的组织

随着纳粹暴行不断升级，越来越多的人开始暴力反抗，尤其是法国北方，已经成为战区。直到 1943 年，纳粹的强制劳动开始严重影响法国民生，此时大多数人想要彻底清除德国人。就在那之前不久，维希政权结束，纳粹国防军占领了法国所有地区，以防止受到盟军的火炬行动（Operation Torch）下来自北非的袭击。

一个著名的例子发生在阿尔卑斯山高原的韦科尔（Vercors）。在那里，4,000 名法国自由战士与 10,000 名德军士兵作战，最终这些德军士兵不得不寻求空军援助才获得胜利。

在法国其他地方，破坏行动变得越来越有效。在 1943 年 1 月至 6 月，每个月有 130 起破坏铁路线的行为，到了当年的 9 月份，破坏事件数量增加到每月 530 起。

在德国运输车队中，纳粹将民用车安排在军事运送车辆的两侧，以防止遭到爆炸袭击。但法国人早就想到了这一点，他们在炸弹上放置计时器，以便他们能够打击目标而不伤及平民。这给德国人的装备运输带来了极大障碍，并且盟军即将打破欧洲堡垒的大门，抵抗运动的这种帮助对于打败国防军来说至关重要。

在霸王行动（Operation Overlord）之前，有 93 支小队被派往法国，协调这场革命性运动。每一支小队由 3

名特工（一名美国人、一名英国人和一名法国人）组成。法国现在处于内战状态，共产党人于 1944 年 6 月绑架并处决了武装党卫队（Waffen SS）成员赫尔穆特·肯普费（Helmut Kämpfe）少校。这表明，这场运动影响力巨大，却带来了灾难性的后果。愤怒的纳粹分子在奥托·狄克曼（Otto Dickmann）少校带领德军，于 1944 年 6 月 10 日放火烧了格拉讷河畔奥拉杜尔（Oradour-sur-Glane）的村庄，来惩罚抵抗运动中的这些“恐怖分子”。那是法国中部的一个小公社，600 名男子、妇女和儿童遇难。时至今日，村庄被烧毁的遗迹依然在那里。

在诺曼底登陆当天，抵抗运动早已做好了充分的准备。部分抵抗运动团体协助隔离了布列塔尼（Brittany）的党卫队第二装甲师，防止纳粹援军集结在诺曼底的海滩上。在登陆之前，抵抗运动发送了 3000 份书面报告和 700 份无线电报告给盟军司令部，这在当代文学中经常被忽略，但不可否认这是此次行动取得的巨大成功中不可或缺的部分。例如，根据绿色计划（Plan Vert），法国谢曼奥地区的民众摧毁了 1800 个铁路引擎，使得法国铁路网络瘫痪。他们还袭击了蒂勒（Tulle）和盖雷（Gueret）的驻军，这些都加速了纳粹国防军的灭亡。

诺曼底登陆后，德国军队举步维艰。但抵抗运动的工作远未完成。现在，当地人都戴着洛林十字架的袖章，以显示他们的忠诚，帮助盟军推进在法国南部海岸的龙骑兵行动（Operation Dragoon）。他们派出小型团队前往马赛（Marseilles）、土伦（Toulon）和塞特（Sete），保护那里的港口设施，因为德国人准备在那里实行“焦土政策”后撤离，而港口设施正是纳粹的摧毁目标。

艾森豪威尔将军甚至表示，抵抗运动对于战事的价值可以等同于 15 个师。当盟军和轴心国在前线交战时，抵抗运动的成员们可以自由行动，解放法国的其余部分。

法国农村基本被抵抗运动征服后［除了在小部分地区德国国防军继续在战斗，例如科尔马口袋（Colmar Pocket）］，巴黎的解放运动可以开始了。马基团体已经归属于戴高乐的法国内地军（Forces Francaises de l’interieur, FFI），并继续活跃在战场上。同时，盟军的士兵已经上岸，空投的武器和数百万法郎大大支持了抵抗行动，他们将那些武器藏在谷仓、房屋里。抵抗运动的参与者已经达到了 10 万人，他们尽己所能，阻止德军试图在法国开展的任何侦察行动。

彻底解放

8 月 25 日，巴黎解放。在人们的记忆里，那一天整座城市到处是欣喜若狂的场面，看起来法国抵抗运动的工作已经完成。戴高乐自诩为解放运动总指挥，他正式解散了所有团体，并敦促他们加入新的法国军队，许多人照做了。他们参军继续反击纳粹，同时第三帝国的疆域在不断缩小。

战争结束以来，一些后来揭露的事实表明，如果不是出于政治干涉，巴黎也许可以更早解放。当时，巴黎有很多共产主义者。艾森豪威尔和戴高乐都担心，如果共产党人成功解放

战后，很多重要人物都被授予抵抗法西斯奖章，但选择性的颁发让戴高乐主义者可以选择奖励哪些人、忽略哪些人

了巴黎，可能会导致这座城市最终被左翼控制。因此，盟军只允许数量极少的弹药被投放至巴黎城区范围内，并且规定只有盟军军队才可以从纳粹手中夺取巴黎的控制权。

戴高乐意图成为新的临时政府的领导人，而诸如巴黎解放背后的政治斗争这样的事件，加速了戴高乐获得最高的政治权力，因为他扮演的既不是一个积极的支持者，也不是一个完美的合作者。他的“整个法国团结一致”的神话也有助于提升他的政治吸引力。到 1944 年 3 月，全国抵抗运动委员会已经为战争结束做好了准备，计划开展社会和经济改革。第四共和国逐渐成型，将抹去第三共和国给大家带来的痛苦记忆。

在戴高乐主义者的记忆里，贝当是盾牌，戴高乐则是一把剑，战胜了纳粹带来的威胁。这一想法帮助法国在战后艰难的时期继续前进，防止警卫队将目标锁定在那些纳粹和维希政权的合作者身上，他们只是那些真正

背弃国家的人的替罪羊。直到20世纪70年代，法国经历了1968年夏天的内乱之后，民族认同和社会凝聚力稳定，意识形态才开始发生变化，真正的抵抗运动开始浮现。

法国人努力接受所谓的“维希综合征”（Vichy Syndrome），而对抵抗运动的记忆开始变得复杂。有些人认为，他们的行动就像是希望的灯塔，但在战后头几年也有人认为，这些抵抗运动者无异于恐怖分子，他们所做的善和他们所做的恶一样多。相反，任何形式的纳粹合作都是一个持续不断的问题，仍在隐隐作痛。

关键在于，要如何区分反对纳粹德国和反对维希政权。相信维希法国的民众并不一定赞同纳粹的占领。政府是达成目标的手段。直到战争后期，当纳粹化的法律出台，纳粹暴行开始恶化时，许多人才开始采取行动。

也许，描述真正的抵抗运动最有效的方式是不要将其单纯的视作抵制者或合作者，事情不是非黑即白。真正的抵抗运动包含了很多内容。起初，参与抵抗的是各个小团体，他们出于热情和献身精神，为了自己的未来战斗，但这些小雪球越滚越大，最后在盟军的大力帮助下，才成为了我们记忆中的抵抗运动。

法国并不是自己解放了自己；法国的自由是一个国际性的联盟给予的。法国人要特别感谢戴高乐和穆兰，他们是每一个小团队联合起来的驱动力。

真实的抵抗运动到底是什么样的，对于这个问题，争议会始终存在，即使真正的抵抗者是那些在1944年6月法国沦陷之前就奋起反抗的人。但是，不论是戴高乐主义者还是其他派别，抵抗运动会因其对法国自由做出的巨大贡献，而被人们永远铭记。

欧洲其他地区的抵抗运动

法国抵抗运动最负盛名，但欧洲其他地区也纷纷拿起武器，抵抗纳粹。

一名比利时护士为一名在战斗中受伤的英国士兵治疗

波兰的地下政府

波兰的抵抗运动在华沙起义中达到高潮，导致了纳粹的猛烈反击

整场战争里，波兰遭受的打击是最残酷的。勇敢的波兰爱国者们领导了这个欧洲最大的抵抗组织网络，波兰首都华沙是其运营中心。整个组织拥有地下议会和国防军队，不断与纳粹进行斗争。

比利时抵抗运动

法国的邻国比利时也有自己的抵抗运动。比利时的抵抗组织主要在阿登（Ardennes）地区活动，盟军利用他们的定期报告来提高欧洲轰炸行动的准确性。除了情报网络之外，比利时还有武装部队，包括比利时军团（Legion Belge）、秘密军队和G集团，共同协助建立了坚实的民众抵抗网络。

1945 年 5 月 22 日，挪威的抵抗者从纳粹手中夺回阿克什胡斯郡（Akershus），图为他们列队离开阿克什胡斯郡堡垒

挪威抵抗运动

挪威疆域狭长，拥有大片地广人稀的农村土地，与中立的瑞典接壤，这些都让挪威成为抵抗运动的理想地点。挪威秘密军队米尔格（Milorg）协助英国突击队开展行动，起到了不可或缺的作用。米尔格还打倒了与纳粹合作的吉斯林（Quislings）。

预备部队成为国土警卫队的一部分，为潜在的纳粹入侵进行训练

英国国土警卫队

法国沦陷后，德国很有可能入侵英国。作为回应，英国组建了一支预备部队（Auxiliary Units），由平民志愿者组成，准备在德国入侵后集结起来进行破坏行动和游击队袭击。所幸，英国人从未需要动用这支部队。

意大利抵抗运动将怒火发泄到墨索里尼身上，他死后尸体被吊在米兰的大街上示众

意大利抵抗运动

墨索里尼（Mussolini）和他的黑衫军（Blackshirts）从未在意大利半岛上形成规模。意大利的抵抗运动基本被法西斯的独裁统治压制，但在盟军的西西里登陆以及意大利社会共和国（Italian Social Republic）成立之后，抵抗运动升级。意大利党派协助盟军将德国人赶回阿尔卑斯山以北，并最终获得了他们的“奖品”——抓捕了墨索里尼。

抵抗运动中的外国英雄

当戴高乐出于安全原因躲在海峡对岸的伦敦时，这些勇敢的人走上法国的街头，直面纳粹党卫军。

莫凯最为人所知的就是在得知自己将被处决后，他给家人写的饱含深情的信

盖 · 莫凯

盖 · 莫凯（Guy Moquet）相对不太有名，他在 17 岁时就被处死。孩童时期，他就在政治上非常活跃，在集市和电影院分发反纳粹的宣传传单。他于 1940 年 10 月被捕，是纳粹为报复谋杀卡尔 · 霍茨而处决的受害者之一。

霍尔有很多绰号，包括“瘸腿女士”，因为她有一条义肢

弗吉尼亚 · 霍尔

弗吉尼亚 · 霍尔（Virginia Hall）是一位才华横溢、精通多国语言的演说家，因此这个美国人自然是抵抗运动的理想人选。战争开始时她居住在法国，1942 年，多疑的德国人强迫她离开法国。回来时，她成为了一名战略情报局的间谍。

这位语言学家影响重大，后人认为是他将“抵抗”一词引入了爱沙尼亚语

鲍里斯 · 威利德

鲍里斯 · 威利德（Boris Vilde）生于圣彼得堡（Saint Petersburg），由爱沙尼亚人抚养长大，1934 年首次来到巴黎。战争爆发后，他成为抵抗运动的一分子，并利用他的语言技能帮助制作反纳粹报纸《抵抗》。遗憾的是，他所在的团体被维希政权支持者渗透，于 1942 年 2 月被枪决。

最危险的时候，韦克名列盖世太保通缉名单的首位，赏金 5 百万法郎

南希·韦克（Nancy Wake）

韦克有个绰号是“白鼠”，因为她总能避免被捕。她作为特别行动执行处的一员跳伞兵进入法国，成为抵抗运动的邮差和破坏者。据说，她赤手空拳杀死过一名党卫队卫兵。她成为了获得勋章数量最多的盟军战地女兵。

达勒姆是战争中被流放的德国共产党的一员

弗兰茨·达勒姆（Franz Dahlem）

达勒姆是第一次世界大战的德国退伍军人，战后他献身于共产主义。他逃到法国，想要创建“德国人民阵线”，反对民族社会主义，但遭到逮捕，并送往毛特豪森（Mauthausen）集中营，直至第二次世界大战结束。

斯克里亚宾娜最初是一名俄国诗人，后来她逃亡西欧，参与了犹太人地下运动

阿德里安娜·斯克里亚宾娜（Adriana Scriabina）

斯克里亚宾娜是犹太复国主义抵抗运动“犹太人军队”的联合创始人，化名包括莎拉·克努特（Sarah Knut）。她积极行动，帮助组织了法国的犹太人抵抗运动。她于 1944 年被维希法国民兵（Milice）杀害，死后获得了英勇十字勋章（Croix de Guerre）和抵抗法西斯奖章。

抵抗运动的武器和装备

在没有军队支持的情况下，法国的自由战士们有什么武器就用什么武器。

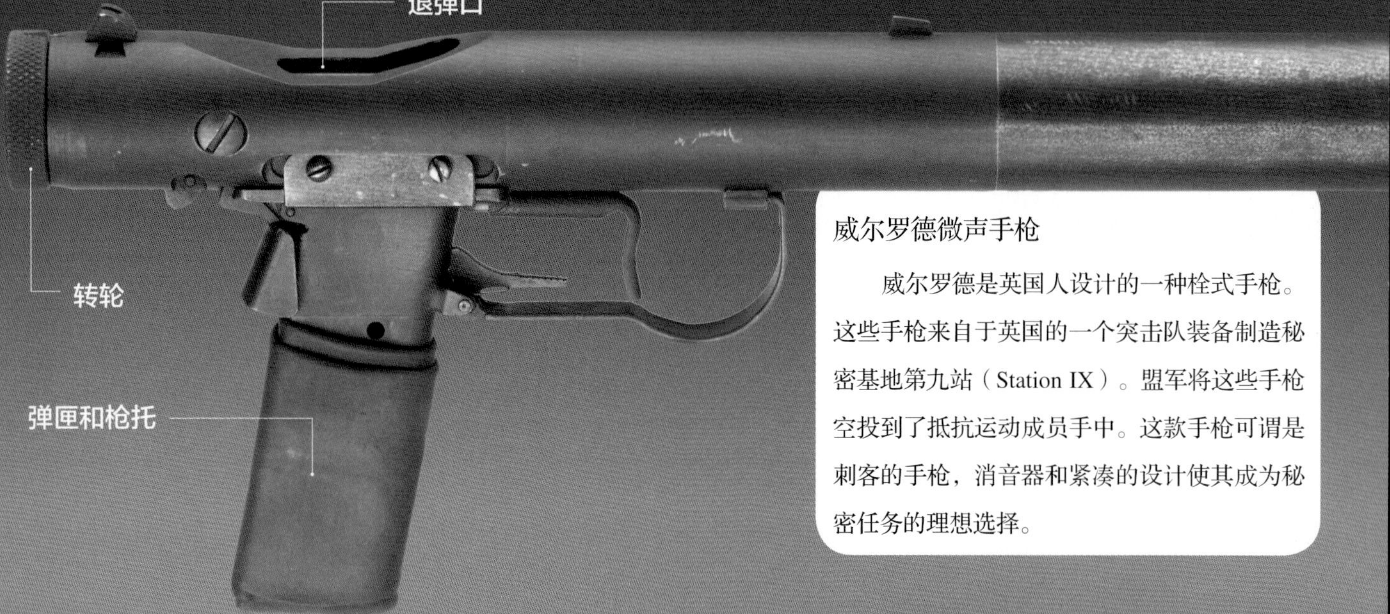

威尔罗德微声手枪

威尔罗德是英国人设计的一种栓式手枪。这些手枪来自于英国的一个突击队装备制造秘密基地第九站（Station IX）。盟军将这些手枪空投到了抵抗运动成员手中。这款手枪可谓是刺客的手枪，消音器和紧凑的设计使其成为秘密任务的理想选择。

司登冲锋枪 MK5

司登冲锋枪是最有效的冲锋枪之一，抵抗运动成员从 1944 年夏天开始使用这款枪。它价格低廉、操作简单，非常适合抵抗运动成员，能够与纳粹国防军的 MP40 冲锋枪对抗。MK 5 是司登冲锋枪的第五代，在战争后期体现了极高的价值。

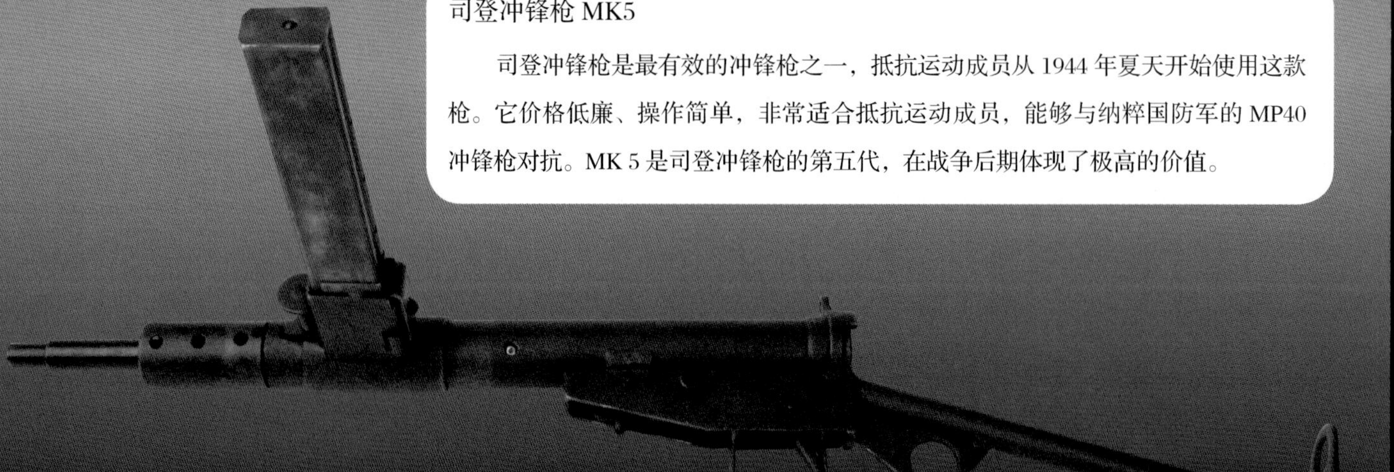

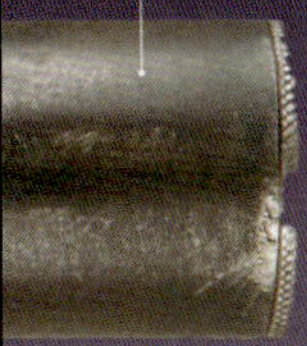

FP-45 解放者手枪

随着美军进入欧洲，他们打算为反纳粹组织提供武器。其中一种最受欢迎的装备便是这款小巧、略显粗糙的手枪。FP-45 解放者手枪仅仅是一个权宜之计，主要功能是帮助抵抗运动组织获得盟军更好的武器。

MK 111 手提箱收音机

对于在法国的特别行动执行处特工来说，这是他们的主要沟通方式，而间谍工具通常与武器一样重要。箱子里暗藏的指南针、小型望远镜和地图可一起使用，手提箱收音机可以让不同的组织保持联系，并帮助协调不同的行动。对于在法国的特别行动执行处特工来说，这是他们的主要沟通方式。

毛瑟 KAR98K 步枪

当抵抗运动成员无法获取英国的空投物资时，他们就会使用任何能找到的武器。自制炸弹在当时很受欢迎，但是从德国占领者手中偷走诸如毛瑟 KAR98K 步枪和 MP40 冲锋枪等武器的做法也颇受欢迎，此举也激怒了德国人。

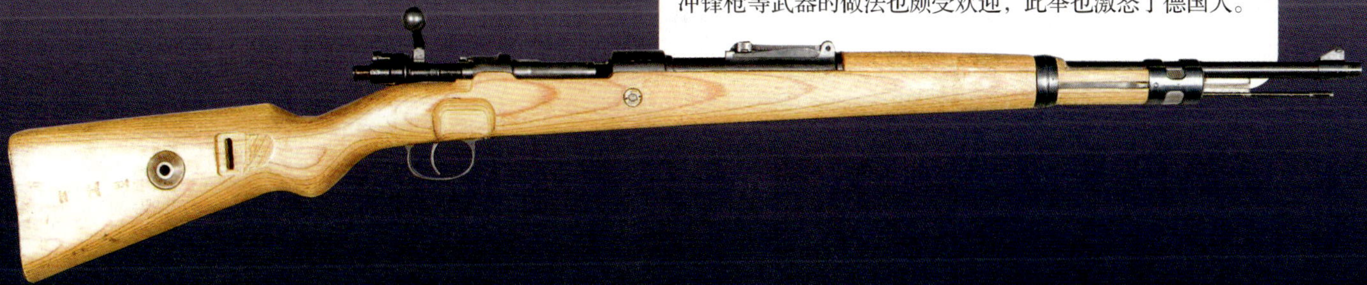

有组织犯罪

秃鹰行动的内幕：美国支持下的此项行动旨在清洗南美洲的红色恐怖主义。

在 20 世纪 70 年代和 80 年代，对于那些政治上左倾的人而言，南美洲的大部分地区都是危险之地。任何被视为知识分子或担任工会领袖的人——事实上，任何能够将人们团结起来、挑战某些南美国家的政党的人，都成为了目标。当时的南美大陆，大部分权力都掌握在军事独裁者手中，异见人士受到酷刑和死亡的威胁，遭到压制。这些政权拥有共同的政治反对派，因此于 1974 年，智利（Chile）、乌拉圭（Uruguay）、阿根廷（Argentina）、巴拉圭（Paraguay）和玻利维亚（Bolivia）的情报机构负责人会晤了智利的秘密警察领袖曼努埃尔·孔特雷拉斯（Manuel Contreras），拟定了一项计划：秃鹰行动（Operation Condor）。

秃鹰行动以世界上最大的食腐鸟命名，该行动正式允许每个国家针对政治流亡者和武装团体展开行动，但最终这项行动还延伸到了异见者、政治活动家、教师等人的家人和朋友。

成千上万人遭到绑架、折磨和谋杀，而背后的支持者是美国中央情报局，中情局提供财政支持、掩护甚至军事

支持，协助智利独裁者奥古斯托·皮诺切特（Augusto Pinochet）将军的政权和他的盟友。中央情报局的目标是不惜一切代价颠覆南美洲的共产主义，并为美国的商业利益赢得筹码，哪怕这意味着支持军阀压迫和杀害无辜的人。

政权更迭

智利驻美国大使奥兰多·莱特列尔（Orlando Letelier）是智利社会党成员，也是一名集中营的幸存者。他是奥古斯托·皮诺切特最强大、最直言不讳的批评家。这让他成为了秃鹰行动的主要目标。智利的秘密警察——智利国家情报局（Dirección de Inteligencia Nacional, DINA）与美国高级情报官员达成秘密协议，以便在其他国家开展行动。1976年9月21日，莱特列尔开车穿过华盛顿特区的使馆区时，藏在他车下的塑料炸弹爆炸了，造成莱特列尔和他的美国同事罗尼·卡朋·莫菲特（Ronni Karpen Moffitt）死亡，位于后排座位的莫菲特的丈夫则受伤。这不是皮诺切特将军政权的第一次出于政治动机的暗杀，也不是最后一次，但这是第一次在美国国土上发生这种暗杀。这次袭击事件是皮诺切特下令的，凶手是职业刺客迈克尔·汤利（Michael Townley）——一名美国裔的特工，为反卡斯特罗古巴流亡者组织工作。中央情报局虽然没有直接参与此次暗杀，但很多迹象表明，他们提前数周就知道了这一刺杀命令，然而并没有采取任何措施进行制止。

提起冷战时期，人们往往想到苏联和美国之间的核军备竞赛，想到柏林街头或古巴周边海域的政治演说和紧张态势。但冷战也像冰山一样，在表面之下还有更多的事情在发生。

事实上，在中情局默许支持皮诺切特政权之前，美国早已在帮助塑造其他国家的政治命运。1946年，美洲学校（School of the Americas）在美国管理的巴拿马运河区（PanamaCanal Zone）建立，作为拉丁美洲培训中心的基础部门，明目张胆地给当地官员教授美国发动战争的方法。在1953年至1959年古巴革命（Cuban

事实上，在中情局默许支持皮诺切特政权之前，美国早已在塑造其他国家的政治命运。

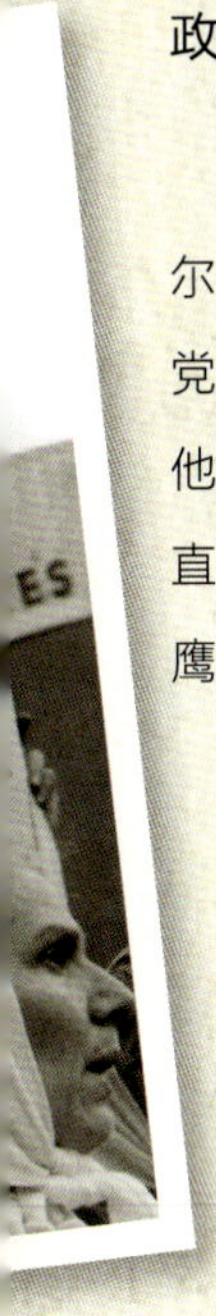

1971年，海地独裁者“爸爸医生”杜瓦利埃去世时，将“终身总统”的职位交给了他的儿子

智利人在圣地亚哥举行和平抗议，呼吁为奥兰多·莱特列尔伸张正义

美国在“正义事业”行动中侵略巴拿马，推翻已经没有利用价值的曼努埃尔·诺列加

Revolution）之后，学校的角色发生了巨大变化，来自拉丁美洲的军事人物——其中一些会成为未来的独裁者——在这里学习残酷的反叛乱技术，帮助美国阻止他们在每个角落看到的红色浪潮。

在古巴首都哈瓦那（Havana）的街头抗议声音不断的同时，危地马拉（Guatemala）却享受着自由的成果。1946年，危地马拉摆脱了独裁者豪尔赫·乌维科（Jorge Ubico），以及美国企业联合果品公司（United Fruit Company）对人民施加的锁链。新的危地马拉政府将土地重新分配给农民，赋予工会权力并开展扫盲计划。胡安·阿雷瓦洛（Juan Arévalo）总统的政府是资本主义政府，其脱离右翼的举动让美国感到震惊，同时也给那些从压榨奴隶劳工中获得巨大利益的企业带来巨大压力。美国中央情报局招募了数十名阿雷瓦洛的反对派，谴责危地马拉。1954年，由中情局支持的流亡中校卡洛斯·卡斯蒂略·阿马斯（Carlos Castillo Armas）入侵推翻了政府并夺取权力。这对于白宫（White House）而言是一个转折点：罔顾国际批评，国会的政治掮客看到中情局是如何颠覆那些用外交的甜言蜜语、援助和谴责都不奏效的国家。还有其他人也看到了同样的景象：阿根廷人埃内斯托·“切”·格瓦拉（Ernesto ‘Che’ Guevara）。他逃离危地马拉城（Guatemala City），继而加入古巴革命，成为菲德尔·卡斯特罗的左膀右臂，前往拉丁美洲和非洲作为革命和起义的自由代理人。

在智利举行的1974年会议之前的20年中，军阀像病毒一样在加勒比海和南锥体（Cone of South America）蔓延。在阿马斯政变的同一年，阿尔弗雷多·斯特罗斯纳（Alfredo Stroessner）将军在巴拉圭夺取政权，并在其后的30年中，确保他是选举中唯一的候选人，或者操纵其他候选人。巴西总统若昂·古拉特（João Goulart）于1964年被奥林匹奥·莫洛·菲尔霍（Olympio Mourão Filho）将军推翻；1971年，反共的乌戈·班塞尔（Hugo Banzer）将军发动了一系列政变，将他的政治对手——总统胡安·何塞·托雷斯（Juan José Torres）赶下台，夺取了玻利维亚的独裁统治权。在乌拉圭，胡安·玛丽亚·博达维里（Juan María Bordaberry）总统于1973年6月策划了一次政变，3个月后皮诺切特控制了智利。这种多米诺效应显然不是巧合。

就算中央情报局没有直接使用美军预算为这些军阀提供资金、向他们提供武器、进行政治宣传、为他们提供重要情报，中央情报局至少在秘密监视局势，如果看起来共产党人有可能占上风，中情局就会出手干预。1958年，海地（Haiti）的情况便是如此。自行任命的“终身总统”弗朗索瓦·“爸爸医生”·杜瓦利埃（François ‘Papa Doc’ Duvalier）就是在中央情报局的支持下镇压了起义。这名独裁者的行为风格越来越像伏都教（Vodou）的死神——萨姆堤男爵（Baron Samedi），中央情报局对此持保留态度。尽管如此，只要这个古巴附近的小岛和“爸爸医生”的反卡斯特罗情绪能够持续，作为反共产主义前线的缓冲区，美国就会纵容这种可怕的现状。后来，杜瓦利埃和他的继任者谋杀了数万人，让一个曾经繁荣的国家陷入贫困之中。

肮脏战争

在1960年至1967年的大部分时间里，特工丹尼尔·米特廖内（Daniel Mitrione）一直在巴西开展行动，当时若昂·古拉特总统正在尽全力推行彻底的社会经济改革，合理分配财富、促进教育。古拉特总统个人比较富裕，虽然反共，但在政治谱系上依然倾向于左翼。这种倾向对于美国外交政策顾问亨利·基辛格（Henry Kissinger）而言无法接受。基辛格派遣了心理战特工，传播有关古拉特的恶毒谣言和错误信息，为巴西的军事政变做准备。

当政治宣传取得一定成果后，中央情报局开始与汉纳矿业公司的高级主管杰克·伯福德（Jack Burford）进行沟通，汉纳矿业公司与巴西的矿业公司有相关利益。伯福德前往巴西与古拉特秘密会晤——这将为巴西总统、美国和汉纳矿业带来大量利益，但古拉特拒绝了这笔交易。因此，林登·约

图为1973年9月的皮诺切特将军，他于2004年被剥夺了政治豁免权，但他在被定罪之前就去世了

玻利维亚军政府的军人在巴西和秘鲁的支持下宣誓就职

所有人都参与了这次广泛侵犯人权的行动。

巴拿马，古力克堡，美洲学校在此教授审讯技巧

翰逊（Lyndon Johnson）总统同意了推翻若昂·古拉特的政变，巴西的将军在附近的美国海军特遣队的秘密支持下，放逐了古特拉。

米特廖内留了下来，帮助铲除其余的古拉特支持者，并运用他擅长的审讯技巧，协助巴西警方。1969年，米特廖内被派往乌拉圭，在那里他进一步磨练了他的技能。据称他会从街上掠走乞丐，对他们进行折磨；他甚至以外科手术为借口，在孕妇身上尝试他的方法。古巴的双重间谍曼努埃尔·赫维亚·科斯库雷埃拉（Manuel HeviaCosculluela），在米特廖内的监督下为中央情报局工作。科斯库雷埃拉经常在一旁观察米特廖内。科斯库雷埃拉回到古巴后，把他当时的经历写了下来："没有审讯，只是证明不同电压对人体不同部位的影响，以及证明使用药物对人体的影响，包括诱发呕吐的药物。我不知道为什么，还使用了另一种化学物质。最后那四个人都死了。"

科斯库雷埃拉还描述了米特廖内曾与他讨论的一些扭曲的酷刑理论。首先是殴打和侮辱的"软化"阶段，不问问题，只有无情的殴打。然后才开始审讯。米特廖内的方法是"精准的痛苦、精准的部位、精准的用量，来达到预期的效果"。"但要始终给他留下一些希望，遥远的希望之光……这能延长时间，可以再进行一次'软化'。"他继续说道，"现在不提取信息，这仅仅是一种政治手段，以制造一种对参与颠覆活动的健康的恐惧。"

由于秃鹰行动，阿根廷人民遭受的痛苦可能超过了其他南美国家。智利的受害者达10,000人，据估计，阿根廷的死亡人数是智利的3倍。1976年，在中央情报局的支持和美国国务卿基辛格的祝福下，阿根廷独裁者豪尔赫·魏地拉（Jorge Videla）上台。在那之前，魏地拉作为一名高级军官，对阿根廷人民开展了所谓的"肮脏战争"（Dirty War）。他的敢死队的目标包括马克思主义者、左派活动家和阿根廷前任民选总统的支持者。

在集中营里，每天都在实践米特奥内的方法，魏地拉的军政府对学生、牧师、工会成员、艺术家和学者进行文化大屠杀。那些幸存的受害者们讲述了太多虐待和酷刑的故事。1979年，魏地拉将受害者描述为“……没有死亡，也不是活着……只是消失了”。事实上，许多在这段时间失踪的人从未被找到，因而被推定为死亡。

中央情报局曾参与肮脏战争，自1970年以来，亨利·基辛格就一直非常清楚阿根廷的军事手段。到了1976年，美国国会开始关注阿根廷侵犯人权的行为，并考虑对阿根廷实施制裁。在最近解密的记录中，基辛格试图向当时正在访问美国的阿根廷外交部长塞萨尔·奥古斯托·顾塞提（César Augusto Guzzetti）担保，美国会支持阿根廷：“我的观点比较传统，朋友就应该互相支持。”基辛格说，“在美国人看来，阿根廷正在经历一场内战。我们了解到了一些人权问题，但不了解背景。你越快成功越好……人权问题越来越严重……我们希望有一个稳定的局面。我们不会给你造成不必要的困难。如果你能在国会做出决定之前完成，那就更好了。无论你能恢复什么程度的自由，都会有所帮助。”

秃鹰行动曝光

1999年，美国总统比尔·克林顿（Bill Clinton）下令解密并公开数千份文件，证实中央情报局曾深入了解秃鹰行动，甚至间接参与南锥体国家军阀实施的谋杀和暴行。这些文件还显示，中央情报局和国务院拥有的相关情报，能够阻止奥兰多·莱特列尔的暗杀，但还是允许了悲剧的发生。

严格来说，秃鹰行动一度非常成功。通过无情镇压、积极消除政治敌人，6个拉美国家的军阀遏制了共产主义的发展。当时的美国政府能够证明，美国如何赢得了反共的战争，同时支持了美国在海外的商业利益，从而推动经济发展。但即使没有务实的后见之明，这种政策显然是不可持续的。对“共产主义者”的定义，已经从极左翼政治活动家和反对政权的游击队，转变成那些政治意见不符合国家意识形态的异见者的朋友和家人。为了保持对政权的绝对控制，皮诺切特和其他的独裁者不分青红皂白地全盘否定异见者。随着国际社会日益关注在南美洲各地开展的恐怖活动，美国不愿意冒险参与人权暴行，中央情报局不得不停止提供资金和支持。到了1989年，巴拿马独裁者曼努埃尔·诺列加（Manuel Noriega）倒台，冷战结束，秃鹰行动走到了尽头。中央情报局试图掩盖这项肮脏的行动。但冷战结束后真相很快就大白于天下。

独裁者的学校

走进拉丁美洲军事官员的中情局训练营

1946年，美国陆军在巴拿马古力克堡建立了美洲学校，播下了20世纪70年代拉美独裁政权指导原则的种子。学校的座右铭是“自由、和平、博爱”，就像学校的名字，是一种简单的伪装，一种委婉说法，实际上美洲学校的理念便是：除了共产主义，一切都可以。

1961年，随着冷战的加剧，美洲学校开始向南美军事人员传授如何反共、反叛乱。有些人认为，在最初几年里，教授的内容包括了酷刑方法。其臭名昭著的毕业生包括豪尔赫·魏地拉（1976年—1981年阿根廷独裁者）、乌戈·班塞尔（1971年—1978年玻利维亚独裁者）、曼努埃尔·孔特雷拉斯（1973年—1977年智利秘密警察局局长）和曼努埃尔·诺列加（1983年—1989巴拿马独裁者）。

仅仅在“秃鹰行动”时代，这个名单就已经很长了。所有人都参与了这次广泛的侵犯人权的行动，所有人的手上都沾染了鲜血，然而几乎没有人对他们的犯罪行为负责。奇怪的是，美洲学校的校友还包括了洛斯塞塔斯（Los Zetas）的成员，这个势力强大、臭名昭著的墨西哥犯罪集团更偏好进行恐吓和残酷的暗杀，而非贿赂。至少从这一点看，美国人显然是搬起石头砸了自己的脚。

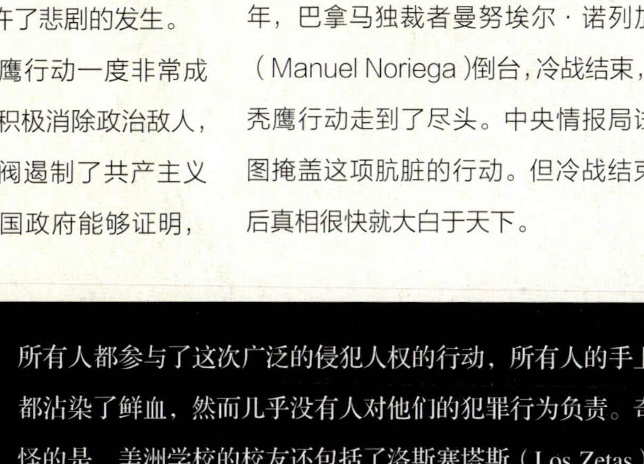

在阿根廷的街头，梅奥广场上的母亲们仍在为她们“失踪”的孩子抗议

中情局在南美洲的罪行

血腥的秃鹰行动夺走了数以万计的生命。

国家：玻利维亚

政变日期：1971 年

失踪 / 死亡人数：116 人 ~ 545 人

在尼克松政府和巴西政府的支持下，班塞尔将军将玻利维亚的驻军赶到一边，从胡安·托雷斯总统手中夺取了权力，后者逃往阿根廷，并于 1976 年被魏地拉将军的敢死队暗杀。

国家：巴西

政变日期：1964 年

失踪 / 死亡人数：434 人 ~ 1000 人

古拉特总统试图通过宪法呼吁，制止巴西军事政变，尽管菲尔霍的军队觊觎他的总统职位。古拉特很快意识到自己缺乏政治支持，不得不逃离巴西，卡斯特鲁·布朗库（Castelo Branco）很快就宣誓就职。

国家：巴拉圭

政变日期：1954 年

失踪 / 死亡人数：200 人 ~ 400 人

阿尔弗雷多·斯特罗斯纳（Alfredo Matiauda）将军有着敏锐的政治本能，但是为了一项非常卑鄙的事业。他领导了政变，篡夺弗雷德里科·查韦斯（Frederico Chavez）总统的职位，之后领导了南锥体最长时间的独裁统治：35 年。

国家：智利

政变日期：1973 年

失踪 / 死亡人数：3000 人 ~ 10000 人

中情局并没有直接参与皮诺切特夺取政权的计划，不过中情局特工的确进行了反阿连德的宣传。中情局与皮诺切特将军的关系以及双方互惠互利的情报交流，意味着中情局秘密支持了此次军事阴谋。

国家：乌拉圭

政变日期：1973 年

失踪 / 死亡人数：123 人 ~ 213 人

在胡安·玛丽亚·博达维里被任命为总统并成立公民军事专政时，乌拉圭军队积累了相当大的权力。乌拉圭的军事领导人没有花费太大力气就把博达维里赶下了台。

国家：阿根廷

政变日期：1976 年

失踪 / 死亡人数：7000 人 ~ 30000 人

第 6 次阿根廷政变见证了豪尔赫·拉斐尔·魏地拉将军的军政府推翻了伊萨贝尔·马丁内斯·德·庇隆（Isabel Mart í nez de Peron）总统。中央情报局本可以阻止此次政变，但美国为了清除左派，通过中情局支持了政变。

布宜诺斯艾利斯的“身份之屋”里，“消失”的父亲和母亲的照片组成的壁画

王牌特工

中央情报局

基辛格担任尼克松总统任内的国家安全顾问，并在尼克松总统和福特总统任内担任了国务卿。他在如何与亲共智利领导人萨尔瓦多·阿连德（Salvador Allende）打交道方面为白宫提供了建议，并在协助中央情报局支持推翻阿连德、将皮诺切特取而代之的过程中，扮演了重要角色。

特工：亨利·基辛格

安全权限：5 级

2190-6307-2382-7441-9026

中央情报局

中情局官员坎特雷尔常驻乌拉圭，部分参与了智利国家情报局的设立，并为其提供可实施酷刑的必要工具。根据智利国家情报局的信息，乌拉圭的右翼政府开展了行动，主要目标是图帕马罗斯游击队以及敢死队。

特工：威廉·坎特雷尔

安全权限：5 级

2190-6307-2382-7441-9026

中央情报局

米特廖内是中央情报局在南美的美国政府顾问。他还是一名刑讯专家和杀手。米特廖内并不是第一个对政治犯使用电击或心理折磨的人，但他确实在这方面有自己的方法论。他最终被乌拉圭游击队俘虏。

特工：丹尼尔·米特廖内

安全权限：5 级

2190-6307-2382-7441-9026

中央情报局

诺列加从 20 世纪 50 年代后期开始与中情局密切合作，作为巴拿马高级军事官员，为中情局提供重要情报，最终成为了中情局的一名有偿特工。美国无视他为巴勃罗·埃斯科瓦尔（Pablo Escobar）的曼德林贩毒集团走私可卡因的事实，允许他成为巴拿马的军事独裁者。

特工：曼努埃尔·诺列加

安全权限：5 级

2190-6307-2382-7441-9026

中央情报局

在中央情报局的资金支持和帮助下，班塞尔将军于 1971 年第二次尝试推翻玻利维亚的左倾政府，并获得成功。他禁止了所有其他政党的存在，成为玻利维亚的独裁者。他于 1978 年被解职。1997 年他成立了自己的政党，并合法地成为玻利维亚总统。

特工：乌戈·班塞尔

安全权限：5 级

2190-6307-2382-7441-9026

隐秘的任务

118　刺杀“希特勒的刽子手”

132　间谍交换

139　波涛之下的冷战

143　以色列之怒

148　这部电影将许你自由

154　追捕奥萨马·本·拉登

刺杀"希特勒的刽子手"

他是金发蓝眼的野蛮人的化身。如果希特勒是法官，他的纳粹党团干部是陪审团，那么党卫队上级集团领袖莱因哈德·海德里希（Reinhard Heydrich）就是刽子手。他自己的死亡无疑是第二次世界大战中最高调的暗杀行动。

1938年，纳粹精英成员聚集在维也纳，右一为海德里希

1939年春天，德国军队未开一枪，大踏步进入布拉格（Prague）古城的街道。希特勒征服了邻国，接下来他要做的是利用捷克工业为德国的战争机器服务。

在欧洲陷入战争之前的6个月里，希特勒将前捷克斯洛伐克（Czechoslovakia）分为两个第三帝国保护国：波希米亚和摩拉维亚保护国（Bohemia-Moravia）以及斯洛伐克共和国（Slovak Republic）。希特勒为了治理波希米亚－摩拉维亚并执行他的计划，派遣康斯坦丁·冯·诺伊拉特（Konstantin von Neurath）男爵前往波希米亚－摩拉维亚。然而很快，冯·诺伊拉特的存在并没有任何实效。尽管捷克工厂生产了约三分之一的德国武器和弹药，但保护国的生产力低于预期。当地人民仍然持抵抗态度，有时他们甚至公开蔑视纳粹压迫者。

到了1941年年底，希特勒认为是时候进行一些变革了，海德里希被选中前往捷克，去让那些当地人服从纳粹的统治。1904年3月17日海德里希出生于德国哈雷市（Halle），父亲是音乐家兼歌剧演唱家布鲁诺·理查德·海德里希（Bruno Richard Heydrich），母亲是伊丽莎白·安娜·玛丽亚·阿马利亚·克兰茨（Elisabeth Anna Maria Amalia Krantz）。海德里希的家庭信奉罗马天主教，家境殷实、富有文化教养。他在最好的学校接受教育，行为举止无可挑剔，还是一位颇有成就的飞行员、击剑者和小提琴手。

第一次世界大战后，年轻的海德里希参与了魏玛共和国（Weimar Republic）政府下属的右派自由军团（Freikorps），并滋生了早期的反犹太人情绪。他渴望能在德国海军继续他的职业生涯。不过，1931年他与莉娜·冯·奥斯滕（Lina von Osten）结婚，却被指控与造船厂经理的女儿有染。这一丑闻让海德里希中断了他的军事前途，因为"与军官和绅士身份不符的举动"，海德里希被迫辞职。

海德里希这颗冉冉升起的新星完美地契合了“理想的雅利安人”形象，成为了党卫军的安全机构保安局的设计者和负责人。

波希米亚和摩拉维亚保护国总督莱因哈德·海德里希也许是所有纳粹中最无情的人，曾遭到暗杀而受伤，最终因伤去世

金发雄心

几个月后，海德里希又找到了一个新目标——他加入了纳粹党和党卫军。随后，他在权力阶梯上迅速攀升。当时的党卫军首领是元首的副手，海因里希·希姆莱（Heinrich Himmler）。海德里希这颗冉冉升起的新星完美地契合了“理想的雅利安人”形象，成为了党卫军的安全机构保安局的设计者和负责人。

1941年9月，新上任的波西米亚和摩拉维亚保护国代理总督海德里希抵达布拉格主持工作，此时的他已经拥有了令人印象深刻的履历。他的双手沾染了长刀之夜（Night of the Long Knives）的鲜血。在1934年的那次事件中，冲锋队遭到清洗。他在针对维尔纳·冯·勃洛姆堡（Werner von Blomberg）和维尔纳·冯·弗里

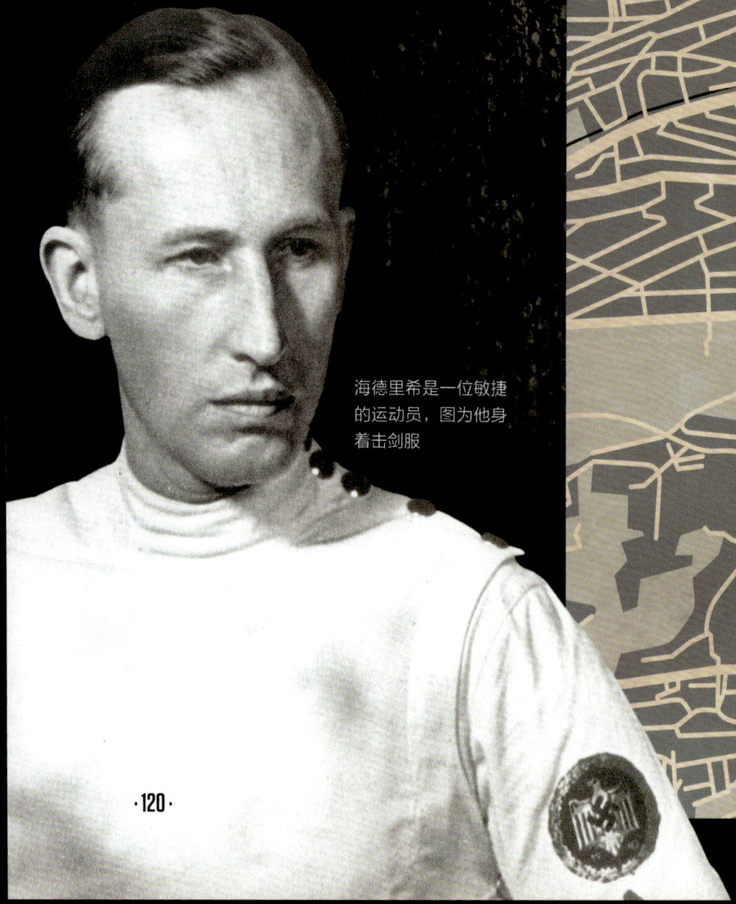

海德里希是一位敏捷的运动员，图为他身着击剑服

在布拉格行刺

莱因哈德·海德里希的行刺者在下手之前，对目标进行了几个星期的追踪，掌握了海德里希每日前往布拉格党卫军总部的路线。

1 海德里希在布拉格住宅

潘内斯科·布列札尼的城堡是海德里希和家人在布拉格的住宅，海德里希被暗杀后，他的家人留在了那里。城堡位于市中心以北约14千米处，之前属于制糖业巨头、犹太实业家裴迪南·布洛赫-鲍尔（Ferdinand Bloch-Bauer）的住宅。

3 布拉格城堡

布拉格城堡是海德里希的总部，也是盖伯瑟克和库比什袭击的那天上午，海德里希前往的目的地。这座城堡是世界上最大的古代防御工事，波希米亚的政府和国王所在地，神圣罗马帝国的皇帝和捷克斯洛伐克的总统都曾在此居住。

4 攻击地点

盖伯瑟克和库比什在英国特别行动执行处接受了刺杀技术的训练。1942 年 5 月 27 日上午，在海德里希乘坐梅赛德斯 320 敞篷车前往他的办公室途中，盖伯瑟克和库比什袭击了他。刺客们选择这个地点是因为这里有一个 120 度的右转弯，司机会在这里放慢车速。

5 布洛夫卡医院

身负重伤的海德里希被放在一辆卡车的后面，运到了附近的布洛夫卡医院。3 名捷克医生评估了他的伤势，并立即提供了治疗。后来，一位德国外科医生给海德里希做了手术，但海德里希最终还是陷入昏迷并死于血液中毒。

2 莫拉维克安全屋

莫拉维克一家居住的公寓是捷克抵抗运动网络的主要安全屋。约瑟夫 · 盖伯瑟克和扬 · 库比什曾多次躲藏在那里。公寓位于市中心的扎科夫区，现在在那个位置有一块纪念碑，缅怀莫拉维克一家的牺牲。

6 圣西里尔和圣美多德教堂

捷克特工们被自己人出卖，在布拉格市中心的圣西里尔和圣美多德教堂进行了最后的抵抗。党卫军部队包围了整座建筑，并将特工们困在地下室里长达几个小时。最终，捷克人不愿向纳粹投降，选择了自杀。

奇（Werner von Fritsch）的性丑闻和污蔑运动中发挥了重要作用，终止了两位陆军元帅的职业生涯。他不知疲倦地策划吞并奥地利（Austria）和捷克斯洛伐克，还策划了与波兰的“边界事件”，直接导致了第二次世界大战爆发。

海德里希冷酷无情、毫无良知。他深知自己的角色，开始以日耳曼的效率完成他的任务——平息捷克人。他迅速逮捕了大约5000名捷克抵抗运动领导人和知识分子，其中一些人随即遭到处决。海德里希的绰号“布拉格的屠夫”确实是“实至名归”。

捷克报纸报导了纳粹镇压的残酷行径之后，海德里希便实施了一项“胡萝卜加大棒”政策。工人们获得了充足的食物，实现生产目标的人能得到丰厚回报，但严惩的威胁总是存在。结果，工业产出飙升，捷克政府在傀儡总统伊米尔·哈卡（Emil Hachá）的领导下，逐渐开始支持服从纳粹。

与此同时，身处伦敦的捷克斯洛伐克流亡政府总统爱德华·贝奈斯（Eduard Bene）对局势越来越警觉。贝奈斯意识到，纳粹和捷克人民之间日益密切的合作正在加速将他的国家推向黑暗深渊，最终捷克可能完全被第三帝国吞并。这种合作不可想象。

贝奈斯最终决定采取大胆的行动。

流亡总统爱德华·贝奈斯帮助规划了这次行动

“你的捷克斯洛伐克盟友”——位于伦敦的捷克斯洛伐克流亡政府宣传海报

刺杀高级纳粹官员可以向捷克人民表明，捷克人民依然在抵抗希特勒。英国和美国会承认捷克对盟军事业所做出的贡献，德国人也会被这样的行动震惊。虽然，纳粹极有可能为此对捷克人民进行报复，但是贝奈斯认为值得冒险。显然，最好的行动目标就是莱因哈德·海德里希。

贝奈斯授权了一项代号为“猿人”的计划。这项任务充满危险，参与者主要是伦敦的自由捷克斯洛伐克（FCA）的两名士兵，他们就是为刺杀而专门招募的。这两名士兵经过了英国特别行动执行处的训练，将跳伞进入布拉格附近，之后采取完全独立行动。

贝奈斯悄悄地招募两名勇敢的爱国者，下士约瑟夫·盖伯瑟克（Josef Gabcik）和卡莱尔·斯弗波达（Karel Svoboda）立即自愿报名了，但最初他们都不知道猿人行动（Anthropoid Operation）的目标。两人在特别行动执行处位于苏格兰和柴郡（Cheshire）的乔蒙德利城堡（Cholmondeley Castle）的培训学校接受了严格的训练。斯弗波达由于头部严重受伤，被另一名新兵扬·库比什（Jan Kubiš）取代，导致整个计划不得不推迟。

最后，1941年12月28日，一切准备就绪。在贝德福德郡（Bedfordshire）的滕斯福德机场，盖伯瑟克和库比什登上了英国皇家空军138中队的海利法克斯轰炸机。除了这两名执行刺杀行动的特工，两个无线电技术小组也在当晚跳伞进入捷克斯洛伐克，负责通信和后勤。

盖伯瑟克和库比什没有收音机，

虽然纳粹极有可能为此对捷克人民进行报复，但是贝奈斯认为值得冒这一风险。显然，最好的行动目标就是莱因哈德·海德里希。

1941年1月，海德里希和卡尔·弗兰克在布拉格城堡外游行

而是携带了特别行动执行处认为非常适合近距离杀人的武器。盖伯瑟克和库比什接受训练时使用的是 9 毫米斯坦冲锋枪，这种冲锋枪便宜、轻便、体积相对较小。他们还携带了经过改良的 73 号反坦克手榴弹，内部装载了 1.6 千克炸药。

此次行动的飞行员是航班中尉罗恩·霍基（Ron Hockey），哈利法克斯轰炸机沿着跑道冲向了夜幕。飞机飞越法国和德国边境，在达姆施塔特（Darmstadt）上空，霍基两次躲过了纳粹空军的夜间战斗机。

当哈利法克斯轰炸机接近捷克领空时，天气急剧恶化。大雪笼罩了地面，原本用来确定比尔森（Pilsen）附近的降落区的参考点也被大雪掩埋，无法看清。就在 12 月 29 日凌晨 2 点 30 分，盖伯瑟克和库比什从轰炸机上跳了下去，投入黑漆漆的天空。在这两名特工降落的同时，轰炸机继续向前飞行，在稍远处无线电操作员也跳伞进入了捷克。特工们降落在离布拉格 20 千米的内赫维兹迪（Nehvizdy）村附近的一块空地，距离预计的降落点较远。

迫在眉睫的问题

盖伯瑟克和库比什从着陆的那一刻起，就陷入困境。他们不知道自己在哪里，盖伯瑟克的左脚严重受伤。他们把降落伞埋起来，躲进了一个空的棚屋里，把藏有暗杀工具的行李箱存放在那里。盖伯瑟克倚靠着同伴的肩膀，吃力地穿过雪地，到了一个废弃的采石场。他们吃了一顿冷冰冰的饭，开始考虑他们的选择。此时，一名磨坊主走了过来，他听到了英国轰炸机的引擎声，出来看看是怎么回事。

友善的村民提议，可以帮这两名特工与当地抵抗运动建立联系，并给他们提供了一个临时避难所。虽然特工们被警告过要避免与人联系，但盖伯瑟克和库比什认定他们别无选择。在跳伞进入保护国四天后，他们联系上了捷克抵抗运动的成员，后者将这两人偷偷送到布拉格。在布拉格，两人收到了新的身份文件，换掉了在英国伪造的一看就假的文件。盖伯瑟克的脚需要两个月的时间才能痊愈，在那段时间里，两名特工定期从一个安全的住处换到另一个。有几次，

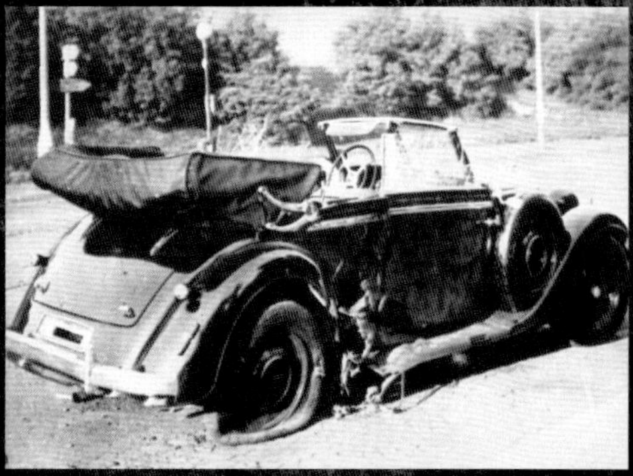

1942 年 5 月 27 日捷克特工袭击莱因哈德·海德里希之后，他的奔驰 320 敞篷车严重损坏，遭遗弃

他们留宿在玛丽·莫拉维克（Marie Moravec）和她 17 岁的儿子阿塔的家中。这所房子是抵抗活动的中心，后来两名特工和这户人家的关系很好。

与此同时，贝奈斯越来越担心猿人行动的团队。行动自 12 月份启动以来，流亡政府没有再听到任何消息。其中一个无线电小组的设备在降落时损坏，着陆后小组就地解散。另一个小组仍在运行，因此流亡政府命令他们查明到底发生了什么。

无线电小组成员约瑟夫·瓦尔茨克（Josef Valcik）在布拉格见到了盖伯瑟克和库比什，并将这一消息更新给伦敦。与此同时，“猿人行动”的人员安全变得越来越难以保证。1942 年 3 月，又有两个无线电小组跳伞进入保护国，但都遭到盖世太保追杀，其成员不是死亡就是逃散。这

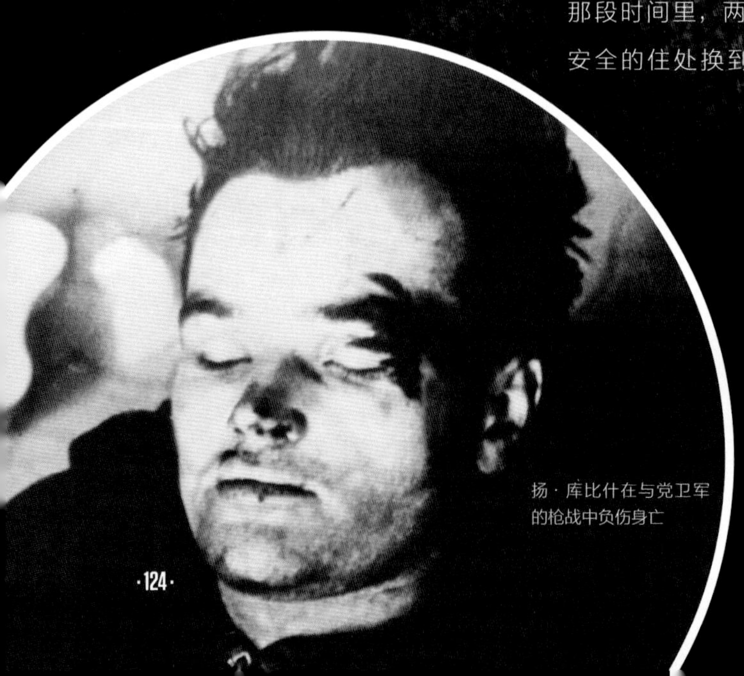

扬·库比什在与党卫军的枪战中负伤身亡

在跳伞进入保护国四天后，他们联系上了捷克抵抗运动的成员，后者将这两人偷偷送到了布拉格。

猿人行动成员

自由捷克斯洛伐克军队的两名士兵将执行这一行动，他们受过暗杀训练，愿意放弃自己的生命，此外还有致力于该行动的抵抗运动同志也加入其中。

机长杰罗斯拉夫·苏斯特熟悉猿人行动的降落区域，但大雪遮蔽了地面景观

杰罗斯拉夫·苏斯特（Jaroslav Sustr）

苏斯特是自由捷克斯洛伐克军队中的上尉，主要负责训练猿人行动的特工，协助他们为任务做准备。苏斯特还陪同特工乘坐飞机，将他们送到被占领的波希米亚和摩拉维亚保护国。

参谋长中士约瑟夫·盖伯瑟克在暗杀海德里希之后遭到无情追杀，死于圣西里尔和圣美多德教堂的地下室

约瑟夫·盖伯瑟克

盖伯瑟克曾是一名来自斯洛伐克（Slovakia）的锁匠，是猿人行动的触发人。当盖伯瑟克离莱因哈德·海德里希的奔驰敞篷车仅几步之遥时，他手中昵称为“沃尔沃斯枪”的廉价斯坦冲锋枪卡弹，未能发射。

1942 年 6 月 18 日，扬·库比什在圣西里尔和圣美多德教堂周围爆发的枪战中丧生

扬·库比什

库比什生于摩拉维亚的农民家庭。行动中，他投掷了 73 型反坦克手榴弹，给莱因哈德·海德里希造成了致命伤。库比什是自由捷克斯洛伐克军队的中士，行动结束后他逃离了捷克斯洛伐克，并于 1940 年春在法国与德国人作战。

约瑟夫·瓦尔茨克在圣西里尔和圣美多德教堂的地下室中自杀

约瑟夫·瓦尔茨克

瓦尔茨克出生于摩拉维亚（Moravia）兹林（Zlin）地区的瓦拉什斯凯克洛博乌基（Valasske Klobouky），是自由捷克斯洛伐克军队中无线电小组的成员。他跳伞进入波西米亚－摩拉维亚，建立通信联系。加入猿人行动后，他用一个手持式镜子发射信号，提示特工们海德里希的奔驰车即将到来。

阿道夫·欧帕尔卡中尉被弹片击中严重负伤，最后在圣西里尔和圣美多德教堂里自杀

阿道夫·欧帕尔卡

欧帕尔卡出生在奥匈帝国边界附近的里塞斯（Resice）。他跳伞进入波西米亚－摩拉维亚，领导了代号为“超越距离”的抵抗运动团队。在他的小组降落在错误的地点并且装备丢失之后，他前往布拉格并支持猿人行动。

当卡莱尔·库达被问及他的背叛动机时，他回答说：“我认为，为了 100 万马克你们也都会这样做。”

卡莱尔·库达

库达背叛了他的捷克同胞，从纳粹那里收下了沾染了同胞鲜血的钱。他的出卖让猿人行动的参与者惨遭杀害。战后，库达被判叛国罪，并于 1947 年 4 月 29 日被绞死。

些团队都中断了行动，其中有一名成员逃了出来——卡莱尔·库达（Karel Curda）上士，后来他在整个行动的结局中发挥了关键作用。

追踪猎物

盖伯瑟克的脚伤痊愈后，便开始行动了。两名特工收集了有关保护国总督日常安排的情报。他们追踪他的行踪，通过抵抗运动的行动人员了解海德里希的习惯，并与他家中的工作人员取得了联系。特工们监视着海德里希的深绿色奔驰敞篷车，每天从海德里希的家——布拉格郊区的潘内斯科·布列札尼（Panenske Brezany）的城堡——前往布拉格城堡（Hradcany Castle）。在那里，党卫军黑色的旗帜高高飘扬，还有全副武装的卫兵包围着城堡保护总督。而海德里希早晨的这段车程是没有护送车队的，因此特工们认为取得成功的最佳机会就是攻击海德里希的奔驰。

海德里希的常规路线上有一个适合袭击的好位置。在一条名为V霍斯维卡赫的街道上，靠近公路真克罗瓦路的交叉口，是14号电车的车站，在这个位置道路沿着伏尔塔瓦河（Vltava River）的一座桥梁下行，形成了一个发夹的形状，车辆行至此处需要右转120度。所以在这个位置，海德里希的司机将不得不减速降挡来转弯。那一刻将是总督最脆弱的时候。

盖伯瑟克和库比什将假装是在路边等电车的上班族，会占据拐弯处的位置。瓦尔茨克和同谋阿道夫·欧帕尔卡（Adolf Opalka）在100米之外的小山丘上占据一个有利位置，用一面镜子提示海德里希的车即将接近目标位置。在正确的时间，盖伯瑟克走到马路上，并在接近零点距离时用他的斯坦冲锋枪开枪。如有必要的话，库比什会上前投出反坦克手榴弹，来完成这项任务。

1942年5月27日清晨，刺客们乘坐电车前往布拉格郊区的齐兹科夫（Zizkov），在那里他们借来自行车，将行李箱系在车把上，然后骑车前往埋伏地点。当他们紧张地等待时，海德里希正在慢悠悠地度过他的早晨。总督和他的孩子一起在花园里玩儿了一会儿，然后和怀孕的妻子聊了会儿天。

上午10点，海德里希钻进大奔驰的前排座位，向他的司机，党卫军技术人员克莱因上士点了点头。海德里希迟到了，这很不寻常。捷克特工们在考虑他们是否应该中止这项任务。大约上午10点30分，瓦尔茨克用镜子闪过了警告，提示海德里希的车来了。

时髦的绿色奔驰轰隆隆地驶来。克莱因在转弯的时候，踩了刹车，就在此时盖伯瑟克从他的雨衣下面掏出了斯坦冲锋枪，扣了扳机，但什么都没有发生。枪卡弹了。海德里希十分震惊，但他犯了一个致命的错误，他命令克莱因停下车，站了起来，试图用手枪向逃跑的盖伯瑟克射击。库比什跑上前去投掷了一枚手榴弹，手榴弹在汽车右后轮正下方爆炸，海德里

这座纪念馆位于布拉格的圣西里尔和圣美多德教堂，纪念猿人行动的参与者做出的最后的抵抗

库比什跑上前去投掷了一枚手榴弹，手榴弹在汽车右后轮正下方爆炸，海德里希和库比什都被弹片击中。附近电车的窗户被震碎，两件黑色的党卫军制服被炸飞，飞过了头顶的电线。

希和库比什都被弹片击中。附近电车的窗户被震碎，两件黑色的党卫军制服被炸飞，飞过了头顶的电线。

库比什的伤口不停地流血，他骑上自行车，向空中射了一枪，以驱散沿街的旁观者。瓦尔茨克和欧帕尔卡顺利逃走，盖伯瑟克想要去取他的自行车逃跑，但由于旁观人群不断增加，他无法穿过人群拿到自行车。海德里希的子弹掠过了他。克莱因以为总督没有受伤，就前去追赶了库比什。然而，当司机举起他的手枪时，却按到了弹匣脱柄的按钮，错误地取出了弹匣，所以库比什趁机溜走了。

盖伯瑟克把毫无用处的斯坦冲锋枪扔到一旁，躲在一个电线杆后面，

当德国人给他看他母亲的断头漂浮在一个鱼缸里时，这个少年终于崩溃了，供认教堂可能是刺客藏身的地方。

然后藏在一辆车后面跑到了电车轨道对面。海德里希不知道自己的伤势有多严重，他走上街头，继续向盖伯瑟克开枪。没过几秒钟，他崩溃了，血液从他的身体喷涌而出。当克莱因回到事发现场时，海德里希摇摇晃晃地站起来尖叫道："抓住那个浑蛋！"克莱因转身去追盖伯瑟克，海德里希踉跄着走了几步，倒在了奔驰的引擎盖边上。

卡尔·赫尔曼·弗兰克是在布拉格的纳粹官员，负责对利迪策进行报复性袭击

魁梧的克莱因追逐着盖伯瑟克进入了一条小街道。盖伯瑟克躲进一家屠夫店，然而店主却是纳粹支持者，店主大声喊道："他在这里！"克莱因冲进店里，盖伯瑟克朝他的双腿开了枪。盖伯瑟克冲出店外，克莱因把自己的手枪交给屠夫，但屠夫拒绝继续追捕。盖伯瑟克暂时安全了。

警戒与复仇

一群困惑的捷克人看着海德里希在路上痛苦地扭动，但没有人前来提供援助。最后，一名捷克女子大声呼救，随后一名非轮值的警察招手拦下了一辆过往的货车。司机拒绝了，警察又拦下了一辆卡车。海德里希被抬进车里，但显然去往附近的布洛夫卡医院的一路太痛苦了。受伤的海德里希面朝下躺在车上，身边都是地板抛光剂的罐头。

就在上午 11 点之后，海德里希被送抵医院。捷克外科医生弗拉基米尔·斯奈德（Vladimir Snajdr）和另外两位名为普哈拉和斯拉纳的捷克医生首先前来提供医疗救助。海德里希拒绝了吗啡，并嘶声说他想要一名德国医生。

斯拉纳评估了海德里希的病情，并记录了："我用钳子和几支棉签，大概看到了伤口的深度。还发现了气胸，以及金属碎片造成的肺挫伤，另外，大约 3 厘米长的片状物穿过横隔膜顶到了他的腹部，造成脾脏和胰尾损伤。"

进一步检查发现，海德里希的隔膜破裂。填充汽车座椅的马毛嵌入了伤口。一位名叫霍鲍姆的德国外科医生进行手术，取出了脾脏、第 11 根肋骨碎裂的顶部，并缝合了膈膜。

最初的诊断显示海德里希的状况良好，希姆莱每小时都会致电医院，询问海德里希的病情。然而，感染的威胁确实是存在的。坏疽或败血症可能让海德里希的病情更加复杂。经历了几小时的手术，海德里希开始发烧。

数日，大量的液体不断从伤口排出。然而，到了6月2日早上，海德里希已经退烧，引流也在减缓。看来，海德里希正在恢复。6月3日中午，海德里希坐在床上吃了一顿早餐，突然休克。他陷入深度昏迷状态，第二天早上4点半就去世了。死亡的可能原因是血液中毒。一个未经证实的理论表示，库比什投掷的反坦克手榴弹内含有某种形式的毒药。

当海德里希逝世的消息传到柏林后，希特勒震怒，要求报复性屠杀10000个捷克人。希姆莱在袭击当晚就下令处决100名捷克囚犯。混乱之中，党卫军和盖世太保一致努力寻找刺客。苏台德[1]纳粹和海德里希的副手卡尔·赫尔曼·弗兰克（Karl Hermann Frank）发起了“选择性恐怖”运动，由党卫队全国总指挥库尔特·达吕格（Kurt Daluege）领导。纳粹还悬赏1000万克朗，寻找有关刺客下落的信息，并且警告一旦发现有人帮助行刺者，这些人及其家人都会被处决。纳粹还迅速执行了近500起死刑。在搜捕期间，据报有13000名捷克人被捕，有36000个家庭被搜查。

盖伯瑟克和库比什面临的压力迅速加剧。随着纳粹警戒线的收紧，他们随机调换不同的藏身地点，最终他们与其他五名捷克特工一起被带到位于布拉格中部的圣西里尔和圣美多德教堂（Church of Saint Cyril and Methodius）。其中一位牧师弗拉基米尔·佩特雷克（Vladimir Petrek）已同意将他们藏在地下室，但他们之中的叛变者卡莱尔·库达却失踪了。

库达因刺杀后的恐怖浪潮而深感不安，于是他承认了自己曾经是一名

这场华丽的国葬在新帝国总理府的马赛克厅举行，希特勒和希姆勒都颂扬了这位布拉格的屠夫。

1 苏台德：专指第一次世界大战与第二次世界大战期间，捷克斯洛伐克境内邻近德国且居民讲德语的地区。

尽管希特勒似乎在他的颂词中赞扬了海德里希对纳粹党的贡献，但这位总理私下认为海德里希应对他自己的死负责

特工，并供出了布拉格的几处特工藏身的安全房。其中有玛丽·莫拉维克的家。6 月 17 日早晨，盖世太保特工包围了玛丽的房子，她服毒自杀身亡。阿塔·莫拉维克（Ata Moravec）被拖到盖世太保总部，被迫喝下大量酒精，并遭受酷刑。当德国人给他看他母亲的断头漂浮在一个鱼缸里时，这个少年终于崩溃了，供认教堂可能是刺客藏身的地方。

袭击海德里希后的 3 个星期，盖伯瑟克和库比什仍然在逃亡。但在 1942 年 6 月 18 日凌晨 4 点，党卫军和盖世太保彻底搜查了教堂。尽管最初他们没有发现任何可疑的迹象，但当他们走向合唱团的阁楼时，一枚手榴弹在他们附近爆炸，且有步枪开始射击。750 名党卫军士兵开始猛烈扫射，枪声在教堂震天响。两个小时的战斗之后，包括库比什和欧帕尔卡在内的数名特工被杀或受伤。德国人高喊要那些被包围的捷克人投降，但得到的唯一回复是“我们是捷克人，我们决不会投降！”此时已经有几名德国士兵被打死，冲进地下室的代价高昂。

这个僵局最终还是被打破了。德国人命令布拉格消防队用水管通过孔洞和通风管淹没地下室。虽然水管已被切断，但他们用梯子重新放置水管，水得以继续流进地下室。几个小时过去了，党卫军部队正准备进行最后的攻击，4 声枪声响起。被困的捷克人弹药用尽。他们一度试图挖出一条通道，但水继续上升。当他们失去了所有希望时，便自杀了。尸体从地下室被拉出，放到人行道上，库达也在那里，负责指认盖伯瑟克和库比什的尸体。

然而，屠杀还远未结束。几周来，德国人继续向捷克人民报复，屠杀了至少 5000 名平民，并将很多人送往了恐怖的毛特豪森集中营。当这场报复的狂欢最终消退时，两个村庄利迪策（Lidice）和莱扎基（Lezaky）已从地图上被抹去。死者包括 13 名圣西里尔和圣美多德教堂的成员以及 250 多名捷克特工的亲属和朋友。为了完成“猿人行动”，如此可怕的代价是否值得——这仍然是历史学家们争论的议题。

在海德里希死后五天，他的棺材挂着纳粹旗帜被送回了柏林。这场华丽的国葬在新帝国总理府的马赛克厅举行，希特勒和希姆勒都颂扬了这位布拉格的屠夫。元首说，海德里希拥有“铁心”，他陨落了，“……是一名维护和保卫第三帝国的烈士”。海德里希葬于柏林荣军公墓（Invalidenfriedhof Cemetery）。然而，他的邪恶故事会一直存在，永远不会被遗忘。

利迪策－莱扎基的灾难

纳粹为了报复，在没有任何警告的情况下，惨无人道地摧毁了这两座小镇

在纳粹为党卫队上级集团领袖和保护国总督莱因哈德·海德里希举行豪华的国葬仪式当天，捷克斯洛伐克小镇利迪策遭受了残酷的屠杀。1942 年 6 月 9 日晚上 9 时 30 分，党卫军部队没有任何事先警告，就进入了位于布拉格城外 30 千米处的小镇。据说，纳粹相信镇上的居民向暗杀海德里希的捷克特工提供了支持。

居民被迫从家中驱赶出来，前往处决点。母亲和孩子被分开，并被赶到校舍里。170 多名男子被聚集在一个谷仓里，分成十人一组被领到谷仓外并被处决。另外

170 多名男子被聚集在一个谷仓里，分成十人一组被领到谷仓外并被处决。

石头纪念碑标识了莱扎基的旧址。纳粹将这里夷为平地后，小镇没有再重建

还有 26 个人被活活烧死。11 名从当地矿场轮班返回的男子被枪杀。这些妇女被送到拉文斯布吕克（Ravensbruck）集中营。孩子们要么被安置在党卫军家中，要么送往了格内森瑙的集中营。

在党卫队最高集团领袖卡尔·赫尔曼·弗兰克和党卫队全国总指挥库尔特·达吕格的命令下，士兵们炸毁了利迪策，将近 7.1 万平方米的房屋炸毁，并种植了谷物以覆盖现场。

几天后，纳粹在莱扎基镇发现了一个属于捷克抵抗组织的电台。6 月 24 日，超过 500 名党卫军扫荡了当地居民。所有 33 名成人立即被枪杀。13 名儿童中的 11 人死于海乌姆诺（Chelmno）集中营的毒气室。2 名被选为“德国化”的女童在战争中幸存下来，后与家人团聚。1943 年 12 月，65 名劳工清除了莱扎基的碎石瓦砾。今天，那个位置竖立了纪念碑。

利迪策的霍拉克农场遭到屠杀后的尸体。盖世太保从照片主人手中没收了这张照片

标志显示利迪策小镇曾经所在的位置。该标志用多种语言书写，包括英语和法语

这座令人难忘的纪念碑向利迪策的失踪儿童致敬，他们都是海德里希遇刺后纳粹残酷行径的无辜受害者

恶魔的葬礼

在海德里希被暗杀之后，他得到了一场与他的高度忠诚相匹配的送别。

波希米亚－摩拉维亚保护国这位令人恐惧的总督莱因哈德·海德里希躺在布拉格布洛夫卡医院的病床上，停止了呼吸。警察局局长伯恩哈特·魏纳（Bernhard Wehner）看到海德里希的面容安详，完全看不出这位纳粹高官在身后留下的酷刑和谋杀。

魏纳形容说：“一种神秘的灵性和完全变态的美丽，就像文艺复兴时期的红衣主教一样。”这是一个极具讽刺意味的时刻，而且仅仅是一个开始，因为纳粹和捷克的傀儡总统伊米尔·哈卡以奢华的方式，向海德里希致以最后的敬意。

这位保护国总督去世之后，仪式性哀悼持续了一段时间。海德里希的棺材放置在布拉格城堡内，6 名党卫军组成的仪仗队守在悬挂着旗帜的棺材周围，棺材上有一个宏伟的花环。在棺架后面，悬挂着党卫军邪恶的黑色旗帜，上面印着熟悉的闪电符文。

1942 年 6 月 7 日，海德里希去世三天之后，棺材被放在炮架上，以令人毛骨悚然的庄严形式穿过布拉格的老城区。之后是长达数小时的前往柏林之旅，遗体被送上了一辆挂着黑色绉纱的葬礼列车。哈卡和其他捷克官员则选择徒步前往，妄想这样的姿态可能会缓和希特勒的愤怒，平息他要求德国士兵“不惜一切流血代价”找到海德里希刺客的愿望。

抵达柏林后，海德里希的尸体被转移到新帝国总理府。他的枕头上放置了他的勋章，包括德意志勋章（German Order）、金质战伤奖章（Gold Wound Badge）、血色勋章（Blood Order Medal）和佩剑一级战功十字勋章（War Merit Cross 1st Class with Swords）。六边形棺材的四周围绕着花环、纳粹钩十字标志和熊熊燃烧的火把。

国葬是一场盛大的纳粹宣传。伴随着作曲家理查德·瓦格纳（Richard Wagner）的《诸神的黄昏》中的齐格弗里德葬礼进行曲，希特勒在一种阴沉的氛围下向海德里希的孩子们致敬。希姆莱深受感动。元首用更加亲近的“你”而非正式的“您”来表达他对海德里希的喜爱，并称逝者是“最忠诚的民族社会主义者之一，德意志帝国最强大的捍卫者之一，也是所有德意志帝国敌人的最有力反对者之一。”

在纳粹首都的街道上漫长的游行之后，海德里希被葬在柏林荣军公墓。他的坟墓上挂了一个临时的木制标记。原本计划在那里立一座令人印象深刻的纪念碑，将由雕塑家阿诺·贝克（Arno Breker）和建筑师威廉·克莱斯（Wilhelm Kreis）共同设计。然而，战事紧急，计划便搁置了，纪念碑从未被修建。这导致海德里希的坟墓在墓地内的确切位置至今仍不得而知。

海德里希的国葬十分奢侈，所有纳粹党内高级官员都出席了葬礼

第三帝国为纪念被杀的海德里希而发行的邮票，邮票上是海德里希的死亡面具

间谍交换

美国和苏联之间的第一次间谍交换为冷战期间的间谍交换操作设立了范本。

威廉·奥古斯都·费雪，又名鲁道夫·阿贝尔，照片摄于被联邦调查局逮捕之后

2月份的柏林可能会让人觉得寒冷刺骨。在这个星期六的早晨，两组男人站在格林尼克桥（GlienickeBridge）的两端，用外套裹紧了自己，静静等待。他们呼出的白气和香烟的烟雾混合在一起。

上午8点20分，河两岸的人员开始向桥的中心走去。这座桥横跨哈维尔河（River Havel）。桥的一端是民主德国，尽管检查站在苏联的控制之下；另一端在西柏林，是联邦德国在民主德国（German Democratic Republic）包围下的一块飞地。桥的中心标志着从一个世界到另一个截然不同的世界。

现在，在这个寒冷的星期六早上，两组人员停顿了一下。两边各有一个人上前一步，越过那条看不见的分界线与对方握手。来自西柏林美占区的人是一位名叫詹姆士·布里特·唐纳文（James Britt Donovan）的律师。与他握手的那个人是情报机构克格勃负责人伊万·希什金（Ivan Schischkin）。

从西方占领区拍摄的柏林墙，可以看到“死亡区”，即任何试图进入西柏林的人都会被击毙

唐纳文和希什金见面握手后，其他人加入了他们。但他们继续等待。格林尼克桥的两端又分别现了两组人员。每组各有三名男子——但各只有一名男子是当晚的主角。站在美占区的是鲁道夫·阿贝尔，被俘虏的苏联间谍大师。站在苏联一侧的是美国人弗朗西斯·加里·鲍尔斯，他是1960年5月1日在苏联空域被击落的U-2侦察机的飞行员。

两个核大国和两个冲突的世界观在冷战的45年里相互对立，格林尼克桥是他们直接接触的唯一地方。鲁道夫·阿贝尔和加里·鲍尔斯开始走向桥的中心——在一旁等待、观察的狙击手毫不松懈，确保这二人在自己的视线范围内。这是双方第一次尝试类似这样的事情：两个核超级大国即将交换两名顶级囚犯。

两人抵达桥中央的无人区时，双方须确定两名囚犯的身份。其中一名陪同鲍尔斯的克格勃确定了鲁道夫·阿贝尔的身份。一位中央情报局特工和鲍尔斯有了一段略显可笑的交谈，鲍尔斯忘记了他的高中足球教练的名字，还好紧张的鲍尔斯终于想起了他的宠物狗的名字，最终证实此人确实是加里·鲍尔斯。一切确认完毕。阿贝尔和鲍尔斯走过彼此，穿过隔离他们、隔离整个世界的分界线，重新回到了他们自己的阵营。然后，他们停了下来。两个小组站在桥上，等待着查理检查站（Checkpoint Charlie）的消息。

还有一个人，一个名叫弗雷德里克·普赖尔（Frederic Pryor）的美国学生，在不知不觉地被卷入了冷战的政治中。他是这次交换的另一个人质。那位美国律师詹姆士·唐纳文负责本次交换谈判，在确认普赖尔的安全之前，他不愿意离开。而希什金已经确认了自己人的安全，想要离开这座桥。唐纳文则用笑话和闲聊拖住希什金。

时间一点点过去。双方都有人远远地通过望远镜观察桥上的一切，手指则放在枪的扳机上。终于，上

格林尼克桥——世界上唯一一个苏联和美国拥有陆地边界的地方

午8点50分，消息传来。弗雷德里克·普赖尔已被释放。两组人带着阿贝尔和鲍尔斯，各自进入了等候的车辆，驶入寒冷的2月早晨。这位美国人口中的鲁道夫·阿贝尔坐在前往苏联的车里，他在想，等待他的将是什么。他离开祖国已经很多年了。但是对阿贝尔而言，那仅仅是精神上的祖国，因为1903年7月11日他出生在英国的纽卡斯尔（Newcastle）。这位苏联间谍是英国人，他的真名是威廉·奥古斯都·费雪（William August Fisher）。他的父亲海因里希·费雪（Heinrich Fisher）是一名狂热的共产主义者，曾是列宁的同志。他在监狱服刑三年期满后逃离了俄国。费雪一家——海因里希、妻子柳博芙（Lyubov）、儿子威廉和亨利定居在纽卡斯尔。海因里希在阿姆斯特朗的造船厂工作，同时给波罗的海国家的革命者运送枪支。阿贝尔从小就能说流利的英语、俄语、德语和法语，是一位忠诚的共产党员。1921年，阿贝尔跟随父母在俄国革命后回到祖国。

在苏联，他被秘密警察——国家政治保卫总局（后成为内务人民委员部，最后改组为克格勃）招募。阿贝尔第一次更名是因为国家政治保卫总局建议将威廉·奥古斯都·费舍尔改为听起来更加俄式的名字。所以，他成为了威廉·金立科维奇·费舍尔（Vilyam Genrikhovich Fisher），是一名无线电操作员。在1936年至1938年的大清洗中，他幸免于难。当时斯大林从司法上谋杀了每一个幸存的老布尔什维克，并“清理”了数百万苏联公民。尽管如此，阿贝尔的共产主义信仰从未动摇过。冷战开始后，阿贝尔被委派至苏联情报部门认为最重要的地方：美国。

1948年11月17日，阿贝尔以假身份安德鲁·卡悠提斯（Andrew Kayotis）乘船前往魁北克（Quebec），越过美加边境进入美国。在美国，他遇到了另一位苏联工作人员，后者给了他另一个假身份——艾米尔·戈德法斯（Emil Goldfus）。1950年，朱利叶斯和艾瑟尔·罗森堡（Ethel Rosenberg）被捕，导致从美国向苏联传送核机密的计划被泄露。1953年6月19日，罗森堡被处决。哪怕阿贝尔以前不知道，但他现在终于明白间

就在他正要走下楼梯时，他绊倒了，硬币掉落在地上。那枚五分硬币裂成了两半。里面有一张小小的方格纸，有十列数字，每列数字包含五位。

谍活动是关乎性命的工作。

作为在美国行动的苏联高级特工，阿贝尔的任务是扩大苏联的间谍网络，然而事实上，除了让自己不被发现之外，他似乎没有取得太多成果。

与此同时局势越来越紧迫。一切从一个报童开始。1953 年 6 月 22 日，13 岁的詹姆斯·博扎特（James Bozart）正在收取他送的《布鲁克林鹰报》的付款。他走下楼梯，硬币叮当作响，但其中一个五分硬币感觉和其他的硬币不同。就在他正要走下楼梯时，他绊倒了，硬币掉落在地上。那枚五分硬币裂成了两半。里面有一张小小的方格纸，有 10 列数字，每列数字包含 5 位。

当时离罗森堡夫妇被处决才过去几天，美国对间谍保持着高度警惕，所以这个发现没过几天时间就引起了纽约警察的注意。警察用一枚正常的五分镍币从詹姆斯·博扎特手中换取了那枚中空的镍币，并将硬币和里面的纸片交给了联邦调查局。联邦调查局试图破译纸片上的内容，或找出其来源，但一无所获。

联邦调查局怀疑，这枚空心镍币说明纽约有一个苏联间谍小组，但没有其他的信息，他们无法破解这个谜团。终于在 1957 年 5 月 4 日事情有了突破——这一切都因为个人膨胀、酗酒的雷诺·海赫伦（Reino Häyhänen）。海赫伦被派往美国，作为阿贝尔的副手。但海赫伦一到美国，就染上了酗酒的毛病。阿贝尔想免去他的职务。当海赫伦接到回莫斯科汇报的命令时，他担心会被送往集中营——他可能是对的。所以，在返回苏联的途中，海赫伦停留在巴黎，走进了巴黎的美国大使馆。

“我是苏联情报部门的一名军官。过去 5 年来，我一直在美国工作。现在我需要你们的帮助。”

使馆人员并不相信他。海赫伦喝醉了，头发凌乱，看起来很不可信。但是他从口袋里拿出了一枚空心镍币，和詹姆斯·博扎特发现的一模一样。联邦调查局掌握了钥匙。现在他们只需找到对应的锁。海赫伦在美国的联

1964 年 9 月，克格勃主席弗拉基米尔·色米查斯特涅（Vladimir Semichastny）（左），与鲁道夫·阿贝尔（左二）和其他苏联情报官员交谈

系人被称为“马克”。他曾在展望公园和拥挤的街道上与“马克”见面，还曾去过“马克”存放的摄影用品的地点。联邦调查局调查了这个位置——富尔顿街252号，他们发现，有一位名为艾米尔·戈德法斯的摄影师在那里有一个工作室，还有一个储藏室。但是戈德法斯消失了。海赫伦早就应该到莫斯科了。克格勃很快意识到他们的特工行动暴露了，如果海赫伦叛逃，那么阿贝尔正处于极度危险之中。他必须离开美国。根据海赫伦对“马克”的描述，联邦调查局的特工在5月28日发现了一名符合特征的男子。那名男子坐在富尔顿街252号马路对面的长椅上，神情紧张，似乎正在寻找某个人。然而，由于没有明确的身份，联邦调查局特工决定不再跟踪该男子。

这应该是联邦调查局抓到他们想要的人的最后一次机会。但克格勃难以将新的护照交给阿贝尔，他又不能以任何旧身份出行，为防这些身份都已经暴露，阿贝尔只能继续留在纽约。两周后，1957年6月13日晚上10点，252富尔顿的工作室里灯光亮起。晚上11点52分，灯光熄灭，一名男子离开了大楼。这一次，一名特工尾随其后，监视这名男子。一个隐藏的摄像机拍摄了这名嫌疑男子，两天后，海赫伦指认画面中的人正是他的联系人“马克”。联邦调查局追踪了阿贝尔长达一个星期，始终有一个8人团队监视着他。阿贝尔住在拉瑟姆酒店，仍在等待着他的逃生文件。这些文件从未送达。6月21日上午7点，“马丁·柯林斯”（Martin Collins）听到有人敲门，便打开了拉瑟姆酒店的房门。“上校，我们收到信息称你参与了间谍活动。”

阿贝尔什么也没说。这位未能逃脱的苏联间谍大师的传奇由此开始。经过23分钟的沉默后，联邦调查局把一直在房间外面等候的人叫了进来。在移交给联邦调查局拘留之前，鲁道夫·阿贝尔被移民官员以“非法外国人”的身份正式逮捕。除了说出他的名字为鲁道夫·阿贝尔以及他是苏联公民后，阿贝尔，拒绝透露任何其他信息。1957年10月，阿贝尔在纽约以间谍身份被审判，他的辩护律师是詹姆士·唐纳文。在斯皮尔伯格的电影《间谍之桥》（Bridge Of Spies）中，法官在审判前就认定了阿贝尔有罪，而且律师唐纳文如果继续为阿贝尔辩护，

弗雷德里克·普赖尔从民主德国监狱被释放后返回纽约。这位学生无意中成为了民主德国的筹码，民主德国试图以此举获得国际社会的认可

就会有个人和职业危险。尽管唐纳文一家确实因此面临了一些不受欢迎的情况，但真实情况不同于电影。

陪审团认定阿贝尔有罪，他被判处 30 年有期徒刑。但 4 年后，阿贝尔发现自己在格林尼克桥上，站在他曾经的律师詹姆士·唐纳文的旁边。电影里的故事是阿贝尔的回归并没有受到欢迎。实际上，他回到苏联，被认为是英雄，并为克格勃做了很多演讲和讲座。不过电影有一个细节是对的——阿贝尔的烟瘾。1971 年 11 月 15 日，鲁道夫·阿贝尔因肺癌去世。在他的墓碑上，镌刻的是这位间谍的真名：威廉·费希尔。

空中间谍

一个失败的决定批准了空中侦察，结果将一架 U–2 侦察机拱手送入敌人之手，最终使冷战升级。

U–2 侦察机被击落后的残骸。这架飞机的大部分都在这次事故中保存下来，从而让苏联人可以将其各个部分拼凑起来，以获取飞行任务的信息

在间谍卫星诞生之前，高空飞机的任务是前往敌方领空并拍摄照片。当时，没有飞机能飞得比 U–2 侦察机高。U–2 侦察机可以抵达 21000 米的作战高度，能够躲过苏联侦察和苏联防空打击。至少在 1956 年开始执行任务时没有被发现。然而到了 1960 年，苏联的雷达和导弹系统已经有所改善。毕竟，1957 年 10 月 4 日苏联就发射了史普尼克 1 号人造卫星（Sputnik），开始了太空竞赛。不过，苏联的成就让美国方面更加多疑，认为俄罗斯在洲际弹道导弹方面具有领先优势。面对这些担忧，艾森豪威尔总统在与苏联领导人赫鲁晓夫会晤的两周前，批准了最后的 U–2 侦察机飞行任务。1960 年 5 月 1 日，加里·鲍尔斯从巴基斯坦白沙瓦（Peshawar）的一个基地起飞。苏联雷达探测到了这架侦察机。苏联方面下令使用喷气式战斗机，以一切必要的手段击落 U–2 侦察机，但他们无法拦截它。最后是一枚导弹击落了 U–2 侦察机，导弹在距离 U–2 足够近的地方爆炸，炸毁了 U–2 的机尾。侦察机开始无法控制地向下俯冲，机翼被损毁，开始旋转。鲍尔斯被气流吸出机舱，但被他的氧气管拴在了飞机上。他试图把自己拉回来，激活飞机自毁机制，但氧气管破裂，鲍尔斯开始自由坠落。

加里·鲍尔斯穿着压力服。压力服能让 U–2 飞行员在一架从 21000 米高空突然下降减压的飞机上存活下来

鲍尔斯打开了他的降落伞，看着他的飞机坠入俄罗斯乡村。这架飞机并不是此次事件中唯一损毁的东西。U–2 坠毁、鲍尔斯被俘并破坏了艾森豪威尔和赫鲁晓夫之间的超级大国峰会，冷战继续升温。

U-2 侦察机，是一架单引擎飞机，既是喷气式飞机，又类似滑翔机，驾驶难度很大。U-2 的失速速度与最高速度只相差 12 节，所以飞行员必须将速度控制在这个范围内

加里·鲍尔斯的审判。他被判处 10 年有期徒刑。与电影相反，苏联人对他很友好

格罗玛探索者号是一个海洋奇迹，一个中央情报局的秘密，尽管船只在2015年被废弃，但它的名字将永存

美国的声呐能够探测到的水下爆炸的深度超过了苏联，所以他们一直都知道，苏联人找错了海域。

波涛之下的冷战

苏联核潜艇沉没了，美国想得到这架潜艇。唯一的问题是，潜艇位于太平洋下方的 5100 米处。中央情报局能找到解决办法吗?

1973 年 12 月 30 日，《纽约时报》（*The New York Times*）呼吁制定新的海洋法，以限制“能源匮乏的发达国家”钻探海底石油和天然气矿藏，破坏环境。这家报纸指责美国也是犯罪当事人之一，并披露当时深居简出的亿万富豪霍华德 · 休斯（Howard Hughes）所拥有的一家公司正在装备一个探险队，准备“从太平洋海底挖掘富含锰、镍、铜和钴的矿物结核”。

这篇文章的发表并没有对休斯带来任何影响。1974 年 6 月 20 日，他的舰船格罗玛探索者号（Glomar Explorer）下水首航。这艘钻井船体积过大，无法穿越巴拿马运河，所以船从宾夕法尼亚州出发，需要绕过南美洲进入太平洋。

7 月 4 日，这艘船停泊在夏威夷西北 1500 海里处，距离海床约 5 千米。尽管地理位置偏远，但格罗玛探索者号并非是停泊在此处的唯一船只。当时正值冷战高潮，格罗玛探索者号被苏联的战舰和拖拽船跟踪，后者非常好奇格罗玛探索者号的任务，但没发现有什么过于复杂的任务。这似乎只是一艘属于那位年老古怪的美国人霍华德 · 休斯的钻井船，休斯凡事都喜欢保密。

然而，事实上格罗玛探索者号并非钻井船，也不是为了在太平洋上开采海床而工作。海床之下还有一些其他东西，这些东西能够解释为什么格罗玛探索者号上有多名中情局的工作人员。正是这些人设计了冷战中最精心和最大胆的行动之一——打捞苏联核潜艇的残骸。

红军的核潜艇沉没

6 年前，也就是 1968 年，苏联

苏联高尔夫 II 级弹道导弹潜艇，类似于 1968 年 3 月爆炸后沉没的 K-129 潜艇

在其生命的最后一年，声名狼藉的格罗玛探索者号成为加利福尼亚州长滩的一个旅游景点

高尔夫 II 级弹道导弹核潜艇 K-129 在太平洋地区经历了一系列爆炸，最终沉没。爆炸的原因可能是发动机在给电池充电时释放的氢气被点燃。苏联海军急切地试图找到这艘潜艇。该潜艇从彼得罗巴甫洛夫斯克（Petropavlovsk）的海军基地驶出，携带了三枚 SS-N-4 核武装弹道导弹。几周来，他们试图找到这艘沉没的潜艇，但一无所获，最终撤出了搜寻船只。美国人趁虚而入。那时，美国的声呐能够探测到的水下爆炸的深度超过了苏联，所以他们一直都知道，苏联人找错了海域。美国海军确定了 K-129 沉没位置的经度和纬度后，开始拍摄数千张这艘 98 米长的潜艇躺在海床上的照片。

白宫方面却没有那么兴奋。据说，当时尼克松总统的国家安全顾问亨利·基辛格对于打捞一艘潜艇的表现说明他“不那么热衷于该计划”。“当我们第一次听到这个计划时，我们说‘那又怎样？’”基辛格的一位助手回忆道，“说实话，我不觉得我们很在乎这艘潜艇。”

此外还有一个问题：如果打捞成功，要如何处理那些去世的海员。中央情报局承诺按照《日内瓦公约》（Geneva Convention）的规定对待那些人，并且向白宫强调，他们可能从潜艇上搜集到潜在情报，还借鉴 1967 年阿拉伯 - 以色列战争期间，以色列军队缴获苏联制造的武器事件。“我们花了很多时间来估计（苏联武器的价值），结果不是很明朗。”一位前白宫工作人员如此表示，并补充道，找到一艘潜艇将是“一座金矿”。

一旦说服了白宫方面打捞潜艇的必要性，美国中央情报局于 1969 年 7 月 1 日在其科学和技术局内成立了特别项目工作组，由约翰·帕兰戈斯基（John Parangosky）领导，所有信息仅限于在一个名为“詹妮弗”的特殊安全小组内传播。“詹妮弗”这个名字多年来被错误地认为是一个项目代号。

照片是 1938 年的霍华德·休斯，一位深居简出、为人古怪的美国人，为中央情报局的行动提供了完美的掩护

中央情报局最初试图用一种方式进入密码室并取回设备，但由于沉船的位置太深，这一方案并不可行。中央情报局开始考虑如何将潜艇打捞上来，同时不被苏联人发现他们到底在做什么。直到1970年10月，中央情报局才找到了解决方案的第一部分：建造一个大型机械爪，称为“捕获装置”，并用此从海底打捞潜艇。

至于欺骗苏联人，中情局声称他们正在探索的太平洋海域有大量宝贵的锰结核矿藏。和全球很多国家一样，俄罗斯人也知道霍华德·休斯、他的石油钻探公司以及他行事保密、为人古怪的特点。休斯同意参与中情局要制造“捕获装置”的计划。1971年11月，格罗玛探索者号（这个名字来自“全球海洋公司”首字母的缩写，该公司的深水钻井专家也参与了该项目的运营）开始了建造工作，估计建造成本约为5亿美元。

在整个建设过程中，新闻媒体不知不觉地陷入了中情局的计谋之中，这主要是因为新闻媒体应邀参观了造船厂。“如果一切顺利，”《费城询问报》（*Philadelphia Inquirer*）在参观了船厂之后，在1973年5月的报道中写道，“这艘神秘的船可能会在明年开始工作，钻探钛、锰、铀、铜和镍等金属。”

从机械爪滑落

8月1日，格罗玛探索者号开始了打捞行动，中央情报局的特工评定成功率为10%。他们首先担忧在打捞过程中，船体碎片可能会浮到水面上，这就可能会让苏联人注意到整个行动的真实目的。尽管巨型机械爪已成功地下放到海底5100米的潜艇上。灾难还是发生了。至少有两个机械爪带着潜艇残骸抵达海平面以下2500米处时，三分之二的残骸落回了海底。

中央情报局局长威廉·科尔比试图压制媒体，阻止他们透露格罗玛探索者号任务的细节

取回的12米长的潜艇残骸中有6具尸体，美方以军事葬礼的规格将这6具遗体葬在了海底。美军还拍摄了整个仪式，打算在适当的时候将录像交给苏联。中央情报局对结果感到失望，决心取回潜艇的其余部分。中央情报局的特工于1974年9月抵达长滩，交出了他们从K-129潜艇上取回的一切。

然而，格罗玛探索者号返回美国时社会已经发生了变化。理查德·尼克松不再是总统，他在一个月前因水门事件（Watergate Scandal）辞职。这也得益于媒体的报道，揭露了他的肮脏诡计。媒体从未如此强大，准备直击华盛顿政治制度的核心，揭开真相。

“既不确认也不否认”

几个月来一直有传言称，霍华德·休斯和他的格罗玛探索者号有些不对劲。《洛杉矶时报》（*Los Angeles Times*）藐视政府警告，第一个向公众公开了该船的真正使命。这促使《纽约时报》的普利策奖获奖记者西莫·赫许（Seymour Hersh）公布了当时被称为“詹妮弗项目”的综合报道。不过中央情报局于2010年披露的解密文件显示，该项目的真实代号为“亚速尔计划”（Project Azorian）。

《纽约时报》解释道，他们在1973年年末首次了解到该任务的真实目的的细节，在那之前不久，休斯的一间办公室遭到入室盗窃，导致与该行动有关的文件遭窃。《纽约时报》表示，中央情报局局长威廉·科尔比（William Colby）称“报道将危及国家安全”，因此在他的要求下，“关于此事的研究已经停止”。

格罗玛探索者号曝光的时机对于杰拉尔德·福特（Gerald Ford）而言，实在是太糟糕。杰拉尔德·福特是新任总统，承诺要清理华盛顿。此外，苏联方面要求解释，他们因为美国人在自己鼻子底下大胆开展行动却没有发现而非常愤怒。

彼时已经是国务卿的基辛格命令中央情报局放弃进一步的打捞计划，但拒绝向公众详细解释这一任务。中央情报局同样对任务讳莫如深，哪怕媒体引用了《信息自由法》要求一个答案时，依然保持沉默。中央情报局有一个传奇性的回应，后来被称为“格罗玛回应”。当中情局被问到太平洋上到底发生了什么时，他们回答道：“我们既不能确认也不能否认这些材料的存在。”

2010年，中央情报局终于解密了亚速尔计划的几页文档，然而公开的文件里有大量内容被隐去，因而难以评估整个行动是否成功。整个行动的巨大花费被隐去，文件也没有提及该行动到底获取了多少情报。《纽约时报》引用情报官员的话，称整个打捞行动是一场失败，只捞上来一些“金属”，但是这有没有可能也是一个虚假信息呢？根据1993年俄罗斯情报机关公布的报告，中央情报局至少成功打捞了两个核武装鱼雷——这一声称的依据是格罗玛探索者号上的机械爪受到了铀污染。

不论真相如何，中央情报局始终没有丢失格罗玛回应式的幽默。2014年6月，中央情报局开通推特账号，发送了一条推文：“我们既不能确认也不能否认这是我们第一条推文。”

格罗玛探索者号

格罗玛探索者号的造价约为5亿美元，是一艘长达189米、宽35米的36000吨级船只。它的6台发动机的功率可达12000马力，最高时速可达10节。当格罗玛探索者号驶过太平洋时，船上有178人，包括船员和中央情报局的特工。这艘船有一个为其任务而定制的货舱，称为“月亮池”——一旦从5100米的海底打捞起潜艇，这个货舱就足够容纳该潜艇。此外，格罗玛探索者号上的冷冻容量可容纳多达100具尸体。在打捞过程中，船体需要有稳定的浮动基座，这对整个任务亦至关重要。用于打捞潜艇的八趾机械爪类似于生活中的娃娃机里抓娃娃的爪子。

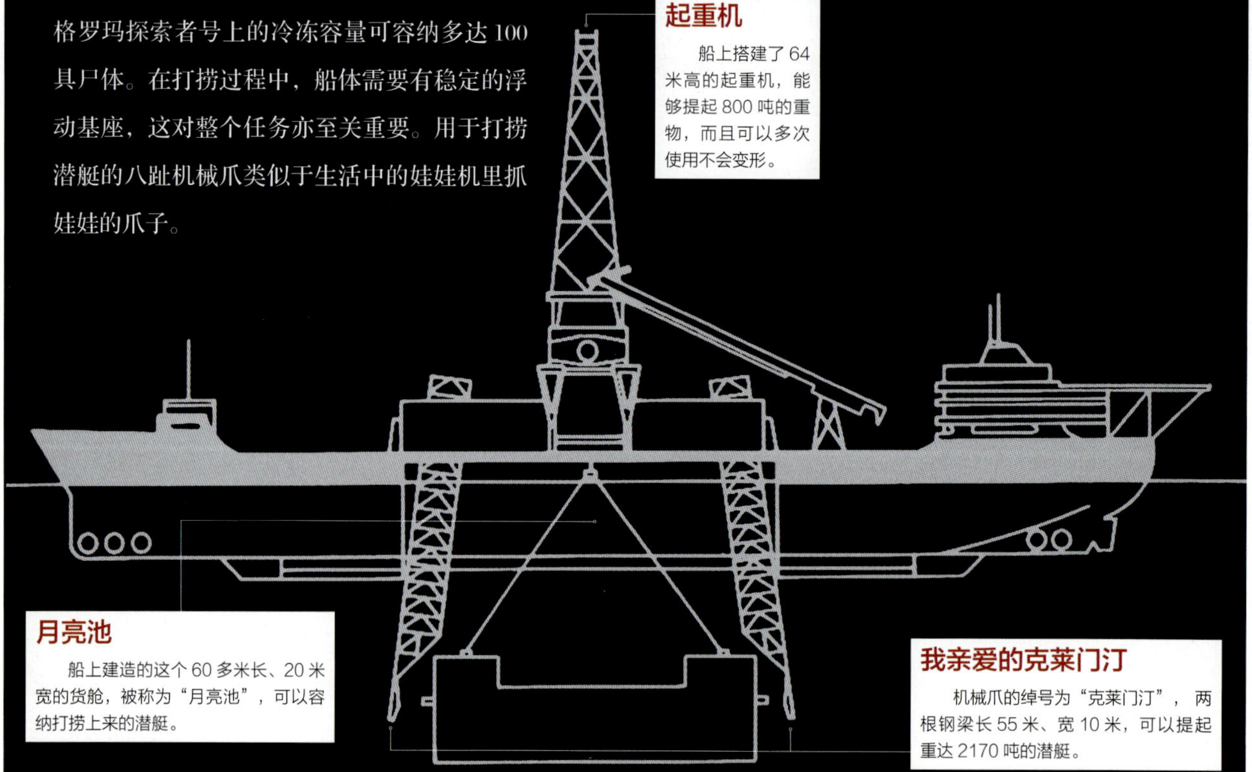

起重机

船上搭建了64米高的起重机，能够提起800吨的重物，而且可以多次使用不会变形。

月亮池

船上建造的这个60多米长、20米宽的货舱，被称为“月亮池”，可以容纳打捞上来的潜艇。

我亲爱的克莱门汀

机械爪的绰号为“克莱门汀”，两根钢梁长55米、宽10米，可以提起重达2170吨的潜艇。

以色列之怒

1972 年慕尼黑奥运会大屠杀后，摩萨德的报复行动引发了世界范围的骚动。

1972 年 9 月 5 日凌晨，8 名恐怖分子潜入慕尼黑的奥运村，找到了以色列代表队所在的大楼。这些男子属于一个巴勒斯坦组织——黑色九月（Black September），以此命名是为了铭记 1970 年 9 月，约旦国王侯赛因驱逐了成千上万名巴勒斯坦人。

恐怖分子进入的第一个房间，里面住的是摔跤队员。几个以色列人反击了他们，用水果刀刺伤了其中一名恐怖分子，并打晕了另一名。但在赤手空拳的搏斗中，2 名以色列人身亡。9 名以色列人被劫为人质。绑架者称，只有以色列释放关押的 200 名巴勒斯坦政治犯，他们才会释放人质。

随后，联邦德国政府试图解救人质的行动是个彻底的错误——他们犯了一系列的错误，最终以菲尔斯滕费尔德布鲁克（Fürstenfeldbruck）空军基地的一场枪战收场。当时联邦德国警方没有反恐部队，试图在恐怖分子将人质送上两架直升机时拦截他们。最后，人质全部遇害，8 名恐怖分子中 5 人身亡。这个结果令摩萨德，即以色列情报和特殊使命局领导人兹维·扎米尔（Zvi Zamir）极为愤怒，他在反恐方面经验丰富，尽管当时他就在空军基地，德国人依然没有向他请求协助。扎米尔回到以色列，发誓要为这次谋杀报复。“我们会找到他们的。”他后来回忆道，“他们中的每一个人都会为自己所犯的罪行付出代价。”

X 委员会

扎米尔回到以色列后，被带往了 X 委员会。这是一个由政治家和安全专家组成的委员会，由 74 岁的总理果尔达·梅厄（Golda Meir）担任主席，其他成员包括国防部长摩西·达

图上的牌匾竖立在慕尼黑奥运村以色列运动员下榻的住所，以纪念屠杀受害者

扬（Moshe Dayan）和反恐总司令阿哈龙·亚里夫（Aharon Yariv）将军。“果尔达非常希望这些人能接受审判，”扎米尔回忆说，“但他意识到这是不可能的。”

参与慕尼黑大屠杀的人必须受到惩罚，但黑色九月的成员遍布世界各地，在不牵连以色列的前提下暗杀他们是一个巨大挑战。而总理梅厄将这个挑战交给了扎米尔。“这不是一件简单的事情。”他说，“为了做到这一点，我们就必须在欧洲国家收集信息，但这不是一件合法的事情。”

扎米尔选择由迈克尔·哈拉里（Michael Harari）领导这支暗杀队，他在摩萨德里被称为“犹太版詹姆斯·邦德”。哈拉里于1927年出生于巴勒斯坦，自16岁起便开始以各种形式为以色列战斗。1970年，哈拉里被任命为摩萨德特别行动部门——凯撒利亚的负责人，并以其大胆、创新、富有想象力著称。

摩萨德从巴勒斯坦解放组织处购买了情报，一些愿意配合的西方政府也提供了部分信息，借此哈拉里列出了一份目标名单。鉴于上帝之怒行动高度保密，名单上的名字数量从未得到正式确认，但据称，其数量在20到30人之间。

哈拉里把他的特工分成5个小队，每个小队都以希伯来字母命名：A小队包括两名刺客，B小队包含两名特工，作为A小队的保镖。H小队中的两名特工负责后勤，K小队中的两名特工负责沟通。最后，Y小队由7名行动人员组成，他们负责找到目标，观察他们的所有动向，并为刺客规划逃生路线。上帝之怒行动的策划者之一是出生在英国的戴维·金奇（David Kimche），他说：“我们想让他们因为自己是恐怖分子而感到害怕，我们希望他们时时刻刻保持警惕，觉得我们在盯着他们。我们想要传达一个信息：我们随时随地可以抓住他们，所以他们必须每时每刻高度警惕。”

位列名单首位的是32岁的阿里·哈桑·萨拉马（Ali Hassan Salameh），绰号“红王子”，摩萨德认定他为慕尼黑奥运会大屠杀背后的主谋。萨拉马是一个喜欢美女靓车的花花公子，也是巴基斯坦解放组织领导人亚西尔·阿拉法特（Yasser Arafat）非常信赖的心腹，因此阿拉法特很重视萨拉马的人身安全。当以色列人开始在全世界寻找萨拉马的踪迹时，他们确定了一个易于攻击的目标——住在罗马的巴勒斯坦知识分子阿卜杜勒·韦尔·泽瓦特（Abdel Wael Zwaiter）。1972年10月，他被枪杀。泽瓦特是行动开始后6个月

德国警方试图找到黑色九月恐怖分子，后者将慕尼黑奥运村里的几位以色列运动员关押为人质

1973年4月10日午夜过后，16名以色列突击队员在贝鲁特海滩登陆，随即乘坐3辆奔驰前往目标地点。

这个画面是慕尼黑屠杀的标志性画面。图为出现在奥运村的一名恐怖分子

扎米尔回到以色列，发誓要为这次谋杀报复。“我们会找到他们的。”他后来回忆道，“他们中的每一个人都会为自己所犯的罪行付出代价。”

无辜的阿玛德·布威基在挪威遇害，引起了国际社会的强烈抗议，迫使以色列搁置了上帝之怒行动

内，以色列人在欧洲城市里暗杀的第一个人。

青春之泉行动

1973 年 4 月，摩萨德获得情报，得知死亡名单上的 3 名男子住在贝鲁特（Beirut），因而把行动焦点转移到了中东。摩萨德获得的信息非常精确，甚至知道了这些人居住在哪栋楼。但行动的挑战在于，他们需要设计一个能够同时暗杀 3 人的方法。

以色列特种部队司令（以及后来的总理）埃胡德·巴拉克（Ehud Barak）策划了使用橡胶艇前往贝鲁特的海上突击行动，代号“青春之泉”。一旦突击队员在贝鲁特上岸后，摩萨德特工就会前来接头，与他们一同去往距离城内约 11 千米的目标地点。3 支突击小队会打扮成游客，两名士兵——包括巴拉克在内会伪装成女性。“这样能减少怀疑，”巴拉克回忆道，“我们会把所有东西都准备妥当。假发、假胸，所有东西。我的副手穆基·白策（Muki Betser）比我高半个头，所以我们扮成了一对夫妇。”

1973 年 4 月 10 日午夜过后，16 名以色列突击队员在贝鲁特海滩登陆，随即乘坐 3 辆奔驰前往目标地点。抵达巴勒斯坦解放组织的行动主管卡迈勒·阿德万（Kamal Adwan）所在的楼前，装扮成女人的巴拉克从车里走出来。他们用装有消音器的枪击毙了巴解组织的守卫，进入大楼后，同样击毙了阿德万。阿德万的女儿当时只有五岁，她回忆道，“我们听到头顶有玻璃被打碎的声音，我还告诉我的弟弟：‘他们肯定又在玩牛仔和印第安人游戏了’。”

在阿德万被击毙的同时，突击队员穆基·白策和兹威卡·利伍尼（Zvika Livneh）冲进了附近的一栋公寓。他们的任务是杀死阿布·优素福（Abu Youssef）。白策说：“过去 3 周里，我的衬衫口袋里都放着他的照片。看到那张脸的那一刻，我就举起了枪。”白策说，“他砰的一声关上了门，我和兹威卡用乌兹冲锋枪打穿了卧室门。我往前一冲，踢破了门。”

黑色九月行动的领导人优素福被击毙，巴勒斯坦解放组织执行委员会委员卡迈勒·纳赛尔（Kamal Nasser）也遇害。整个行动花了不到 30 分钟，摩萨德宣布整个行动大获成功。“这是非常非常重要的一步，因为他们知道我们正在行动。”扎米尔说，“他们知道，即使还需要一段时间，但最终他们都会被我们抓到，会受到相应的惩罚。现在他们对此一清二楚。

认错身份

截至 1973 年夏，共有 12 名男子受到了摩萨德的“惩罚”，但摩萨德的头号目标阿里·哈桑·萨拉马仍然不知所踪。7 月，摩萨德相信他们找到了萨拉马的踪迹——他正在挪威的利勒哈默尔（Lillehammer）。摩萨德的特工枪杀了他们认为是萨拉马的男子，当时他怀孕的女朋友也在身边。但是摩萨德犯了一个天大的错误，谋杀了一个无辜的人。随后，国际社会一片哗然，挪威逮捕了 6 名以色列特工。这桩丑闻促使果尔达·梅厄无限期推迟了上帝之怒行动。

萨拉马以为他逃过了以色列的复仇。后来，他与世界小姐结婚，更加大胆地公开露面（包括一次在纽约联合国露面），并定居在贝鲁特。

1979 年 1 月，一名持英国护照的年轻女子埃里卡·钱伯斯（Erika Chambers）租了一间公寓，就在萨拉马的贝鲁特居所附近。钱伯斯告诉大家，她是一名业余艺术家，喜欢从她公寓的窗户上画日常生活场景。但她也是摩萨德特工，密切注意萨拉马

“过去 3 周里，我的衬衫口袋里都放着他的照片。看到那张脸的那一刻，我就举起了枪。”

的行踪。钱伯斯安排另一名特工在距离目标建筑物不远处的一辆红色大众汽车里放置了100千克炸弹。1月22日下午，“红王子”爬上他的雪佛兰旅行车，去参加他母亲的生日派对。当雪佛兰驶过红色大众汽车时，炸弹爆炸。“我们失去了一只雄狮，”在贝鲁特为萨拉马举行的葬礼中，亚西尔·阿拉法特是其中一名护柩者，他告诉5万名送葬者，“我们骄傲地埋葬一名烈士！”

萨拉马去世后，以色列的上帝之怒行动亦落下帷幕。虽然仍有人将后来的少数暗杀事件归咎于此次行动，但没有任何实质性证据证明这一点。不过，上帝之怒行动是否有效，这个争论一直持续至今。其中几名被暗杀的人是巴解组织的低级官员，黑色九月行动的高级成员都躲过了以色列的报复。但参与青春之泉行动的人认为，以色列的反应合情合理。穆基·白策说，慕尼黑屠杀是一次“创伤性事件……以色列人很愤怒，迫切需要惩罚巴基斯坦解放组织，一劳永逸地摆脱所谓替平民对抗恐怖分子的斗争”。

1973年，以色列总理果尔达·梅厄与美国总统理查德·尼克松的妻子，前者誓言要为慕尼黑事件复仇

死亡名单

阿卜杜勒·韦尔·泽瓦特

1972年10月16日，泽瓦特回到他在罗马的公寓时，被12发子弹击中。他是上帝之怒行动的第一个受害者，也是巴基斯坦解放组织在意大利的代表。

马赫穆德·哈姆沙里（Mahmoud Hamshari）博士

1972年12月8日，摩萨德特工在巴基斯坦解放组织法国代表哈姆沙里的台式电话里放置了炸弹，哈姆沙里在爆炸中受伤，几周后不治身亡。

侯赛因·阿巴德·希尔（Hussein Al Bashir）

约旦人阿巴德·希尔是巴解组织的塞浦路斯（Cyprus）代表，涉嫌参与了黑色九月行动。1973年1月24日，他下榻的尼科西亚（Nicosia）旅馆内发生炸弹爆炸事件，阿巴德·希尔遇害。

巴西尔·埃尔–库拜西（Basil al-Kubaisi）博士

1973年4月6日，两名枪手在巴黎击杀了埃尔–库拜西。埃尔–库拜西博士是贝鲁特美国大学的一名法学教授，据称他为黑色九月行动提供了后勤支持。

穆罕默德·优素福·阿尔–纳迦（Muhammad Youssef al-Najjar）

青春之泉行动期间，突击队在贝鲁特开展行动。1973年4月9日，优素福·阿尔–纳迦以及他的妻子和邻居一起被枪杀。他是黑色九月行动的执行负责人。

扎亚德·穆沙西（Zaiad Muchasi）

1973年4月11日，穆沙西在雅典酒店房间里更衣时被炸身亡。当时他已经替换阿巴德·希尔成为黑色九月在塞浦路斯的负责人。

卡迈勒·阿德万

阿德万是巴基斯坦解放组织高级官员，在他的公寓内被枪杀，当时他的家人，包括他的儿子也在场。阿德万的儿子否认父亲曾参与慕尼黑大屠杀。

穆罕默德·布迪亚（Mohammad Boudia）

布迪亚被称为花花公子和伪装大师。1973年6月28日，他离开女友位于巴黎的住所时被汽车炸弹炸死。

摩洛哥服务员阿玛德·布威基（Ahmed Bouchiki）

1973年7月21日，摩萨德特工认为他们在挪威的利勒哈默尔找到了萨拉马并正式将他杀害。但他们犯了一个错误，受害者其实是一个无辜的摩洛哥服务员。

阿里·哈桑·萨拉马

萨拉马最终在贝鲁特被找到。1979年1月22日，摩萨德通过一枚巨大的汽车炸弹杀害了萨拉马、他的4名保镖和4名无辜的路人，其中包括一名英国人。

这部电影将许你自由

1979 年，伊朗士兵冲进位于德黑兰的美国驻伊朗大使馆，将使馆内每一个人都扣押为人质。6 名使馆工作人员得以逃脱并躲了起来。这个故事讲述的是中央情报局（CIA）如何与好莱坞联手将这 6 名逃脱的外交人员从伊朗解救出来。

本 · 阿弗莱克（Ben Affleck）扮演的托尼 · 门德斯进入伊朗，执行营救 6 名美国外交官的任务

“你们居然穿着风衣！”

6名躲在德黑兰的美国外交官被告知支援人员很快就来了。自那之后，他们一直在想来的会是谁。支援人员到了——两名中央情报局特工，他们都穿着风衣。随后，负责统筹的中情局特工安东尼奥·“托尼”·门德斯 [Antonio (Tony) Mendez]将整个解救计划告诉了他们。他们将从德黑兰的主要机场梅赫拉巴德国际机场（Mehrabad）乘坐飞机离开。在出境文件上，他们的身份是取景团队，为一部拍摄中的好莱坞科幻大片《阿尔戈》（*Argo*）做准备。

这个故事听起来太奇异了，所以肯定是真的——至少，托尼·门德斯希望机场的伊朗官员能够这么想。如果伊朗人看穿了这个计划，那么6名外交官能祈祷的最好结局就是加入另外52名美国人质，被扣押在美国大使馆。而对于托尼·门德斯和他的同事——只知道他被称作“朱力欧”（Julio），如果他们被发现，可能会作为间谍被审判，甚至有可能被处决。在革命时期的伊朗，一切都可能发生。

伊朗革命始于1979年2月，当时伊朗沙阿（Shah）穆罕默德－礼萨·巴列维（Reza Pahlavi）政府被推翻。1953年，巴列维在中央情报局

如果伊朗人看穿了这个计划，那么6名外交官能祈祷的最好结局就是加入另外52名美国人质，被扣押在美国大使馆。

上图：特工托尼·门德斯在白宫会见充满感恩的总统卡特。门德斯在椭圆办公室待了9分钟

下图：伊朗学生成功闯进了美国驻德黑兰大使馆的大门

的支持下上台，自那之后，美国一直为伊朗政府供应军火。因此，在支持宗教领袖阿亚图拉（Ayatollah）霍梅尼（Khomeini）回归的伊朗革命派看来，美国自然是敌人。阿亚图拉霍梅尼虽然是革命的精神领袖，然而在那几个月，依然有很多世俗和伊斯兰教的竞争对手争夺权力。

正是在这一权力斗争的背景下，那些好战的学生于 1979 年 11 月 4 日占领了美国大使馆。当时使馆工作人员看到大使馆外围着一大群人，他们高喊着：“让我们进去。”当年 2 月的时候，使馆就曾被伊朗武装人员短暂占领。因此，当人群再次冲破大门、蜂拥而入时，使馆工作人员以为他们可能又要经历一次类似的短暂痛苦。

但他们错了。那些占领了使馆的武装人员得到了在伊朗举足轻重的人物——霍梅尼的支持。不到 1 个月，伊朗将就新宪法举行全民投票。霍梅尼相信此次占领使馆事件能够成为新的焦点，将人们的视线从革命带来的混乱中移开，这样他的新宪法更有可能在投票中通过。

然而，美国大使馆陷落时，并非所有的使馆人员都被扣留为人质。领馆区的 5 名工作人员在使馆被完全占领前逃了出来，他们分别为：鲍勃·安德斯（Bob Anders）、珂拉和马克·里耶克夫妇（Cora and Mark Lijek）、乔和凯西·斯塔福德夫妇（Joe and Kathy Stafford）。逃出来的 6 天时间里，他们从一个藏身之处换到另一个，其中包括英国大使馆（而非如电影所述，英国大使馆拒绝了他们的请求）。最终，这 5 名外交人员藏身于加拿大使馆，分散在两名加拿大外交官的府邸。其中，大使肯·泰勒（Ken Taylor）接收了乔和凯西·斯塔福德夫妇，加拿大使馆一秘约翰·希尔当（John Sheardown）接收了鲍勃·安德斯以及里耶克夫妇。第 6 名美国人李·薛兹（Lee Schatz）是后来逃脱的。他先逃去了瑞典大使馆，之后也藏身于希尔当的府邸。

日益紧张

对于这 6 个人来说，生活范围自然大大受限。他们待在室内玩拼字游戏，玩的次数多到他们可以根据字母木块上的纹理判断出每个木块对应的字母。然而，局势却越来越紧张。在电影里，美国大使馆粉碎的文件被逐渐拼凑起来。但在现实中，最大的风险来自媒体。对于此次使馆人质事件，官方新闻稿含糊其辞。有些记者逐渐发现被扣留的人质数量和先前使馆工作人员数量并不一致。尤其是蒙特利尔（Montreal）《新闻报》（*La Presse*）驻华盛顿记者让·佩尔蒂埃（Jean Pelletier），他怀疑那几位失踪的美国外交人员藏身于德黑兰的加拿大使馆。于是他致电驻华盛顿的加拿大大使，请大使证实他的这一猜想。大使说服佩尔蒂埃暂时不要发布这一报道，但消息迟早都会泄露。

是时候把这 6 个人救出伊朗了。为此，中央情报局需要一名撤退专

美国人感谢加拿大人在伊朗人质危机期间为救援所做的努力

面试地点是一个有百叶窗遮挡的汽车旅馆里。面试官给门德斯倒了一杯波旁威士忌：“小伙子，”他说，“这里不是海军。”

沙阿离开伊朗后，阿亚图拉·霍梅尼于 1979 年 2 月 1 日结束流亡，回到伊朗，受到 500 万伊朗人的热烈欢迎

家——这类专家擅长将重要人员从危险局势中秘密撤离。中央情报局当时有一位这方面的专家——安东尼奥·“托尼”·门德斯。对于门德斯而言，他本来并不太可能成为一名间谍。门德斯的母亲是意大利、爱尔兰、法国混血，父亲是墨西哥裔美国人。在他 3 岁的时候，父亲在一次矿井事故中丧生。门德斯家中有 4 个女儿、两个儿子，家境贫寒。他和家人生活在内华达的尤里卡小镇（Eureka）。在《生活》（Life）杂志公布了美国 50 条最孤独的公路后，尤里卡小镇便在宣传中称自己为“美国最孤独公路上最孤独的小镇”。年轻时的门德斯爱好绘画，结婚成家。在养育了 3 个孩子后，他已经成为了一名技术美术师。1965 年，他在《丹佛邮报》（*Denver Post*）看到了一个招聘广告，美国海军是招募艺术家。面试地点是一个有百叶窗遮挡的汽车旅馆里。面试官给门德斯倒了一杯波旁威士忌：“小伙子，”他说，“这里不是海军。”

没错，这里不是海军，而是中央情报局。他们在寻找艺术家——可以制作官方文件、护照、签证的艺术家。在中央情报局之外，这些艺术家会被称为伪造者。

门德斯被录用了，任职于中央情报局技术服务司。在那里，门德斯迅速丰富了他的现有技能。除伪造文件外，技术服务司还负责伪装、制作小工具，以及电影里 Q 先生为詹姆斯·邦德制作的各种小玩意。门德斯经常作为卧底，很快成为了伪装和撤退专家，帮助许多叛逃者逃离铁幕。

现在的问题就是要找到一个经得起推敲的故事。最好的掩护通常是最平淡无奇的。但是门德斯的结论是，只有做出疯狂举动的疯子才会在这个时候访问伊朗，就像好莱坞的那种疯狂。

门德斯作为技术服务司伪装部门的负责人，曾与电影业人士合作，特别是传奇化妆师约翰·钱伯斯（John Chambers），他创造了电影《星际迷航》中史波克（Spock）的耳朵和电影《人猿星球》（*Planet of The Apes*）中的猩猩。门德斯从钱伯斯那里了解到，组成一支好莱坞取景考察队通常需要 8 人。两名特工护送 6 名外交官通过机场，这个计划堪称完美。

托尼·门德斯和朱力欧（这位中情局特工的身份仍然保密）于 1 月 22 日在瑞士见面。朱力欧已经从伊朗驻日内瓦大使馆获得签证。第二天，门德斯带着他的假证件和《阿尔戈》电影资料，驱车前往波恩的大使馆申请签证。事实证明在现实生活中，大师级间谍也会犯错，门德斯把《阿尔戈》电影资料落在了车上。但伪造的文件已足够，门德斯获得了签证。

撤退行动正式开始——或者说，可以开始——因为他们还需获得总统的批准。门德斯收到了一条消息，告诉他暂时搁置行动：卡特总统正在审查这项任务，行动需等总统批准后才可以开始。

终于，行动获批。“总统刚刚批准了这项行动。你可以去德黑兰继续你的使命。祝你好运。”

各就各位

1 月 25 日星期五上午 5 点，门德斯和朱力欧一起抵达梅赫拉巴德国际机场。关于此次撤离外交官的行动，门德斯最担忧的是，每个到达梅赫拉巴德国际机场的人都必须填写一份入境表格，并保留黄色副本，并将白色副本交给移民局。在离开这个国家时，旅行者必须提交入境时填写的黄色表格，伊朗官员会将这张黄色表格与档案中的白色副本相匹配。然而，情报表明，在梅赫拉巴德，这个程序的实际执行情况并不严格。

在入住酒店后，门德斯和朱力欧前往瑞士航空办公室，确认他们预订的 8 张星期一上午离开伊朗的机票。机票确认完毕后，两位中情局特工前往了加拿大大使馆。

泰勒大使正等着他们。加拿大人正在关闭使馆。到下星期一，将只有 5 名工作人员留下，其他人都预订了 1 月 28 日晚些时候的航班离开伊朗。

现在，是时候认识这 6 位同伴了。门德斯和朱力欧前往希尔当的住宅，6 名被困的外交官在那里等着他们。中央情报局的特工走进房子，他们穿的风衣让李·薛兹发出感叹。寒暄之后，门德斯解释了整个计划。然后，他让 6 个美国人私下讨论，再决定是否要扮演各自的角色。

他们同意了。门德斯给了每个人一个假身份，然后他和朱力欧准备接下来的撤退行动，主要是将最后的细节写入这 6 个人出境时将使用的身份文件和护照。

1979 年，沙阿礼萨－巴列维被推翻，伊朗革命开始

周日晚上，门德斯和朱力欧再次与 6 名美国人见面。两位特工将文件交给他们，然后对他们进行不友好审讯，以确保每个人都熟知了自己的角色。

一切就绪，准备撤离。

然而，门德斯没有听见闹铃，睡过了。他的司机在凌晨 3 点把他叫醒。之后，门德斯洗了历史上时间最短的澡，上午 3 点 15 分他已经在去梅赫拉巴德机场的路上。朱力欧将跟随 6 名美国人，稍后离开。门德斯已经安排先清理海关并进行检查，确保一切正常，然后再通知其他人继续行动。他们选择了这个早班飞机，希望那个时候值勤的政府官员都还带着睡意，不会仔细检查文件。

两位特工将文件交给他们，然后对他们进行不友好审讯，以确保每个人都熟知了自己的角色。一切就绪，准备撤离。

角色扮演

门德斯办理完值机手续，确认航班准点，就发出了信号。朱力欧和另外 6 人抵达机场，拖着借来的行李，穿着特意搭配好的衣服，一身装扮都符合他们来自好莱坞的身份。一行人毫不费力地办完出关手续。接下来就是移民局。如果值班官员坚持要将他们入境时的黄色表格与机场应该保留的白色表格相匹配，行动或许会就此失败。但值班官员并没有那么做。唯一的波澜是值班官员一句话也没说就

如何制作假电影

设立电影制作公司需要钱和关系：门德斯二者皆备。门德斯成功拉拢约翰·钱伯斯入伙，然后带着1万美元现金，于1月初抵达洛杉矶，并在4天内组建了六号工作室制作公司。钱伯斯还拉拢了另一位化妆师罗伯特·西德尔（Robert Sidell），让他作为制作人，同时负责接听电话，以防伊朗方面打电话给制作公司的办公室来检查电影的相关文件。下一步就是准备剧本。他们要找的是带有中东风格的科幻史诗作品，而最近刚刚有人给钱伯斯推荐了一个剧本：《光明王》，根据科幻作家罗杰·泽拉兹尼（Roger Zelazny）的小说改编。更重要的是，该项目甚至还邀请了漫画传奇人物杰克·柯比（Jack Kirby）来绘制概念草图，门德斯将该草图作为项目文件的一部分。他们现在还需要一个名字。钱伯斯提议用“阿尔戈”（Argo），门德斯为电影设计了标志和海报。随后《综艺》（*Variety*）杂志和《好莱坞记者报》（*The Hollywood Reporter*）登了整版广告，加之钱伯斯还虚张声势，故意将自己同这部电影撇开关系。事实上，人们对这部电影的兴趣如此之大，许多人开始给他们投寄剧本，甚至包括史蒂文·斯皮尔伯格（Steven Spielberg）！他们已经成功地把电影卖给了好莱坞。现在他们要做的就是把电影卖给伊朗人。

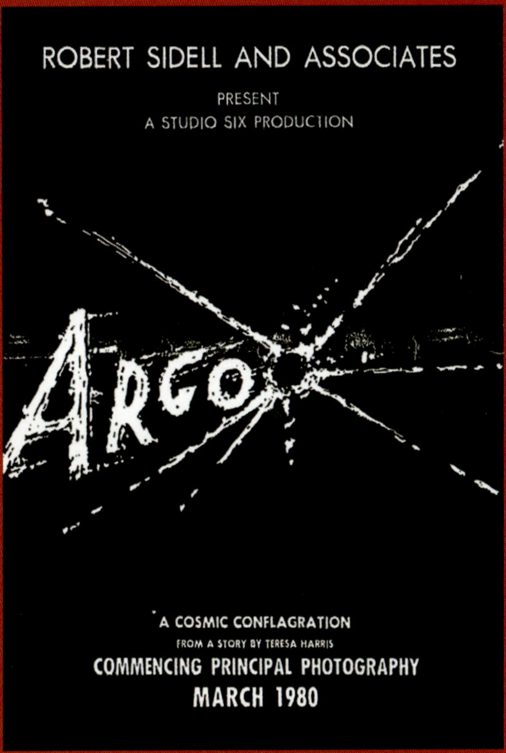

中央情报局创作的电影海报，作为整个故事的一部分

离开了，留下一行人站在他的办公桌前。他是不是进去做进一步检查了？他们是不是要被抓了？但他回来的时候，手里拿了一杯茶，就给他们在护照上盖了出境章。

他们安全通过了。现在就差在候机室里消磨时间、等待登机了。在电影中，他们的掩护被戳穿，伊朗人开始追捕他们。事实上，整个撤退过程非常顺利——只有一个小问题：在候机的时候，机场广播称瑞士航空363号航班因机械故障将推迟起飞。不过一个小时后，故障被修复，使馆中的6名“逃犯”、门德斯和朱力欧搭乘机场巴士前往登机。

登机的时候，鲍勃·安德斯抓住门德斯说：“你们想得真周到。”这架飞机的名字叫阿尔高（Aargau），实际上是瑞士一个州的名字。

两小时后，363号航班离开了伊朗领空，机舱里众人欢呼——不仅仅是美国人，还有几个伊朗人也很高兴自己逃脱了。

美国官员在苏黎世机场接见了这一行人，他们带走了6名美国外交官。门德斯和朱力欧被留在了停车场。门德斯将他的外套给了6人中的其中1人——一个典型的桥段——后来门德斯被中央情报局的财政监督员告知这一举动属于政府财产损失。

为了表彰门德斯和朱力欧，他们都获得了情报之星奖——然后他们必须及时将奖章退回，因为该项任务仍属于机密。当6名美国外交官逃离德黑兰的消息传出后，一切都被归功于加拿大人。当然，在整个过程中，加拿大人给予了诸多帮助。门德斯和中央情报局在其中扮演的角色直到1997年才被公布。

1981年1月20日，历经了令人难以置信的444天，大使馆的人质终于被释放。

追捕奥萨马·本·拉登

从阿富汗的深山老林到巴基斯坦阿伯塔巴德的街头，针对基地组织首领、“9 · 11”事件主谋的搜捕行动持续了 10 年之久……

“9 · 11”袭击事件后，沙特恐怖分子奥萨马 · 本 · 拉登（Osama bin Laden）及其领导的基地组织很快被认定是主谋。塔利班（Taliban）——统治阿富汗的伊斯兰极端运动组织为本 · 拉登和基地组织提供了庇护，以换取后者在 20 世纪 80 年代的苏联阿富汗战争，以及后来 90 年代阿富汗的血腥内战中的援助。美国给塔利班下了最后通牒，要求他们交出本 · 拉登，否则将面临严重后果。塔利班无视了这一要求，因而 2001 年 10 月，北约空军入侵了阿富汗。

2011 年 5 月 1 日，奥巴马总统和其他高级官员聚集白宫战情室，观看对本·拉登宅邸的包围行动

然而，在空袭开始之前，中央情报局一支代号为“碎石机”的小队已经于两周前进入阿富汗。他们得到了上级的明确指令：“带回本·拉登的人头。”在“9·11”袭击当天，有人在霍斯特（Khost）见到了本·拉登，但他知道美国肯定会采取报复行动，所以就藏了起来。到了同年11月，在北约军队和美国特别行动小组逐渐包围下，本·拉登逃亡喀布尔（Kabul）。随后，他和基地组织二号人物艾曼·扎瓦希里（Ayman al-Zawahiri）逃亡到阿富汗东部的贾拉拉巴德（Jalalabad）。

随着塔利班政府迅速覆灭，本·拉登撤退至斯平贾（Spin Ghar）（意为“白山”）山区的托拉波拉（Tora Bora）（意为“黑色洞穴”）地区。这位恐怖分子头目对这一地区极为熟悉，因为在苏联阿富汗战争期间，这里是

重要目标一号人物
奥萨马·本·拉登

对托拉波拉山区的空袭

他们的降落伞可以控制方向，这也就意味着在他们降落的同时，能够停留在阿富汗领空，也可以滑翔进入巴基斯坦领空约30千米。

三角洲部队士兵多次包围基地组织的残余分子，据称这些人都在保护本·拉登，但随后三角洲部队接到命令被迫撤离阿富汗，让阿富汗人继续接下来的战斗。

穆斯林游击队的关键运输中心。一份美国报告将托拉波拉描述为“一系列狭长的山谷，白雪覆盖着山脊，高达4200多米的锯齿状山峰高耸入云”。中央情报局前往了此地。

2001年11月末，中央情报局和特别军事行动小组共同组成的行动小队冒险进入这一荒凉的地区，开始记录该地区人数众多的外国战士，很多人可能都是基地组织成员。很快，这支队伍开始为美国空袭提供指导。随后加入这支队伍的还有美国陆军特种部队（绰号“绿扁帽”）和中央情报局出资招募的阿富汗民兵。这些民兵的质量参差不齐，忠诚度也有待商榷。然而，在五角大楼的命令下，美国军队和中央情报局决定采取“轻脚印”战略。

黑色洞穴

越来越多的情报显示，基地组织的重要目标出现在托拉波拉地区，美国方面派出了精英特遣队三角洲部队的一支中队投入在该地区的战斗。三角洲部队士兵多次包围基地组织的残余分子，据称这些人都在保护本·拉登。但随后三角洲部队接到命令被迫撤离阿富汗，让阿富汗人继续接下来的战斗。这些当地民兵同基地组织协商休战。休战之后，这些外国战士本应向阿富汗方面和美国军队投降。意料之中的是，这只是一个骗局，好让基地组织头目们趁机逃离阿富汗，前往巴基斯坦。

从阿富汗通往巴基斯坦的山路为什么没有被封闭？这一问题迄今为止都颇具争议。三角洲部队和中央情报局的指挥官都要求在两国通道埋下地雷，派遣陆军游骑兵驻守封锁，但这项诉求遭到无视，本·拉登成功逃脱包围，消失在美国的雷达之下。

中央情报局碎石机小队指挥官加里·贝恩特森（Gary Bernsten）在多年之后评论道：“我们本可以在当时就结束这一切。”

本·拉登被中央情报局称为“重要目标一号人物”，自离开托拉波拉后，在白沙瓦（Peshawar）和臭名昭著的斯瓦特县（Swat Valley）停留，最后前往他的私人情报员阿布·艾哈迈德·库威蒂（Abu Ahmed al-Kuwaiti）委托在巴基斯坦北部城市阿伯塔巴德建造的豪宅。巴基斯坦军官学校也位于该城市，因此对于巴基斯

一名阿富汗穆斯林游击队队员远远望着美国的轰炸

坦后来否认知晓本·拉登的去向，外界多有怀疑。

中央情报局和美军联合特种作战司令部都认为本·拉登藏身于巴基斯坦，确切地说，藏身于瓦济里斯坦（Waziristan）部落地区，该地区是基地组织和逃离阿富汗的塔利班的安全港。美军联合特种作战司令部在巴基斯坦陆军特种部队中安插了一支小队，共同在该地区追捕基地组织。那些美国人身着巴基斯坦军队制服，以混入巴基斯坦的队伍，但同时巴基斯坦三军情报局密切监视这部分卧底，确保巴基斯坦方面掌握美国人的一举一动。

中央情报局也渗透了自己的特别行动员——他们安排了特别行动科的几位承包商，来收集情报、寻找可能涉及沙特恐怖分子的线索。这些特别行动员也受到三军情报局的密切监视。不过，中央情报局在巴基斯坦有着多年的行动历史，在巴基斯坦社会的各个阶层均有大量特工。

到了2002年，美国军队依然重点抓捕或击毙重要目标一号人物。美国海军海豹突击队第六分队还在巴格拉姆（Bagram）空军基地专门保留了一支行动队伍，一旦五角大楼收到关于本·拉登位置的可行动情报，他们可以立即采取行动。美军联合特种作战司令部指挥官斯坦利·麦克里斯特尔（Stanley McChrystal）将军为行动设定了极高的标准，在他授权任何进入巴基斯坦的行动之前，他需要至少80%的确定性。

这支小队被称为“本·拉登小队”，他们为追捕本·拉登设计了一整套行动计划。约12名操作员会乘坐被称为“战斗爪”的改装版C-130运输机，在7600多米高空跳离飞机，进行高空军事跳伞。他们的降落伞可以控制方向，这也就意味着在他们降落的同时，能够停留在阿富汗领空，同时可以滑翔进入巴基斯坦领空约30千米。

在美军联合特种作战司令部行动人员驾驶着定制的比奇飞机沿巴阿边境飞行的同时，美方还在持续监视，包括窃听与基地组织领导人相关的特定电话号码。美军联合特种作战司令部还指挥情报人员在伊斯兰堡（Islamabad）的美国大使馆外开展行动，同时也配合多疑的三军情报局。

他们的目标——本·拉登和他的副手们都足够聪明，尽量不留下任何电子足迹，使用人力来传递信件、使用手写信函和录音磁带，而非电子邮件和移动电话。本·拉登逐渐销声匿迹，2005年，中央情报局抓捕本·拉登的部门——艾列克站在争议之中被关闭，不过有证据显示，中央情报局为抓捕本·拉登所做的努力都转为了在巴基斯坦的隐蔽行动。

那个科威特人

对“9·11”袭击事件嫌疑犯的审讯中，美方获得了一些情报。审讯对象包括第20名“9·11”劫机者，科威特人易卜拉欣·赛义德·艾哈迈德（Ibrahim Saeed Ahmed），他在基

美国军队使用的心理战传单

地组织中用阿布·艾哈迈德·库威蒂这个名字，他被拒绝进入美国，袭击事件发生后，在托拉波拉被捕。最早在2002年时，有资料显示他可能是这个基地组织的高级别信使。但直到2007年，美方才确认他的真实身份和他家人的踪迹。有了这个线索之后，隐藏本·拉登踪迹的企图逐渐开始瓦解。

2007年，美军联合特种作战司令部和中央情报局发现了自托拉波拉之后，第一项真正可以支持行动的本·拉登情报。在英勇追捕行动中，美军联合特种作战司令部本打算回到托拉波拉，突袭一次基地组织的高级别会议，参会人员可能包括重要目标一号人物。这项行动的使命进一步扩大，还包括使用B-2幽灵战略轰炸机空袭会议地点，以便海豹突击队可以后续进入该地点，收集DNA信息和遗体。最后，这项会议并没有召开，任务也因此中止，美方怀疑巴基斯坦三军情报局可能给袭击目标通风报信。

2008年，威廉·麦克雷文（Bill McRaven）上将接管了联合特种作战司令部，大力推行另一项行动，试图把本·拉登逼出据称位于部落地区的藏身之处。第一次行动发起于2008年9月，海豹突击队第六分队闯入目标可能的藏身之所——位于瓦济里斯坦南部的一栋宅邸，但该行动最终导致了政治灾难。巴基斯坦方面对此的反对抗议让布什政府认定，此类突袭行动适得其反，因此所有类似的行动计划都被无限期搁置。

直到2009年巴拉克·奥巴马总统就任，追捕本·拉登和基地组织再次成为了焦点。“我已经要求中央情报局局长莱昂·帕内塔（Leon Panetta）将击毙或抓捕本·拉登作为我们对抗基地组织战争的

采访目击者约翰·麦克菲

约翰·“史莱克”·麦克菲（John McPhee）曾是一名游骑兵和“绿扁帽”，是美国最精英战队部队——美国陆军特种部队第一特种作战分遣队，又被称为三角洲部队的一员。2001年12月，一支三角洲部队小分队进入托拉波拉山区追捕奥萨马·本·拉登，麦克菲便是其中一员。

你在托拉波拉的任务是什么？

“缩短距离，找到、降服和击毙本·拉登。”

中央情报局在当地招募了阿富汗民兵与你们并肩作战，这些民兵的质量怎么样？

“他们实在是太差劲了，效率低下，缺乏战斗意愿，但那是我们所做的选择。所以，我们必须尽己所能。”

我们用了10个人，花了10天时间就取得了俄罗斯人10年都无法取得的成就。

你觉得五角大楼对你们小队所做的限制是否阻碍了你们击杀本·拉登的机会？

“我觉得，拉姆斯菲尔德和布什设想的击杀本·拉登的计划风险太大，五角大楼无法接受。五角大楼的将军们极度厌恶风险，也缺乏意愿完成这项任务，不愿把（联合特种作战司令部指挥官）德尔·戴利（Dell Dailey）也纳入计划中。”

如果你们有机会不与质量参差的民兵合作，且获得相应的资源封锁进入巴基斯坦的山路，你们小队有没有可能击杀或者抓捕本·拉登？

“是的，我们肯定可以生擒他，然而因为我们的指挥系统，我们失败了。尽管我们用了10个人，花了10天时间就达成了俄罗斯人10年都无法取得的成就。但我们本可以在这场战争的第一天就击毙本·拉登。”

美国参与了2001年年末对托拉波拉的空袭

2004 年，宅邸建造之前的图像

2011 年，宅邸建造之后的图像

头等大事，同时我们会继续扩大行动，干扰、瓦解乃至击败他的整个网络。”国家安全局接到任务，监听所有的广播信号和网络，注意是否有以任何形式提及一个名为库威蒂的信使。同时，中央情报局与三军情报局一同协作，追踪巴基斯坦境内的电话踪迹。

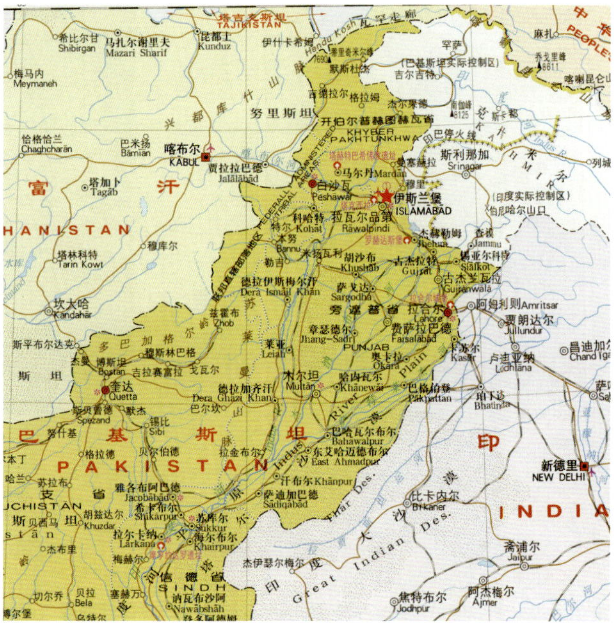

大西洋城大乐透

2010 年，这项新的追捕行动取得了收获——美方确认了库威蒂的电话号码。国家安全局拦截了科威特接听和拨打的每一通电话，中央情报局则将这些电话录音转录成文字，寻找线索，以确认他的确是本·拉登的信使。中央情报局逐渐感到库威蒂是他们找到本·拉登的最佳线索。同年 8 月，中央情报局的卧底小组驾驶在巴基斯坦当地购买的车辆，跟

时间线

2001 年 12 月 14 日

托拉波拉

在托拉波拉战争期间，美国信号情报捕捉到本·拉登的最后一次无线电通信。他侥幸逃脱了三角洲部队和美国空军的追捕。

2001 年 12 月 27 日

部落地区

本·拉登逃离托拉波拉后，抵达巴基斯坦。他与妻子在白沙瓦短暂停留，后来迁往斯瓦特县，在那里受到了基地组织的保护。

2005 年 6 月

藏身之所

本·拉登和他的家人搬进了伊斯兰堡以北的城市阿伯塔巴德的一栋专门建造的豪宅。在这里，他使用信使向基地组织传递信息。

2005 年 10 月

阿列克站关闭

阿列克站运行多年没有收获任何线索，中央情报局便将其关闭。“9·11”事件后，阿列克站作为中央情报局内部针对本·拉登的部门专门负责追捕他。

2007 年 6 月

那个信使

阿布·艾哈迈德·库威蒂被指认可能为本·拉登的个人信使，国家安全局投入大量精力，通过拦截信号情报确认库威蒂的位置。

踪库威蒂。后者离开了白沙瓦，前往阿伯塔巴德。

库威蒂带着这支窃听团队直接来到了阿伯塔巴德的一栋三层豪宅，后来他们向中情局局长帕内塔描述这座被称为“一座堡垒”的主邸的外形毫不起眼。帕内塔迅速被吸引，下令从地面和空中对这栋宅邸进行24小时监视。中央情报局在附近建了一个安全屋，甚至雇用了巴基斯坦医生来进行一项疫苗项目，试图获得DNA样本，以确认本·拉登的身份（但失败了）。

无人机返回的画面显示，有一名后来被称为“散步男子”的人每天都会绕着宅邸院子中的菜园散步。但该区域用防水帆布罩住，很可能是一种反侦察手段，因此无人机和卫星永远无法确认该男子身份。中央情报局认为，宅邸中至少居住着两家与库威蒂有关系的家庭，而且令人注意的一点是，该处住宅没有接入电话或网络。

至此，美方已经收集了大量详实证据，虽然无法证实具体情况，但这些证据都表明这栋豪宅里住着一位基地组织中的重要人物。后来奥巴马总统说道：“如果我们要对这栋住宅发起袭击……我们必须确信知道自己在说

位于阿伯塔巴德的本·拉登宅邸

2007年7月
英勇追捕行动
基地组织将在巴基斯坦边境召开会议，据称参会者包括本·拉登。美国军方计划针对此次会议开展大规模行动。最终行动被取消。

2008年9月3日
阔斧目标
美国海军海豹突击队突袭了瓦济里斯坦南部的一处宅邸，抓捕了多名基地组织低级别成员。巴基斯坦政府对此不满，据称还有平民在此次行动中受伤，此次突击导致所有巴基斯坦境内的追捕行动被中止。

2010年7月至8月
逐步逼近
中央情报局在巴基斯坦三军情报局的援助下，拦截了信使的电话号码。中央情报局行动人员最终将其追踪到阿伯塔巴德的一处宅邸。

2010年11月
告知总统
中央情报局局长莱昂·帕内塔告知奥巴马总统：“我们认为，本·拉登极有可能在阿伯塔巴德的这处住宅中。”行动规划开始。

2011年5月1日
终结
海神之矛行动在阿伯塔巴德成功找到本·拉登并将其击毙。他的遗体被运往阿富汗，确认身份之后，第二天美方为其举行了海葬。

宅邸：

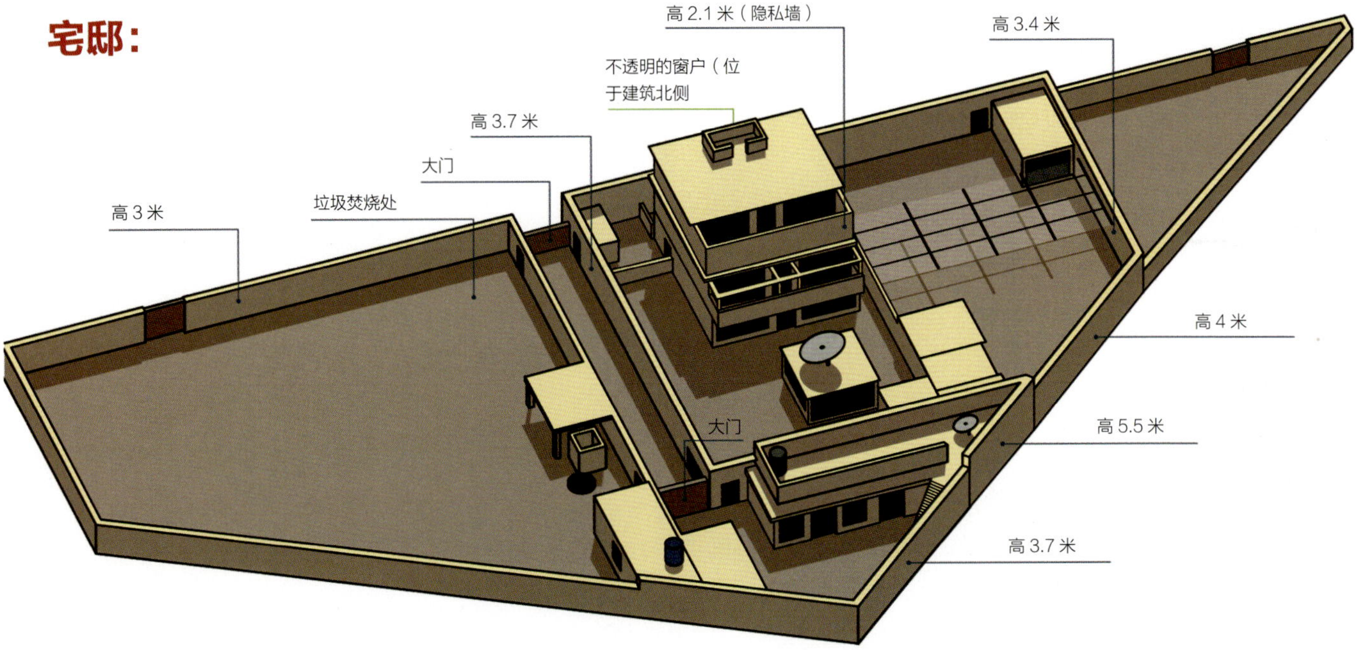

什么。”美方对这栋住宅进行了前所未有严密的监视，逐渐相信阿伯塔巴德这栋代号为“大西洋城”的宅邸就是目标所在地。

中央情报局分析人员认为，本·拉登出现在其中的可能性为60%~80%。美国的各个有关部门向奥巴马总统提交了多个方案，其中包括无人机袭击（由于无人机能搭载的火力有限，只能造成轻微伤害，因而被否决）或采用 B-2 幽灵战略轰炸机（由于容易造成附带损失被否决）。所有的空袭都有一个致命缺陷——只有地面部队才能确认本·拉登是否真的在这处宅邸之中。如果他们判断错误，特别行动突袭队所造成的伤害也会远小于炸弹或导弹袭击。

此次阿伯塔巴德突袭行动的不寻常之处还在于行动地点为巴基斯坦——行动最危险的部分便在于不动声色地进入目标建筑，完成突袭行动后顺利撤离。联合特种作战司令部的策划者进行了全面研究，从巴基斯坦空军的一般反应时间，到如果海豹突击队队员被抓获后该如何应对。

2011年4月29日，奥巴马总统做出了最终决定：“可以行动了。”后来，海豹突击队第六分队开启了追捕本·拉登的行动，此次行动代号为“海神之矛”。麦克雷文上将负责此事，不过根据美国法律规定，海豹突击队一旦进入巴基斯坦边境就要临时听从中央情报局的指挥。为了高度保密，本次行动也没有通知巴基斯坦方面，美方直到海豹突击队队员安全回到阿富汗领空后才告知巴基斯坦。

本·拉登的遗体从阿富汗被运往停靠在阿拉伯海北部的卡尔·文森号航空母舰，他们将从那里为本·拉登举行海葬。本·拉登的遗体被放入加重塑料袋中，从航空母舰的甲板上投入海中。具体下葬地点仍是最高机密，以避免本·拉登的葬身之地成为其追随者的朝圣地。

行动最危险的部分便在于不动声色地进入目标建筑，完成突袭行动后顺利撤离。

海神之矛行动 巴基斯坦阿伯塔巴德

奥巴马总统向全国宣布击毙本·拉登的新闻

麦克雷文上将从海豹突击队第六分队红色中队中挑选了几名老兵来执行此项行动。这些海豹突击队员们明确知道，此次行动的目标是击毙本·拉登，除非他们发现他高举双手、明确表示投降。

为了接近此处宅邸，海豹突击队员乘坐“MH–X”的黑鹰直升机“匿踪”款。虽然这种直升机能够躲过敌方雷达的检测，但这一试验款的直升机却很难稳定驾驶。23 名海豹突击队员被选中参与此次行动，每架直升机搭载其中12 名，加上中央情报局的翻译员和海豹突击队名为“开罗”的军犬。2011 年 5 月 1 日午夜之前，这些黑鹰直升机和预备支援的 CH–47 支努干运输直升机离开贾拉拉巴德，向东前往阿伯塔巴德。

随着直升机接近目的地，美国的电子战储备队切断了电网，这也就意味着突击队员能够利用完全的黑暗。其中一架直升机试图在目标建筑上空盘旋，以便让突击队员能够以快速游绳的方式迅速垂降屋顶上，但这架直升机遭遇了麻烦——一种独特而危险的状态“涡环状态”，意味着直升机不能依靠自身动力悬浮空中。所幸的是，飞行员的高超技术让直升机软迫降在宅邸院墙之内，避免了整次行动成为灾难。突击队员在以往行动中就经历过类似事件，因此在迫降之后便爬出机舱，继续行动。行动人员匍匐穿过院子，炸毁大门，很快控制住了他们遭遇的轻微抵抗。中央情报局认为本·拉登就藏身于主要建筑之中。其中一支行动队伍小心翼翼地爬上楼梯，小队队长看到楼梯间里探出了一个脑袋。突击队员用 HK416 对着那个脑袋开了两枪，那个身影很快消失不见。清理完毕整个房间后，突击队员发现本·拉登躺在地板上，左眼被子弹击中。突击队员开始快速搜索房间，找寻相关情报，同时本·拉登被击毙的消息也已经通过无线电传送给贾拉拉巴德、五角大楼和白宫战情室。消息内容是“这是杰若尼摩”（“Geronimo EKIA”）——这是中央情报局的代号，意为“敌人在行动中丧生”。终于，这次在巴基斯坦土地上的 38 分钟的行动终结了这场长达 10 年的战争。直升机将本·拉登的遗体和突击队员一同载离巴基斯坦。美方通过 DNA 样本对比正式确认了遗体身份，随后遗体被运往卡尔·文森号航空母舰。因为沙特阿拉伯拒绝接收本·拉登的遗体，美方为他举行了海葬。航空母舰上的操作人员依传统穆斯林的宗教礼仪举行了葬礼后，遗体被投入海中。奥巴马总统在各大电视新闻上宣布：“今晚，我要向美国人民以及全世界报告，美国已经完成了一项猎杀基地组织头目奥萨马·本·拉登的行动。”现代历史上最大规模的追捕行动告一段落。““9 · 11””的幕后主使本·拉登被击毙。

卡尔·文森号航空母舰

超级间谍

166 弗朗西斯·沃尔辛厄姆

169 西德尼·赖利

172 玛塔·哈丽

178 弗里茨·朱伯特·杜肯

181 理查·佐尔格

184 哈洛德·金·菲尔比

187 艾瑟尔和朱利叶斯·罗森堡

190 十大明星间谍

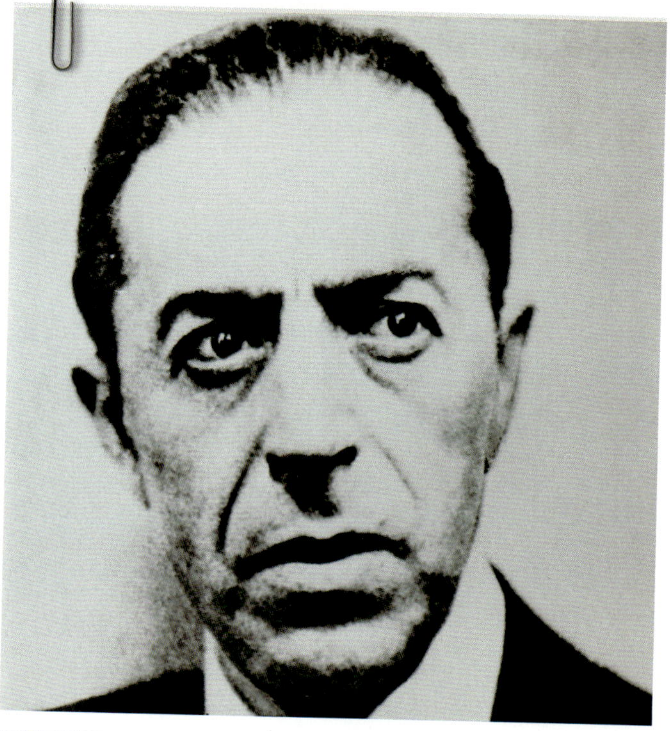

她是一个引人注目的动人女子，永远充满自信，习惯了旁人欣赏的目光。经过的路人可能会以为她正前往另一场表演，但这将是她人生的谢幕演出。

沃尔辛厄姆的监视方法让间谍活动现代化，证明了密码、网络和宣传的有效性

弗朗西斯 · 沃尔辛厄姆

弗朗西斯 · 沃尔辛厄姆爵士是伊丽莎白一世最亲密的盟友之一，因一系列隐蔽手段成为了现代间谍之父。

弗朗西斯·沃尔辛厄姆爵士（Francis Walsingham）就像所有中世纪和现代早期的关键人物一样，是一个由那个时代的宗教阶层所定义的人。在那个时代，政治和宗教交织，欧洲国家之间的战争既是意识形态的十字军东征，又是贸易和商业的征服。弗朗西斯·沃尔辛厄姆生于 1532 年，成长在亨利八世（Henry VIII）摇摇欲坠的统治之下。英国刚刚成为一个新教王国，摒弃了旧信仰，建立一个国王在上帝之下进行绝对统治的新世界。

然而，国王的独子和继承者爱德华六世（Edward VI）在短暂统治后，于 1553 年逝世。他那虔诚的天主教姐姐玛丽登上了王位。自从 1536 年亨利八世的宗教改革开始，新教徒和天主教徒被迫共同和谐生活（后者被迫存在于阴影下），但是玛丽的强硬路线让她试图颠覆她父亲和弟弟的努力，让英国重新成为天主教国家。新教徒开始逃离玛丽的清洗迫害，沃尔辛厄姆被迫流亡瑞士。

在那之后的 5 年里，沃尔辛厄姆开始在欧洲建立联系网络。欧洲因旧信仰和新信仰而分裂，沃尔辛厄姆利用这一机会与欧洲大陆的新教徒建立了联盟，并与英国流亡同胞们建立了密切往来。在1558年，玛丽一世(Mary I)去世，膝下无子嗣。沃尔辛厄姆带着一种新的热情回到了英国的土地。天主教已经成为迫害的代名词，他决心一劳永逸地帮助他的祖国洗清这一污点。

玛丽一世同父异母的妹妹伊丽莎白继承王位。英国现在有了一位新教女王，而在此之前英国被迫屈服于天主教。很快，这位新的年轻女王成为了暗杀对象。开始有人密谋夺取王位，扶持她的堂姐苏格兰女王玛丽一世（Mary Queen of Scots)成为女王。起初，威廉·塞西尔(William Cecil)(后来的伯利勋爵)负责监督情报的收集，但那些阴谋变得越来越难以发现，伊丽莎白转向求助后来间谍大师的原型——沃尔辛厄姆。

1559年，沃尔辛厄姆加入伊丽莎白的第一任议会，并帮助国家从玛丽一世的统治中恢复过来。这位曾经的流亡者竭尽全力支持欧洲的胡格诺派教徒。作为一名政治家，沃尔辛厄姆头脑精明，擅长发现叛徒和双重特工。1571年，他通过政治宣传、监视苏格兰女王玛丽一世的追求者罗伯托·迪·里多尔菲（Roberto di Ridolfi），在瓦解里多尔菲阴谋中发挥了重要作用。

伊丽莎白女王的国务大臣沃尔辛厄姆开始在欧洲大陆的大国安排特工，为女王提供情报服务。沃尔辛厄姆对新教带着近乎清教徒的热情，他利用间谍来探明这些国家对伊丽莎白女王的看法（包括罗马教皇），同时确认是否有任何针对伊丽莎白女王的阴谋。他使用独特的密码系统对通信进行加密，甚至建立了学校来训练间谍（他们往往是沃尔辛厄姆亲自挑选的年轻大学毕业生）。16世纪80年代左右，沃尔辛厄姆在国内外建立的间谍网络再次有所斩获。1583年，情报网络发现了思罗克莫顿阴谋。特工和盟友们发现，在亨利一世第三代吉斯公爵（Henry I, Duke of Guise）的领导及经西班牙的资助下，他们试图刺杀伊丽莎白女王，扶持苏格兰女王玛丽一世上位。沃尔辛厄姆发现，伊丽莎白女王的一位女侍官的丈夫弗朗西斯·思罗克莫顿爵士（Francis Throckmorton）参与了此次阴谋的策划。他遭到拷问后被处决。3年后，这一情报网络发现了另一场重大政变，伊丽莎白女王的天主教侄女玛丽一世也参与其中。沃尔辛厄姆手下最有才华的密码学家之一托马斯·菲利普斯（Thomas Phelippes）破译了一封信件，在信中，本可以成为女王的玛丽一世同意了此次针对童贞女王伊丽莎白一世的暗杀阴谋。当时，西班牙国王腓力二世（Philip II of Spain）准备在计划成功之后入侵英格兰（两年后，他确实用日渐衰落的西班牙舰队发动了入侵），沃尔辛厄姆说服了伊丽莎白一世，只要玛丽还活着，伊丽莎白一世就会一直是刺杀阴谋的焦点。最终，玛丽于1587年2月被处决。

沃尔辛厄姆和威廉·塞西尔一起作为伊丽莎白的左膀右臂，从幕后密切注视一切动向，保护伊丽莎白的统治

1590年，弗朗西斯·沃尔辛厄姆爵士去世。那时，他已经建立了英格兰第一个真正的间谍机构，以及秘密服务机构。沃尔辛厄姆建立了一个覆盖国内外的间谍网络，采用了从酷刑、政治宣传、加密等各种方法，创造了一个情报组合，远远超前于时代。这一切得以让伊丽莎白女王躲过了刺客的刀锋，最终得以寿终正寝。

沃尔辛厄姆的间谍创新

“间谍学校”

在流亡期间，沃尔辛厄姆磨练了许多技能，这些对于一名需要在天主教盛行的欧洲与人交流的新教徒而言都至关重要。后来，他也训练雇用的特工掌握这些技能，包括用隐形墨水（使用牛奶和柠檬汁）书写情报、使用密码和代码、在衣服、鞋子和箱子中使用暗袋。

酷刑的力量

在都铎时代，酷刑并不是什么新鲜事。沃尔辛厄姆热切地希望打击甚至消灭英国的天主教活动，自然心安理得地使用酷刑，从有嫌疑的天主教知情人士和牧师处获取信息。沃尔辛厄姆对女王百分百忠诚，因此他知道为了维护女王的主权甚至可以越界。

广泛的网络

沃尔辛厄姆深知眼线的重要性，尤其教皇宣布伊丽莎白一世是旧信仰的敌人，这样的情报网络对于及时发现推翻伊丽莎白的阴谋至关重要。据说到了 1582 年，沃尔辛厄姆庞大的网络在整个大陆战略布局了 500 多名特工，其中许多人持续不断地为他提供情报。

传播机器

16 世纪，英国农民是国家人口的一大部分，但农民中的识字率不高，所以沃尔辛厄姆在英国（和整个欧洲）部署特工，充当“传播者”。这些人会传播支持伊丽莎白一世的情绪，以及对回归玛丽血腥统治的恐惧，以巩固伊丽莎白女王在人民中的地位。

新教信仰的守护人

1553 年 7 月，玛丽一世登基时，她发起了一场宗教剧变，试图从英国清除她父亲支持的新教的所有痕迹。同许多当时的英国圣公教徒一样，沃尔辛厄姆逃离了英国，试图在瑞士过上相对舒适的流亡生活。玛丽去世后，沃尔辛厄姆回到英国，带着强烈的热忱与信念，来保护伊丽莎白女王的新教身份。在当时，这种思维并非不同寻常——玛丽的恐怖运动让旧信仰附带了可怕的新内涵，也坚定了亲新教徒的观点，后者最终在接下来的几个世纪里持续统治了英格兰。

西德尼·赖利

作为伊恩·弗莱明的作品《007》的灵感来源，赖利是一个现实生活中能挑拨两个国家反目成仇的“王牌间谍”。

詹姆斯·邦德可能是世界上最著名的虚构间谍，但现实生活中有一个007的灵感来源——这个男人的技能与所有小说、电影或电视节目一样丰富精彩，甚至令人难以置信。这个人便是间谍王牌西德尼·赖利（Sidney Reilly）。虽然他早年人生的确切细节仍然是一个谜，但根据大多数消息来源，西德尼·赖利出生于人口众多的乌克兰城市敖德萨（Odessa），出生时名为西格蒙德·马科维奇·罗森布鲁姆（Zigmund Markovich Rozenblum）或乔治·罗森布鲁姆（Georgy Rosenblum）。

多年来，赖利逐渐展现了一名成功秘密特工的素质。他经常变换身份，在必要的时候伪造自己的死亡，以便在其他地方开始新生活。他喜欢给自己编织神话，讲述他在世界各地的探索和冒险故事。所以在19世纪90年代，罗森布鲁姆抵达伦敦时，西德尼·赖利诞生了。

早在世纪之交之前，赖利被招募加入苏格兰场特别分支运行的情报网络，自此开始了与英国情报机构漫长而复杂的关系。赖利似乎带着大量资金抵达伦敦。迷人的赖利拥有快速赚钱的诀窍，但他也掌握了如何以同样快的速度将钱花掉的能力。最终，他于1909年被聘为秘密情报局的特工，

出生日期：1874年3月24日
逝世日期：1925年11月5日

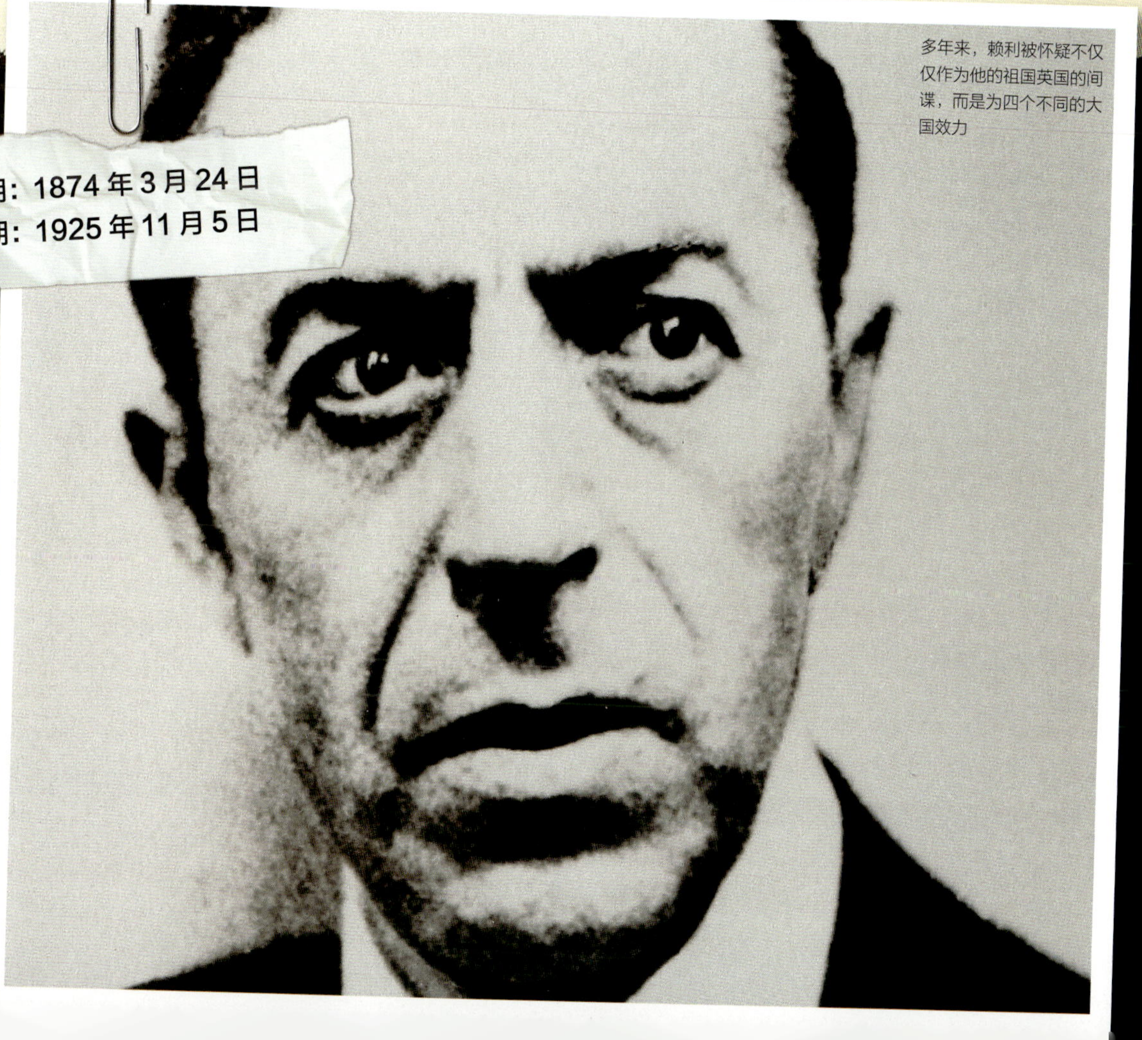

多年来，赖利被怀疑不仅仅作为他的祖国英国的间谍，而是为四个不同的大国效力

这是英国外交部创建的最早的秘密机构之一。

拥有语言天赋的赖利接受的任务是前往沙皇俄国，收集有关高加索（Caucasus）地区丰富油田的信息。作为“大博弈”（The Great Game，英国和俄国争夺对阿富汗和中亚石油资源的控制权）的政治冲突的一部分，赖利的情报让英国间谍主管很满意，最终获得了丰厚的回报。赖利意识到，从事国际间谍活动的收入会非常可观，如果一个国家愿意支付如此高的价码，其他国家没有道理不这么做。1904年，赖利被派往法国南部，说服石油钻探许可证的拥有者威廉·诺克斯·达尔西（William Knox D'Arcy），这些许可证可以带来优厚回报，赖利要说服达尔西与英国皇家海军签署协议。当时，英国已经意识到，石油即将超过煤炭成为最重要的资源，因此购买这些波斯油田对未来英国的战争至关重要。赖利自然地扮成一位天主教神父，偷偷将法国代表团的游艇运出国送给达尔西，试图讨好他和法国签订协议，最终成功赢得了达尔西的青睐。五年后，德国和英国之间的紧张态势日益恶化，英国人担心德国的军事扩张，想要确定目前取得了多大进展，便派遣了不走寻常路但往往能大获成功的赖利。据称，他前往法兰克福航空展并复制了一台专为德国飞机设计的新电动机。后来，他以巴尔干造船厂工人卡尔·哈恩（Karl Hahn）的身份前往埃森（Essen），成功进入了德国的武器仓库。如果赖利自己的回忆录所述为实，那么最终他从工厂中偷出了其生产计划，交给了英国人。1918年5月，赖利最大的使命之一是让他回到俄国，去颠覆推翻了君主制的布尔什维克政权。与他同去的还有英国情报局特工罗伯特·布鲁斯·洛克哈特（Robert Bruce Lockhart），后者后来在《旗帜晚报》（*Evening Standard*）中连载了赖利的冒险经历，为他的传奇故事更添色彩。他们的任务是暗杀布尔什维克领导人弗拉基米尔·列宁。俄国与德国结成了新的

多国间谍

日本

1904年1月，赖利与一位名叫何良松（Ho Liangshung）的中国工程师合作，潜入满洲（Manchuria）的俄罗斯控制的亚瑟港（今旅顺）。作为日本和英国的双重间谍，赖利帮助窃取港口防御计划并将其交付给他在日本的雇主。日本海军随后得以成功发起攻击。

英国

1919—1920年，英国情报局将赖利派往俄罗斯南部，搜集关于黑海（Black Sea）沿岸状况的信息。当时，英国正为巴黎和平会议（Paris Peace Conference）做准备，赖利扮成贸易代表，监督在该地区运作的反布尔什维克组织以及在该地区拥有重大利益的所有群体的活动。

俄国

赖利在俄国期间，仍然是英国情报部门的特工，但他开始为俄国人进行间谍活动。他引诱了俄国海洋部部长助理的妻子，并发现一家德国制造商正在竞争重建俄国舰队的合同。赖利提前获得了这些计划，交给了俄国。

美国

1914年，赖利生活在纽约时，发现德国计划在第一次世界大战期间破坏美国工厂。当时美国正试图为盟军提供援助，而赖利阻止了德国人的计划，这让他在美国和英国情报机构内名声大噪。

联盟，所以他们认为杀死列宁能使新的共产主义政府瘫痪，让俄国重新投入到第一次世界大战中。计划是要射杀列宁，制造政变，推翻布尔什维克政府，扶持反对派。在当地反对派的支持下，赖利和洛克哈特准备好开始他们的计划，然而另一个暗杀行动让列宁受了伤，整个国家进入封锁状态。列宁的支持者很快就发现了赖利的阴谋，他在最后关头被迫逃离俄国。尽管赖利最终成功逃脱，但俄国政府在他缺席的情况下审判了他，并将他判处死刑。

赖利常年偷窃情报的职业生涯对世界产生了不可估量的影响，包括协助了日本对旅顺港的袭击

赖利在尝试刺杀列宁失败后的几年继续开展行动。1925 年 9 月，国家政治保卫总局（苏联最早的情报机构之一）的卧底特工扮作是反共组织“信任”的成员，试图引诱赖利重回苏联。就像一切与这位王牌间谍相关的信息一样，接下来发生的事情仍是一个谜，有许多可能的答案。据苏联历史学家亚历山大·索尔仁尼琴（Alexandr Solzhenitsyn）称，赖利在进入芬兰边境后就遭到逮捕。英国情报机构在 2000 年发布的报告显示，在斯大林的直接命令下，赖利于 1925 年 11 月在苏联森林中被处决。一些人则认为这全是迷惑人的“烟雾弹”，他的死亡只不过是为了掩盖他作为苏联特工的真相，便于他开始新生活。

现实版詹姆斯·邦德

伊恩·弗莱明使用了许多来自现实的国际间谍作为素材，包括赖利本人。但是王牌间谍和詹姆斯·邦德的创造者曾有过交集吗？没有记录显示这两人曾有过见面，但弗莱明与前外交官兼记者罗伯特·布鲁斯·洛克哈特很熟悉，后者在《旗帜晚报》上连载了赖利的经历。“间谍大师”的神话是当时名副其实的话题之王，这样的角色自然会给弗莱明和他的完美间谍及反英雄形象留下深刻印象。

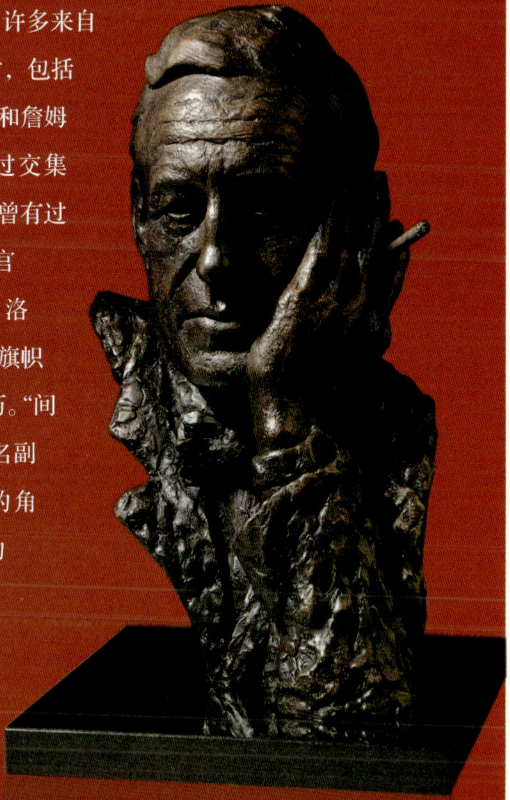

伊恩·弗莱明在第二次世界大战期间为英国海军情报局工作

葛雷莎创造的玛塔·哈丽吸引了一些欧洲最富裕、最有影响力的人物

玛塔·哈丽

异域舞者风姿摇曳，迷倒整个欧洲，最终却遭枪决——悲剧人生中的爱情和谎言。

玛塔·哈丽（Mata Hari）在巴黎的监狱里醒来，穿上她的长袜、高跟凉鞋、长长的黑色天鹅绒斗篷并宣布："我准备好了。"她是一个引人注目的动人女子，永远充满自信，习惯了旁人欣赏的目光。经过的路人可能会以为她正前往另一场表演，但这将是她人生的谢幕演出。

汽车停下来，玛塔·哈丽走下车，那时还不到清晨 6 点，秋风清冷，她拉紧了外衣。玛塔·哈丽在一名军官、她的律师和两名修女的陪同下，走向行刑队。她用目击者称之为"不屑"的目光扫过 13 名士兵，冷静地走向一根木桩，木桩后面有一个小土丘用来抵挡流弹。按照惯例，行刑队向她提供了眼罩，她问道："一定要戴吗？"

"夫人如果不想戴，也没关系。"军官回答说。玛塔也拒绝用绳子将她的手绑在木桩上。她高昂着头颅，盯着行刑的刽子手。一个男人的声音打破了清晨的寂静。士兵们随即举起步枪，枪管瞄准了几米外那名女子的胸口。他们的军官站在一旁，就在他们的视线边缘，军官的剑高举在空中。

41 年前，玛格丽莎·"葛雷莎"·赫特雷达·泽莱（Margaretha 'Gretha' Geertruida Zelle）出生在荷兰的一个富裕家庭。她从小机灵、自信，在她的哥哥和她成功的父亲的耳濡目染下，学到了很多东西。但是，葛雷莎进入青春期后不久，她的父亲在一次对石油的投机炒作中损失惨重而破产，田

1897 年，21 岁的玛格丽莎（前排，最左侧）同新婚丈夫乘船前往荷属东印度群岛

园诗歌生活就此崩塌。父亲离开了他们，不久之后，母亲去世了，葛雷莎被送去和远方的亲戚一起生活。随后的 10 年里，葛雷莎生活在绝望之中。她和一名比她年长一倍的男子结婚，并育有两个孩子。他是一名东印度军队的军官，喝酒成瘾，常常对葛雷莎言语辱骂。婚后他们举家迁往荷属东印度群岛，居住在军队驻地。但据说，当地人实在不喜欢葛雷莎的丈夫，以致家里的女佣毒害了他们的孩子。儿子死亡，女儿幸存。

1902 年，葛雷莎和丈夫离婚，但他拒绝向葛雷莎支付任何赡养费。没有能力养育女儿的葛雷莎别无选择，只能将孩子送往荷兰与她的父亲一同生活。但葛雷莎不愿意放弃希望，她搬到巴黎，希望能够赚到足够的钱来抚养女儿，但当时的巴黎很少有给年轻女性的工作机会。有一段时间，葛雷莎依靠教钢琴和德语获得了微薄收入，但很快她就被迫接受了不那么令人尊敬的工作，最初作为艺术家的裸体模特，后来她成为了一名异国情调的舞者。“不要认为我是个坏人。”她写信给一位朋友，“我这么做只是为了摆脱贫困。”然而没过多久，她便意识到自己有跳舞的天赋。而且她的长相身材都很迷人，气质优雅，又有创新的天赋。她开始利用自己橄榄色的皮肤和在荷属东印度群岛的岁月，把自己包装成有印度血统的异域舞者。为了让自己的人生故事更加完整，葛雷莎给自己起了一个艺名：玛塔·哈丽，这是印度尼西亚语，意思是“黎明之眼”。

很快，玛塔·哈丽开始在巴黎、柏林和维也纳跳舞，她的照片席卷了世界各地的报纸。1905 年，她在接受《纽约每日论坛报》（*New York Daily Tribune*）的采访时接连说谎。她告诉记者，她出生在印度，母亲是

1914 年战争爆发时，正值她的 38 岁生日，玛塔·哈丽从舞者变成了交际花。

巴黎圣拉扎尔监狱，当年玛塔·哈丽被捕后和受审期间被关押在这里

爪哇人，15 岁时她与一位苏格兰男爵结婚。不过，玛塔·哈丽在讲述婚姻不幸时还是说了实话，但在被问及她的舞蹈时，她又发挥了一下：“我可以跳印度的神圣舞蹈，”她说，“这些舞蹈是我母亲教给我的，她来自印度教主要的种姓。”报纸上的那篇采访这样形容玛塔·哈丽：“肌肉发达……轻盈而敏捷”。文章还简要介绍了她的表演：“舞蹈以缓慢的节奏开始，逐渐变得慷慨激昂。服装完全是印度风格，用大量珠宝和金链装饰裸露的皮肤。跳舞时脚上不穿鞋，在她的即兴表演中她经常呈现一种兴奋甚至狂热的状态。”在这篇文章发表 10 年后，玛塔·哈丽的职业生涯结束了。玛塔·哈丽的舞蹈大获成功，因而催生了一系列模仿者，也导致她的舞蹈渐渐失去了独创性。尽管如此，她依然获得了名声，她在欧洲城市为私人观众表演，和许多富裕且有影响力的人有过往来。1914 年战争爆发时，正值她的 38 岁生日，玛塔·哈丽从舞者变成了交际花。

幸运的是，玛塔·哈丽是荷兰公民，战时荷兰是中立国，所以她得以在欧洲各地自由旅行，据说她借此机会在各国会见了她的许多情人。这也使得她吸引了德国和法国情报部门的注意力。最先看中她的是法国情报局局长乔治·勒杜（Georges Ladoux）上尉。玛塔将他描述为“又高又壮”。1916 年夏天，乔治·勒杜找到玛塔，出价 100 万法郎，让玛塔向他提供威廉皇储的情报。威廉是德国皇帝的儿子，战前玛塔曾为皇储跳过舞。

玛塔接受这个提议的动机并不只是因为钱。她最喜欢的情人——俄罗斯战斗机飞行员瓦迪姆·马斯洛夫（Vadim Maslov）最近负伤，正在法国军事医院康复。勒杜上尉表示，如果玛塔能做他们的间谍，他们将安排玛塔探望马斯洛夫。几个星期后，玛塔在德国军事专员阿诺德·卡勒（Arnold Kalle）少校的陪同下，来到马德里，为皇储进行一场私人表演。正是在这段时间里，有人开始怀疑玛塔到底忠于哪一方。1915 年 11 月，玛塔首次引起了英国情报部门——新近成立的军情五处的注意。她乘坐的船只从荷兰前往蒂尔伯里（Tilbury），在那里她遭到了搜查和讯问，尽管当局没有发现任何罪名，但依然向军情五处发送了一封信，声明：“警察和军方认为她行踪可疑。她的后续行为应得到监视。”第二年，当玛塔回到英国时，她被军情五处审讯了三天，尽管她说她为法国情报机构工作，但她的说辞互相矛盾，最终英国人把她送上了一艘前往西班牙的船，并表示“如果她再次回到英国，就会遭到拘留”。军情五处向法国情报局传达了他们的怀疑，认为这名舞者并非看起来那么简单。玛塔到达马德里后，直奔德国大使馆。到那个时候，德国人也起了疑心，为她设计了一个陷阱，她果然将从卡勒少校处获得的一些关于潜艇的虚假信息告诉了勒杜上尉。当卡勒得知玛塔的骗局时，他向柏林发送信息称，他们的代号为 H-21 的间谍是双重特工。该编码信息被法国艾菲尔铁塔监听站拦截，随后海军部拱门（Admiralty Arch）40 号房间内，英

1917 年 4 月，尼维尔攻势突破了德国在西线的防御，但以法国失败告终

国密码学家解码了这一信息。另一则编码消息透露了 H-21 间谍的女仆的姓名和地址——这个人正是玛塔的女仆。

1917 年 2 月 13 日，玛塔在位于巴黎香榭丽舍大街的酒店内被捕。她在圣拉扎尔（Saint-Lazare）监狱度过了煎熬的五个月，后以间谍罪名受审，然而，并没有明确的证据证明她的罪名。她承认自己收了德国人的钱，但否认她泄露了机密信息，认为她应该间接为 5 万名法国士兵的死负责的说法实在可笑。至于勒杜上尉称在她的酒店房间里发现的隐形墨水瓶，玛塔·哈丽说那不是间谍工具，实际上是她化妆品的一部分。

英美媒体也加入了对这场审判的讨论，称她绝对是战争中最危险的间谍之一。据《纽约世界报》（*New York World*）称，她“在制造第一批坦克的英国小镇待了一段时间”，随后将坦克设计的关键信息告诉了德国人，“导致敌方急忙研制特殊毒气来对抗他们的行动”。这是无稽之谈。事实上，玛塔可能确实在向德国人传递了关于法国生活的无关紧要的八卦信息，但除此之外她没有过错。军情五处在其报告中将玛塔称为一名“妓女”，英国驻巴黎代表团的一名成员在给军情五处安森上校发送的电报中写道：“负责这一案件的勒杜上校告诉我，除了传言之外，他们没有找到任何可以用来定罪的证据，也没有任何材料显示她与英国的间谍活动有任何关系。审讯期间她什么也没有透露。”

然而，经过两天的审判后，玛塔被判有罪并处以死刑。“不可能！”据报道，当玛塔被告知判决结果时，她哭了。玛塔不知道的是，法国需要一个受害者。当时的战况糟糕，4 月在法国埃纳（Aisne）发起的一次重大反击以失败告终，引发了大范围的士兵暴动。如果臭名昭著的间谍玛塔·哈丽被判“无罪”，这会进一步打击全国的士气。哪怕只是为了法国的宣传和自尊，她都不得不死。1917 年 10 月 15 日玛塔的死刑执行当天，英国记者亨利·威尔士（Henry Wales）是为数不多在场的记者之一。当玛塔站在木桩前等待死亡时，威尔士不禁惊叹她的镇定自若。“她的死亡场面完全不同于电影明星所演绎的那样，”他写道，“她没有举起双手，也没有直挺挺地向前或者向后倒下。相反，她好像是崩塌了。慢慢地、慵懒地，她屈膝跪下，但一直高昂着头，脸上没有丝毫的表情变化。”

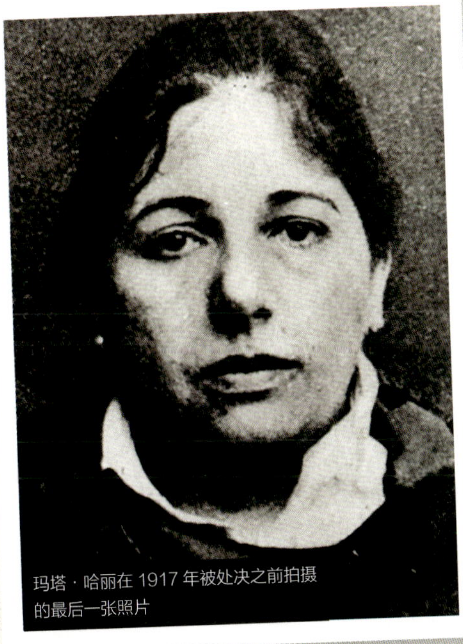

玛塔·哈丽在 1917 年被处决之前拍摄的最后一张照片

一部 1920 年的电影中对于玛塔·哈丽被处以死刑的不精确描绘

玛格丽莎·赫特雷达·泽莱的生命结束了。父亲遗弃了她，丈夫曾虐待她，3 个情报机构利用了她。她带着尊严和勇气走向了死亡。这么多年来，这个女人扮演过很多角色，却将最伟大的演出留到了生命最后一刻。

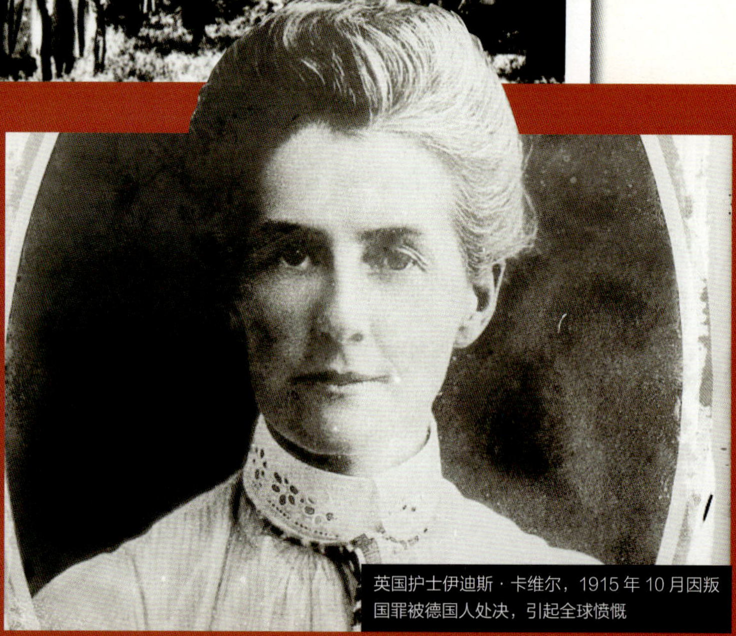

英国护士伊迪斯·卡维尔，1915 年 10 月因叛国罪被德国人处决，引起全球愤慨

军情五处向法国情报局传达了他们的怀疑，认为这名舞者并非看起来那么简单。

军情五处的诞生

1909 年，英国第一个特勤局成立。第一次世界大战爆发后，该部门被拆分为军情五处（MI5）和军情六处（MI6）。军情五处负责人是弗农·凯尔（Vernon Kell）上尉，他和他的特工团队追捕了许多在英国开展行动的德国间谍。德国派往英国的 120 名特工中，他们总共抓获了 65 名，最终保证仅有极少的重要情报被发往柏林。这是军情五处在第一次世界大战期间反间谍工作的范围，其工作人员一度增加到 800 多人，其中几人是女性。军情五处对玛塔·哈丽产生了怀疑，导致她随后在法国被捕，英国很少有人对她表示同情。1915 年，英国的护士伊迪丝·卡维尔（Edith Cavell）因叛国罪在德国被枪决，因此在很多英国人看来，玛塔·哈丽的死算是和德国扯平了。

间谍戏法

第一次世界大战是各国首次使用科学技术来监视敌方的冲突，战争双方都想出了很多绝妙的手段。

俯瞰图

一名德国医生于 1908 年发明了“鸽子相机”，利用了挽具和胸甲将相机固定在鸽子身上。在第一次世界大战期间，鸽子飞过英国时，相机会使用自动延时系统拍摄照片。

幌子树木

德国和英国在西线使用树木观察哨互相监视。中空的树桩采用铁和帆布制成，可容纳一名男子，他的工作是在白天观察敌人的行动，晚上进行汇报。

40 号房间

40 号房间是设在海军部旧楼的英国密码破译队伍的名字。其命名来自于一本被缴获的德国代码书，借此，40 号房间成功在第一次世界大战期间解码了敌人的 15000 份秘密通信。

电话窃听

德军在第一次世界大战中的西线上有一支“电话部队”，他们通过检测经过地面的电信号并在高功率听音台上放大信号的方法，窃听英军的电话通信。

消失术

第一次世界大战中，双方的秘密特工使用隐形墨水传递信息。德国间谍使用粉状阿司匹林与纯净水混合制成墨水；另一个可靠的配方是柠檬汁和钾。使用这种墨水书写的信息会在加热时显现。

接受了英国教育的杜肯以为国家服务的目的，将狩猎技能用于杀人

弗里茨·朱伯特·杜肯

“公爵”是一个拥有许多代号的秘密特工，他是一个天生的杀手，擅长越狱，并且渴望报复英国人。

1877 年，弗里茨·朱伯特·杜肯（Fritz Joubert Duquesne）出生在南非东南海岸的一个农场，并在那里长大。杜肯人生中第一次杀人的时候，他还只是一个男孩。当时，因他父亲的土地在卖给当地部落做交易所时价格翻了一番，导致祖鲁人与杜肯的母亲起了争执，向他的母亲冲了过去。年仅 12 岁的杜肯——这个年轻的布尔人冲上前保护他的母亲。他夺过祖鲁人手中的短矛，向祖鲁人刺了过去。这是杜肯第一次杀人，在他日后惊心动魄的生活中，这对他而言是一件轻而易举的事。

杜肯在英国接受了教育（他习得了一种上流阶级的英国口音，后来这个口音定义了他的身份），这个后来被称为“公爵”的人在 1899 年残酷的布尔战争开始时回到了他的家乡。杜肯凭借在狩猎中磨练的本领以及对南非自然环境的熟悉组建了突击队。他和一小撮突击队士兵对英军部队进行了游击式袭击，破坏英军补给，在所到之处杀害英国士兵。杜肯是一个天生的杀手，但他的杀人行为以国家主权为名。然而，当他回到家乡时，真正的恐怖正在等待着他。他的妹妹遭到英国士兵的强奸和枪击，他的叔叔被绞死，他的母亲被绑架。愤怒的杜肯伪装成英国军官，潜入最近的集中营，在那里发现他的母亲遭到虐待、忍饥挨饿，还患上了梅毒。当他离开集中营时，他射杀了两名军官。这位南非士兵把自己对英国的仇恨强化为复仇的动力。他还发誓要对南非英国军队的指挥官基奇纳伯爵进行个人报复，正是后者的焦土政策导致杜肯家破人亡。

杜肯仍然伪装成英国军官，前往开普敦（Cape Town），秘密计划破坏英国的战略设施并杀死基奇纳。他招募了20名布尔人，但被其中一人的妻子背叛。1901年10月11日，在参加开普敦殖民地长官沃尔特·赫利－哈钦森爵士（Walter Hely-Hutchinson）晚宴的时候，西装革履的杜肯因为“密谋反抗英国政府和间谍罪”被逮捕。杜肯的同谋被行刑队处决，但英国当局仍然认为杜肯是英国人，所以他受到法庭审判，死刑被减为终身监禁。公爵被送往百慕大（Bermuda）海岸附近的流放地区。从那里开始，这个布尔人成功越狱，并在其后的人生中多次逃脱监禁。1902年，杜肯越狱并游泳逃到百慕大。上岸之后，杜肯装扮成游艇上的美国乘务员。杜肯不仅喜欢逃脱监禁，还在一生中使用了多个身份（一些完全是在匆忙之中杜撰的）来操纵别人。

离开百慕大之后，杜肯在纽约开始了新生活。他担任记者，为多家报纸撰写冒险故事，其中包括《纽约先驱报》（*New York Herald*）。1910年6月，杜肯与美国人艾丽丝·沃特利（Alice Wortley）结婚，不过8年后他们的婚姻以离婚告终。杜肯甚至成为前总统罗斯福的私人射击教练，并陪同罗斯福进行狩猎。杜肯甚至还在报刊上发表了几份罗斯福访问非洲的报道。1913年12月，杜肯成为美国公民。但是，当1914年第一次世界大战爆发时，杜肯发现他依然没有忘却自己对英国（以及对基奇纳）的仇恨，而且后者已经成为了英国征兵海报上的形象。这个布尔人不愿浪费复仇机会，成为了德国的间谍。杜肯假扮成自然学家弗雷德里克·弗雷德里克斯（Frederick Fredericks），前往巴西，并在满是兰花和矿物的植物样品箱中放置爆炸物。杜肯声称，22艘英国船只被他的炸弹击沉。尽管这一数字遭到质疑，但毫无疑问，在南美洲杜肯给英国人造成了相当大的麻烦。

据杜肯自己说，他在玻利维亚假死后回到纽约，他的德国联络人交给他一个新的使命。而这个使命能让他实现他的誓言。那是1916年6月5日。在北海和大西洋交界处的波涛中，德文郡级装甲巡洋舰皇家汉普郡号神秘地沉没，包括船上的655名海员。其中一名男子就是基奇纳勋爵。杜肯声称，他伪装成一名俄罗斯公爵，在苏格兰加入了基奇纳的随行人员。登上汉普郡号后，他向附近的一艘德国潜艇发出信号，并在汉普郡号沉没时逃

杜肯的间谍组织遍布美国和英国，最终共有33名成员被捕

杜肯声称已杀死了他的死敌——霍雷肖·赫伯特·基奇纳勋爵（Horatio Herbert Kitchener），但几乎没有证据能证明这一点

脱。这样的行为是否值得颂扬颇具争议，但是杜肯确实在不久之后就获得了铁十字勋章，并且据称当时他在英国培养了自己的特工。

在两次世界战争之间，杜肯利用他日益壮大的间谍网络在墨西哥和欧洲旅行，之后以一个新名字返回美国，去好莱坞工作。这个拥有多重身份的男人在电影制片厂的宣传部门工作，他甚至与未来的肯尼迪总统的父亲老约瑟夫·P. 肯尼迪（Joseph P Kennedy）日渐亲近。但是 1932 年，警方终于再次抓到了他。杜肯被指控谋杀罪，被遣返英国接受审判。但杜肯逃脱了所有指控。

1937 年，德国再次联系了杜肯。杜肯的眼线遍布欧洲和美国，他开始向纳粹提供信息，但他在美国的国土上开展的间谍活动将再次给他带来困扰。由约翰·埃德加·胡佛（J Edgar Hoover）领导的联邦调查局使用双重间谍追捕杜肯和他的间谍网络，最终他与其他 32 名成员一起被捕。

1942 年，弗里茨·杜肯受到审判并被判处 18 年有期徒刑——这一次他未能逃脱。然而 1954 年，服刑 14 年的杜肯因健康状况不佳被释放。在他生命的最后几年，公爵在大学和社交俱乐部多次举办讲座，讲述他的冒险故事。1956 年 5 月 24 日，杜肯逝世，享年 78 岁。

这位南非士兵把自己对英国的仇恨强化为复仇的动力。

公爵的多重身份

逃离贝尔维尤

1919 年，杜肯因谋杀罪被逮捕，即将被引渡回英国。不过由于公爵假装瘫痪长达两年，所以他被送往了贝尔维尤的监狱病房。就在他被引渡之前的几天，杜肯伪装成一名女子，从他的牢房逃出，翻过医院的墙成功逃脱。

克雷文少校

在国外短暂居住了一段时间后，1926 年杜肯以弗兰克·德·特拉福德·克雷文少校（Frank de Trafford Craven）的身份回到美国，在肯尼迪总统的父亲老约瑟夫·P. 肯尼迪的好莱坞制片公司美国电影公司任职。杜肯甚至搬回纽约，帮助肯尼迪推广电影。美国当局最终再次逮捕了他，但那时，他的战争罪时效已过，因此杜肯被释放。

弗雷德里克·弗雷德里克斯

在第一次世界大战的初期，据说德国情报部队将杜肯送到巴西，在那里杜肯的身份是弗雷德里克·弗雷德里克斯，是一位自然学家和研究人员，对亚马逊地区的橡胶植物很感兴趣。事实上，这名布尔人将炸弹做成植物样本的样子，炸沉了 22 艘皇家海军舰艇。

克劳德·斯托顿上尉

在南美洲的破坏行动后不久，杜肯开始杜撰一个新身份——西澳大利亚轻骑团的克劳德·斯托顿（Claude Stoughton）上尉。作为大胆的斯托顿，杜肯在美国大学和市政厅巡回讲演来赚钱、建立关系，他的战争故事吸引了大量观众。

理查·佐尔格

佐尔格是斯大林在纳粹德国和日本帝国的间谍，他为苏联提供的情报可能改变第二次世界大战的进程。

理查·佐尔格（Richard Sorge）可能不是一个家喻户晓的名字，但在间谍圈内，他是一个传奇人物。伊恩·弗莱明称他为“历史上最令人敬畏的间谍”，金·菲尔比称赞他的间谍行动“无懈可击”，第二次世界大战期间美国太平洋战区盟军最高总司令道格拉斯·麦克阿瑟（Douglas MacArthur）则将佐尔格的行动称为“间谍活动辉煌成功的绝佳例证”。佐尔格的身份是纳粹德国和日本帝国的记者，他发现的信息得以确保在希特勒入侵时，苏联已做好战斗准备。

佐尔格的父亲是德国人，母亲是俄国人，他生在阿塞拜疆（Azerbaijan），但在柏林长大。1914 年，年仅 19 岁的佐尔格加入德国军队。他在东方战场待了三年，但是弹片终结了他的军事生涯。那些滚烫的白色金属弹片切断了他的三根手指，伤害了他的双腿，致使他终生微跛。佐尔格曾与一名护士有过短暂交往，这名护士及其父亲深信马克思主义观点，这对康复中的佐尔格产生了深远的影响。1919 年，佐尔格加入了德国共产党。

由于他的政治观点，佐尔格先后

丢掉了几份工作，于1925年搬到了莫斯科。佐尔格加入了致力于在全球倡导共产主义的组织——共产国际，任职于国际联络部。因为佐尔格对共产主义事业的热爱和他的外国身份，很快苏联军事情报人员便找上门来。

佐尔格的掩护身份是"记者"。他被派往欧洲各国，评估共产主义起义的可能性。佐尔格在英国短暂监督了日益增长的劳工运动，1929年，他被送回原籍国德国，面对最具挑战性的任务。佐尔格的苏联间谍机构不是要他报道左翼运动，而是希望他加入纳粹党。佐尔格获得了一份不起眼的工作——为《德意志粮食报》（*Deutsche Getreide-Zeitung*）写稿，同时开始搜集有关希特勒运动缓慢崛起的情报。

1930年，苏联军事情报机关把佐尔格派到中国，以监控那里日益严峻的社会动荡。表面上，佐尔格在上海为德国的新闻服务机构工作。在接下来的三年里，佐尔格成为了中国农业和经济学方面的专家，同时在他环游中国时，与中国共产党建立了联系。

随着纳粹德国和日本之间的联系日益紧密，佐尔格的下一个任务便是在日本收集情报。但是，他的苏联间谍主管告诫他，不要与日本地下共产党或苏联驻东京大使馆接触。佐尔格没有那么做，相反他建立了一个间谍网络，让其他记者也参与了他的事业，其中有许多人可以接触到日本的高级政治家，包括日本的内阁总理大臣近卫文麿（Fumimaro Konoye），因此佐尔格能够获得有关日本外交政策的信息。

佐尔格还与在德国驻东京大使馆工作的几位重要人物建立了良好的关系，包括德国大使赫伯特·冯·德克森（Herbert von Dirksen）。这使佐尔格获取的信息能够让他知道德国对苏联的意图。维系如此庞大的关系网络危险重重。在此期间，佐尔格还面临军事审判甚至死刑的威胁——因为他拒绝了斯大林的命令，不愿意在斯大林的大清洗前夕返回莫斯科。但佐尔格的间谍网络收集的情报似乎救了他一命。实际上，后来所谓的"佐尔格间谍网络"揭露了战争中一些最大的秘密。

1936年至1940年间，佐尔格的间谍网络能够向苏联预警《反共产国际协定》（Anti-Comintern Pact）——德国和日本正式同意遏制共产主义，也预警了《三国同盟条约》（Tripartite Pact）——轴心国的联盟正式成立，并计划袭击美国珍珠港。

然而，佐尔格最大的成就出现在1940年12月。佐尔格提醒他的联络人，希特勒在计划巴巴罗萨行动，对苏联发起突袭。不幸的是，斯大林忽略了这一情报，但是接受了日本不打算单独对苏联东部发起袭击这一情报，这让苏联把战略部队从苏联和蒙古的

2016年，间谍大师理查·佐尔格的纪念牌匾在柏林揭幕

边界转移到了莫斯科的前线。

佐尔格间谍网络的深度极其广泛，最终被发现。盖世太保甚至被派遣去监视佐尔格间谍网络的加密消息和联系人。1941 年，佐尔格被捕。之后的三年，他在日本狱中度过，遭到了严刑拷打。最终，佐尔格承认自己是苏联间谍，但莫斯科已经完全切断了与他的任何联系。1944 年 11 月 7 日，理查 · 佐尔格被绞死。尽管佐尔格置身于危险之中，并且最终未能逃脱被处决的命运，但是苏联方面还是在 20 年后，才正式承认了这名曾经救过苏联，乃至整个西方世界的间谍。

俄罗斯边境上的德国军队

纳粹对苏联的背叛

1940 年 12 月 18 日，纳粹战争机器在欧洲肆虐，以暴行征服了欧洲大陆和更遥远的土地。英国看着英吉利海峡似乎在日渐萎缩，发现当纳粹德国在不断向前推进时，军事强国——斯大林统治下的苏联却无动于衷地袖手旁观。在 1940 年年末的那个命运之夜，希特勒把注意力转向了一年前同他签订《莫洛托夫—里宾特洛甫条约》［（Molotov–Ribbentrop Pact），通常被称为《苏德互不侵犯条约》（German–Soviet Nonaggression Pact）］的国家。那么，为什么元首突然决定袭击一个盟友，将德国的战争分成了两条？

对于希特勒来说，苏联既是对德国未来国家社会主义的威胁，也是希特勒最恶毒的仇恨来源——犹太人发展壮大的温床。因此希特勒签署了“21 号指令”，即巴巴罗萨行动，命令 134 个师在前线投入全部战斗力（另有 73 个师准备部署在前线），进攻苏联。希特勒不仅希望征服俄罗斯，而且希望消灭共产党人、犹太人和其他“不受欢迎的人”。希特勒甚至还部署了突袭部队，承担敢死队这一角色。

哈洛德 · 金 · 菲尔比

菲尔比是最臭名昭著的英国叛逃者之一。他投奔了苏联，后成为剑桥间谍组的主心骨。

哈罗德 · 菲尔比（Harold Philby）的绰号“金”和鲁德亚德 · 吉卜林（Rudyard Kipling）的一部小说同名，他早年大部分时间与家人一起游历世界。他的父亲皈依了伊斯兰教，担任沙特阿拉伯国王伊本 · 沙特（Ibn Sa’ud）的顾问。菲尔比在早年已经接触到了变革性思想，与彼时的英国传统大相径庭。因此，当年轻的菲尔比接触到共产主义原则时，他以一种开放的态度吸收了这一思想。

共产主义的种子已经在菲尔比心中播下，不过，1933 年他与利兹 · 弗里德曼（Litzi Friedmann）的关系才是真正的催化剂，促使他从秘密的社会主义奉献者转变为积极的苏联间谍。克格勃热衷于招募英国和美国公民，菲尔比的英国身份、私立学校教育和在剑桥期间从事新闻工作让他成为了克格勃的招募对象。1934 年，他加入了一个安插在城市里有影响力的间谍组。到了 1940 年，英国与德国交战，菲尔比搬到伦敦，很快就被秘密地招募到军情六处，通过他多次访问分裂的欧洲大陆参加活动来收集情报。

菲尔比加入了军情六处的第九组——该部门在战争期间主要负责破译纳粹恩尼格玛密码机。自此，菲尔比的影响力逐渐扩大。他的安全权限不断升级，能够获取英国人破译的德

出生日期：1912 年 1 月 1 日
逝世日期：1988 年 5 月 11 日

在几十年的间谍生涯中，菲尔比拒绝为他背叛英国的决定表示悔恨。

克格勃热衷于招募英国和美国公民，菲尔比的英国身份、私立学校教育和在剑桥期间从事新闻工作让他成为了克格勃的招募对象。1934 年，他加入了一个安插在城市里有影响力的间谍组。

国情报，这对苏联人来说非常重要。他发现了巴巴罗萨行动（德国入侵苏联的计划），但被斯大林忽视。但他确认纳粹的盟友日本打算袭击新加坡而不是苏联，这成为了苏联参战的转折点。

1941 年 9 月，菲尔比开始负责协调英国在西班牙和葡萄牙的反间谍活动，让他完全得以掌握该地区的盟军间谍活动。到了 1944 年，菲尔比已经成为军情六处第五组的领导人，为苏联人提供了德国间谍在欧洲各地行动的丰富情报。然而，他的活动慢慢开始引起怀疑。

战争结束了，铁幕蔓延，英国与欧洲陷入了一种截然不同的冲突，菲尔比对莫斯科的价值再次提升。他监督了与新成立的中央情报局共同开展的行动，旨在在阿尔巴尼亚安置特工，但此次联合行动是一场灾难，一些关键人员怀疑菲尔比可能向苏联泄露了信息。尽管存在这些疑虑，1949 年菲尔比依然晋升为英国驻华盛顿特区使馆的一等秘书。作为与中央情报局协调秘密任务的主要联络人，菲尔比成为苏联在西方反间谍活动的关键人物。

然而，对于菲尔比双重间谍身份的最大威胁即将发生。一名苏联间谍职员不小心多次使用一次性密码本传输编码数据时，军情六处破译了苏联的密码，发现一名特工从英国驻华盛顿特区使馆向苏联发送情报。那名特工是唐纳德·麦克莱恩——剑桥间谍组的成员之一。当军情六处开始调查时，菲尔比必须快速采取行动。他说服了另一名在大使馆工作的间谍组成员盖·伯吉斯，让他警告麦克莱恩，军情六处准备采取逮捕行动。这二人不久后便逃往莫斯科，菲尔比被迫返回伦敦。

菲尔比回到伦敦时，遭到了军情五处严酷的问讯，他们越来越认为菲尔比实际上是新发现的间谍组的“第三人”。1951 年，他被迫辞去军情六处的职务，他试图重操旧业，回归新

剑桥间谍组

除了菲尔比，这支间谍组还包括……

唐纳德·杜勒特·麦克莱恩

唐纳德在大学里公开宣扬其左翼观点，所以苏联情报部门很快就联系上了他，向他提供了一份工作：为了伟大的共产主义事业收集情报。他假装咒骂社会主义，加入了公务员队伍，在巴黎和华盛顿的大使馆工作，当间谍身份暴露后，他逃往莫斯科。

安东尼·布朗特

安东尼·布朗特是英国著名的艺术史学家，曾被授予骑士称号，同时他也是的剑桥组的成员之一。1964 年，布朗特与英国政府达成豁免协议之后，承认自己参与了间谍活动。据透露，布朗特在担任军情五处特工时，也在向苏联传递信息。

盖·伯吉斯

伯吉斯在间谍组内的代号为“希克斯”，是一位在外交部担任无线电播音员和官员的情报人员。伯吉斯以其迷人的气质和具有说服力的性格而闻名。他是同性恋者，苏联间谍主管认为这有利于苏联招募更多新的间谍。在维诺那计划（Venona Project）之后，他被迫与麦克莱恩一起出逃。

约翰·凯恩克罗斯

艾伦·里奇（Alan Leech）在电影《模拟游戏》（*The Imitation Game*）中扮演了约翰·凯恩克罗斯。这位英国公务员和情报官员是剑桥间谍组中神秘的第五人。他是破解恩尼格玛密码机团队的一员，他把解密后的消息放在裤子里偷偷带走，将这些关键战术信息提供给了苏联人。

闻界，但一直受到似乎永不停止的调查的阻碍。然而，1955年，当时的外交大臣哈罗德·麦克米伦（Harold Macmillan）公开证实，他相信菲尔比没有从事反间谍活动。

菲尔比的罪行被免除，也不再对英国或苏联间谍有任何用处，他作为外国记者被派往贝鲁特（Beirut）。彼时的菲尔比已经是一位父亲和一位丈夫，在海外无比想念他的家人，但他也在与内心的另一种截然不同的情绪做斗争：他对共产主义深切的热爱，自他在维也纳的早年生活以来，这股热情从未消退。到了1963年，菲尔比下定决心：他公然宣布投奔苏联，秘密前往莫斯科，开始了作为苏联人的新生活。

最终证实，菲尔比确实是间谍组的“第三人”，这给全世界带来了冲击，是冷战黑暗时期苏联最伟大的公开胜利之一。菲尔比入籍苏联，这让他与家人永远决裂。菲尔比没有被逮捕并送回英国接受审判，这一事实表明，军情六处和外交部都希望避免这样的审判可能带来的更大影响。1988年，菲尔比因心力衰竭离开人世，苏联为他举办了英雄般的葬礼。

菲尔比于1988年去世，苏联为他举办了英雄式的葬礼，还追授了一些奖章

菲尔比的身份暴露后，格林依然和他保持朋友关系

菲尔比与格雷厄姆·格林的友谊

事实上，英国作家格雷厄姆·格林（Graham Greene）最著名的作品之一《第三人》恰好与菲尔比难以捉摸的间谍生涯同名，这不仅仅是偶然。

两人在第二次世界大战期间相遇，在那个黑暗时期，菲尔比将格林招募到英国情报部门。两人一拍即合，菲尔比的轻松自在让格林着迷，格林对于强大的男人的轻蔑也吸引了菲尔比。

格林是否真的知道他的朋友是双重间谍，这点无从得知。但是当菲尔比在1963年叛逃时，格林没有公开捍卫他的朋友。直到1988年菲尔比去世，两人一直有信件往来。

艾瑟尔和朱利叶斯·罗森堡

这对夫妇在红色恐慌的风口浪尖将美国原子弹的秘密泄露给苏联，最终付出了生命的代价。

艾瑟尔和朱利叶斯·罗森堡是美国历史上仅有的两名因间谍罪而被美国处决的美国人，他们的故事依然是秘密窃取信息的世界中最迷人的冰山一角。两人都生在犹太家庭，在纽约市生活和工作，都在捍卫普通工人权利的过程中找到了自己的信仰，所以他们加入了当地的共产主义团体。1936 年，正是在这样一个组织——美国青年共产主义联盟（Young Communist League）里，朱利叶斯遇见了艾瑟尔。两人对于劳工纠纷问题的热切关注让他们很快产生了感情，三年后，两人结婚。

1942 年，正是美国参加第二次世界大战，承诺与轴心国作战第二年，朱利叶斯加入了陆军信号兵团工程实验室。作为一名工程检查员，朱利叶斯几乎可以无限制地获取机密技术信息，从雷达改进到导弹制导，他都有机会接触。

据称，1942 年劳动节时，一位来自美国共产党的朋友把朱利叶斯介绍给了谢苗诺·谢苗诺夫（Semyon Semyonov）——一名情报官员和政治警察机构内务人民委员部的间谍助攻。谢苗诺夫很快就发现了朱利叶斯对社会主义事业的热情，便招募他作为苏联的间谍。现在作为苏联特工的朱利叶斯从陆军信号兵团内部获取机

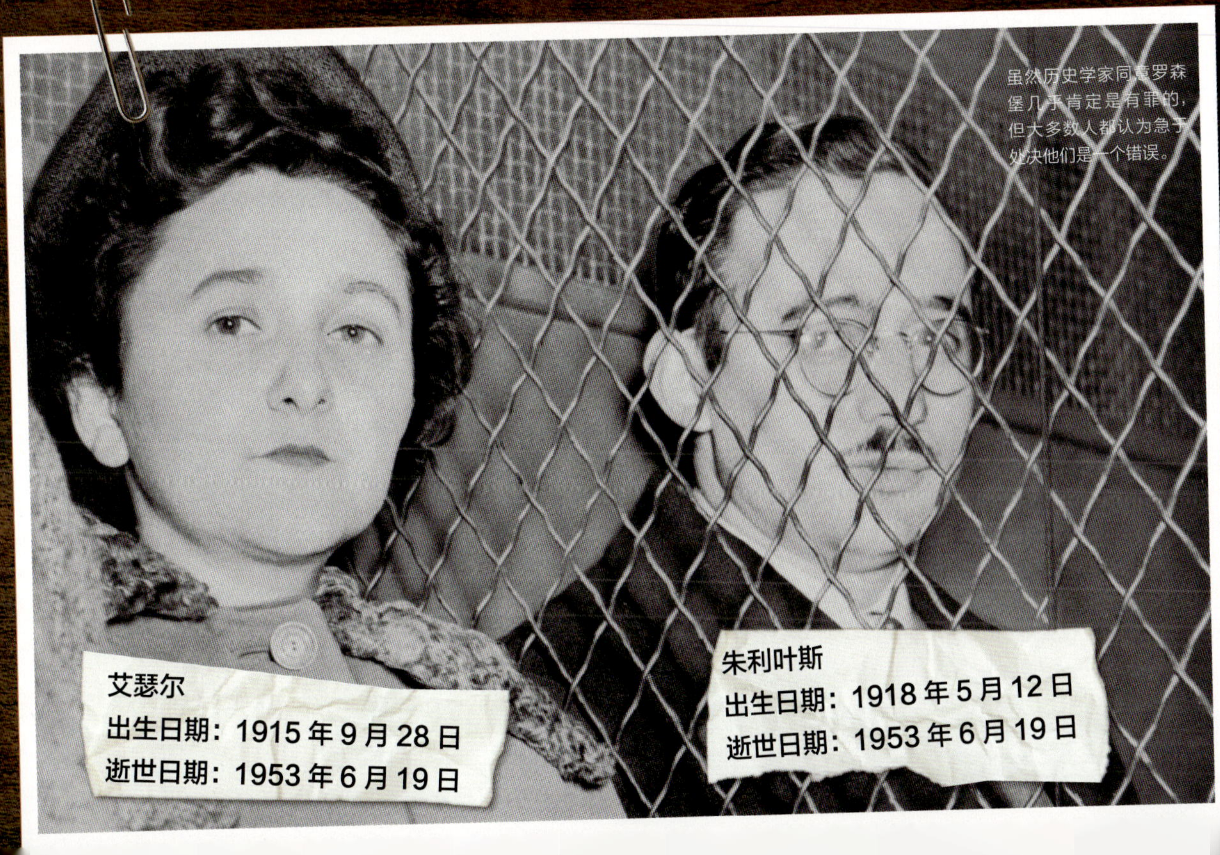

虽然历史学家同意罗森堡几乎肯定是有罪的，但大多数人都认为急于处决他们是一个错误。

密信息，提供给他在苏联的联络人。

在接下来的三年里，朱利叶斯向苏联发送了数千份秘密报告，其中包括一个完整的近炸引信。这种装置用于在接近目标物一定距离时引爆爆炸物，当时苏联还没有制造出这种装置。

朱利叶斯本人也招募了多位情报人员。在接下来的几个月中，朱利叶斯成功将一批有同情心的共产主义者纳入麾下，包括霍埃尔·巴尔（Joel Barr）、艾尔弗雷德·萨拉兰特（Alfred Sarant）、威廉·佩尔（William Perl）和莫顿·索贝尔（Morton Sobell）。威廉·佩尔发挥了尤其重要的作用，协助苏联渗透了西方最隐秘的武器计划之一——曼哈顿计划（Manhattan Project）。

尽管在战争期间，苏联和英美结盟，但战后苏联与其前盟友之间的分歧导致苏联被排除在美国领导的氢弹发展计划之外。曼哈顿计划成为了 20 世纪 50 年代苏联间谍活动的最大焦点之一。朱利叶斯则成为获取这一计划机密信息的关键人物之一。

在此期间，朱利叶斯新的联络人亚历山大·费克里索夫（Alexander Feklisov）得知艾瑟尔的兄弟也在参与曼哈顿计划，而朱利叶斯负责招募他。很快，朱利叶斯就说服了戴维·格林格拉斯（David Greengrass）加入他不断壮大的间谍组。1944 年 2 月，朱利叶斯甚至成功招募了另一位参与曼哈顿计划的人员——工程师罗素·麦克纳特（Russell McNutt），他参与设计了位于橡树岭国家实验室的工厂。

1945 年 2 月，朱利叶斯被发现曾参与过共产主义团体，因此突然从陆军信号部队的职位上被解雇了。联邦调查局不知道朱利叶斯是一名苏联间谍，但他们很快将信息碎片拼凑了起来。当美国意识到苏联的核项目有多么先进时（苏联在 1949 年进行了第一次正式的试验），他们知道，显然有人泄露了秘密。

真正的落幕始于 1950 年，格林

麦卡锡时代的间谍

在 20 世纪 50 年代初，一名男子在全美范围内激起了恐惧、怀疑和担忧。战争的阴影依然笼罩着美国，参议员约瑟夫·麦卡锡（Joseph McCarthy）在西弗吉尼亚州（West Virginia）惠灵（Wheeling）发表讲话，他宣告，他知道美国国务院中有 205 名活跃的共产党员。这一声明开启了一个政治猎巫时代，因此罗森堡夫妇的间谍行为和他们对国家的背叛让他们很快受到了审判，最终判刑的力度也远远高于麦卡锡时代之外的量刑力度。

格拉斯被联邦调查局以间谍罪指控逮捕。不久之后，格林格拉斯便供出了所有秘密。他透露，他的联系人被称为“自由派”（美国在 20 世纪 40 年代中期破译苏联通信时发现的代号），实际上就是他的姐夫朱利叶斯 · 罗森堡。1950 年 7 月 17 日，朱利叶斯被联邦调查局逮捕，几周后艾瑟尔被拘留。

在罗森堡夫妇被逮捕之前，朱利叶斯的间谍生涯看起来只有他一个人，但许多人认为他的妻子艾瑟尔在帮助他招募人员和传递信息方面发挥了关键作用。朱利叶斯的第二位联络人亚历山大 · 费克里索夫认为，他的妻子完全知道丈夫的间谍活动，并在可能的地方为他提供帮助。在来年 3 月，罗森堡夫妇接受审判，两人都坚称他们是无辜的。然而，那个时候正是麦卡锡时代最鼎盛的时期，美国和苏联的紧张态势日益加剧，又在和朝鲜的共产主义势力开战。“罗森伯格及其苏联原子弹间谍组”（这是新闻媒体对他们的称呼）便在这一背景下成为了众矢之的。

1951 年 3 月 29 日，罗森堡夫妇被判有罪，被处以电椅死刑。经过两年请求宽大处理的呼吁，这对夫妇最终于 1953 年 6 月 19 日在纽约奥西宁（Ossining）的新新惩教所（Sing Sing Prison）被处决。这是第一次也是唯一一次美国公民因为间谍罪而被美国政府处决。时至今日，他们的家人继续抗争，否认艾瑟尔参与了间谍活动。

背叛了祖国的美国人

罗森堡夫妇仅仅是双重间谍冰山的一角……

奥德里奇 · 艾姆斯（Aldrich Ames）

艾姆斯的父亲是一名中情局官员，他是中情局特工，负责苏联司的反间谍活动。面对日益高筑的债务，艾姆斯从 1983 年开始将中央情报局特工的名字出售给俄罗斯人。在 1994 年被捕之前，艾姆斯从克格勃那里获得了 460 万美元。作为回报，他背叛了数百起行动和 30 多名特工，其中至少有 10 名特工被处决。

克劳斯 · 富赫斯（Klaus Fuchs）

富赫斯是一位德国裔理论物理学家，曾负责与曼哈顿计划有关的第一批核武器以及后来的氢弹早期模型的许多重要理论计算。然而，他也是一位虔诚的共产主义者，给苏联（通过佐尔格的间谍组）提供了许多原子弹的秘密信息，直到 1950 年被逮捕。

罗伯特 · 汉森（Robert Hanssen）

罗伯特 · 汉森因 15 项罪行而被判终生监禁，目前正在佛罗里达州的一家超级大型监狱服刑。在将美国人转变为叛徒和苏联以及俄罗斯联邦间谍方面，汉森仍然是最多产的美国人之一。20 多年来，汉森获得了 140 万美元的报酬，出卖了多名联邦调查局和在克格勃工作的中央情报局卧底特工。

约翰 · 安东尼 · 沃克（John Anthony Walker Jr）

约翰 · 安东尼 · 沃克是美国海军一级准尉和通信专家，在 20 世纪 70 年代和 80 年代，他为苏联破译了数百条海军加密信息，以换取金钱报酬。沃克还建立了自己的间谍小组，其成员包括海军同胞甚至他的家人——他的妻子和儿子。

十大明星间谍

揭开明星利用其特权地位为国服务的秘密身份。

隐姓埋名通常被认为是间谍活动的一个重要方面，所以把名人与隐秘的间谍世界相联系，似乎有点古怪。然而在历史上，许多文学、娱乐和体育界的知名人士都与间谍活动和军事情报有关。

间谍活动历史悠久。中国将军孙子在《孙子兵法》中写道：“故惟明君贤将，能以上智为间者，必成大功。”从阿兹特克人、罗马人到蒙古人，很多古老文化里都记载了间谍活动，包括盗窃信件、窃听和监视敌人。中世纪时，梵蒂冈比许多国家的政府更强大，教皇拥有庞大的间谍网络，其最著名的形式是宗教裁判所。在1095年第一次十字军东征期间，教皇乌尔班二世（Urban II）雇用了特工来渗透监狱，释放被关押的十字军，破坏清真寺和军事防御。

在文艺复兴时期，女王伊丽莎白一世的宫廷策划了大量间谍活动。弗朗西斯·沃尔辛厄姆爵士成为女王的间谍总管，阻止暗杀企图，打击海外天主教徒的势力，让女王不断领先于她的敌人。

然而，直到20世纪，现代意义上专门的国家间谍机关和间谍活动才真正出现。1909年英国秘密特勤局成立，1942年中央情报局的前身战略情报局成立。

同时，名人文化随着大众传媒的发展而爆发，广播和电影让任何人都能在15分钟内成为全球家喻户晓的明星。对于其中一部分人而言，他们凭借间谍活动中习得的技能最终出名；对于另一部分人而言，正是他们的名声让他们成为了完美的间谍。

本篇选取历史上的明星间谍确实多为当代知名人士，这主要是因为第二次世界大战中常规军事作战和情报部门的规模之大，使各国招募了大量特工。当然，现代以前的历史上也有不少名人，他们也可能参与了间谍活动。对于这些名人中的部分人而言，间谍教他们学会了出名的技巧；对于其他人来说，他们的名声使他们成为完美的间谍。

010 莫伊 · 贝格

美国人，1902—1972 年

莫伊 · 贝格（Moe Berg）被称为“棒球界最聪明的人”，这位美国棒球捕手和教练证明，自己比体育迷在第二次世界大战期间想象的更聪明。贝格供职于中央情报局的前身，曾会见巴尔干的抵抗力量，为曼哈顿计划招募了物理学家，

并推断纳粹离制造出核弹还有数年时间。20世纪20年代，贝格效力于波士顿红袜队和布鲁克林道奇队。不同于他的许多队友，贝格受过良好教育，毕业于普林斯顿大学，会说6种语言，其中包括流利的德语、日语和意大利语。在休赛的3年多时间里，贝格于1928年获得哥伦比亚大学的法律学位。身体强健、头脑聪明的贝格是一个完美的间谍，所以1943年，他被招募到战略情报局作为准军事官员。贝格的早期任务包括跳伞进入南斯拉夫会见党派领袖铁托元帅，并评估美国是否应该向南斯拉夫提供援助。

那年晚些时候，贝格引起了曼哈顿计划负责人莱斯利·格罗夫斯(Leslie Groves)的注意。曼哈顿计划正在研发和制造原子弹。伯格被派往意大利，运用他的语言技能和人格魅力为美国招聘物理学家。

1944年12月，贝格被派往瑞士，去完成他在战略情报局的最后一项使命。诺贝尔奖得主德国物理学家维尔纳·海森堡(Werner Heisenberg)在瑞士发表演讲。贝格得到指令，如果海森堡给出任何迹象，表明纳粹已经准备好了原子弹，那么贝格就要开枪射杀海森堡——哪怕是在演讲厅里。贝格准确地推断纳粹距离造出核武器至少还有10年，海森堡躲过一劫。第二次世界大战后，贝格于1952年被中央情报局聘用，利用他的联络网去收集有关苏联的信息，不过贝格作为间谍最伟大的时刻已经过去了。

莫伊·贝格的棒球卡片现陈列于中央情报局总部

其他职业：棒球捕手和教练

从1923年到1939年，贝格是美国职业棒球大联盟球员。尽管贝格的智力超群，作为间谍时取得了诸多成就，但他被认为是一个平庸的球员，通常是替补。

曾任职于：战略情报局

战略情报局是中央情报局的前身，贝格在1943年至1945年期间为战略情报局完成了许多艰巨的任务。1943年之前，伯格曾在南美纳尔逊·洛克菲勒(Nelson Rockefeller)的美洲事务办公室工作。

最大成就：阿兹塞项目

1943年，贝格在访问了欧洲的几位物理学家之后，准确地判断出纳粹距离生产核弹还很远，因而决定不暗杀海森堡。

莫伊的任务

1934年11月29日

东京侦察

贝格作为美国全明星队伍的一员，在日本进行巡回赛。他潜入了东京最高建筑之一的屋顶，并用16mm胶片相机拍摄海港。在珍珠港事件发生后，贝格将他的电影放映给军方官员。这协助了对日本东京的袭击计划——杜立特空袭(Doolittle Raid)。

1943年8月

对话铁托

贝格跳伞进入南斯拉夫，以评估所有抗击纳粹的抵抗组织中，哪一个最为强大。贝格与各派系领导人见面，决定美国应该向铁托提供援助，因为他们的组织最强大且获得的支持最多。

1943年年底

拉尔森项目

贝格采访了意大利顶级物理学家，询问他们是否对德国的核弹计划有所了解。贝格被告知要找出哪些德国和意大利物理学家仍在世、他们所在的位置、他们正在从事的工作以及是否有任何在建的大型工业综合体。

1944年5月

招募火箭设计者

贝格精通多国语言，游历整个欧洲，在不同国家采访物理学家，成功说服了几位科学家到美国工作。

1944年12月

杀人许可

贝格得到指令，如果他认为德国人具有核能力，他就可以在瑞士苏黎世暗杀在当地进行讲座的著名物理学家维尔纳·海森堡。贝格出席了讲座并在讲座后与海森堡会面。贝格正确地判定德国人还没有准备好生产原子弹，因此让海森堡活了下来。

1934 1943 1943 1944 1944

罗尔德·达尔（Roald Dahl）

009

英国人，1916—1990 年

写过《吹梦巨人》（*The BFG*）和《玛蒂达》（*Matilda*）的儿童文学作者，在第二次世界大战期间有一份更隐蔽的职业。在美国加入战争之前，达尔被招募与上流社会女性建立关系。

达尔曾是一名皇家空军战斗机飞行员。1940 年，达尔在利比亚飞行时被击落，导致头骨骨折并暂时失明，因此无法继续飞行。1942 年，达尔被转移到华盛顿特区的英国大使馆从事文书工作。然而，达尔在那里受到高层社会女士们的欢迎，英国情报部门迅速为他找到了另一个角色：诱惑这些女性并利用她们来维护英国在美国的利益。

这主要意味着打击拒绝参加欧洲战争的美国第一运动。据称，达尔与标准石油公司的继承人米利森特·罗杰斯（Milicent Rogers）有染，并与许多其他知名公众人物结成了友谊，包括副总统亨利·华莱士（Henry Wallace）、和白手起家的得克萨斯报业巨头查尔斯·马什（Charles Marsh）。

然而，达尔并不总是享受他独特的使命。据报道，达尔因无法忍受《时代》杂志创始人亨利·鲁斯（Henry Luce）之妻、著名的美国国会议员和孤立主义者克莱尔·布思·鲁斯，恳求放弃此次任务。

其他职业：作家

达尔写了许多著名的儿童故事，包括《查理和巧克力工厂》（*Charlie and the Chocolate Factory*）、《飞天巨桃历险记》（*James and The Giant Peach*）以及《神奇的狐狸爸爸》（*Fantastic Mr Fox*）。达尔的儿童作品在全球售出超过 5500 万本。

曾任职于：英国安全协调局

这个秘密组织是军情六处的一部分，负责进行亲英宣传，影响了《纽约邮报》和《先驱报》的新闻报道。安全协调局还保护了大西洋舰队免遭破坏。

最大成就：影响国家决策

美国最终加入战争是因为珍珠港袭击事件，而非任何秘密的夜间联络。然而，达尔成功履行职责，影响了许多报纸和记者，并将有关文件走私给英国情报部门。

这位儿童文学作家为了女王和国家勾引了上流社会女性

罗尔德·达尔（左）和厄内斯特·海明威（右）于 1944 年在伦敦

008

贾科莫 · 卡萨诺瓦

意大利人，1725—1798 年

很多人认为，“自由放荡”的代名词卡萨诺瓦是一个虚构的人物。然而，贾科莫 · 吉罗拉莫 · 卡萨诺瓦（Giacomo Girolamo Casanova）是一个真实存在的人物。他是一个 18 世纪的冒险家、享誉欧洲的情圣、多产的作家、自称炼金术士，还是一名狡猾的商人和专业间谍。卡萨诺瓦作为魔术师（在 1755 年的威尼斯这是一种不光彩的职业）遭到谴责，被判处五年监禁。然而，在越狱后，卡萨诺瓦逃往了法国。在七年战争初期，卡萨诺瓦重新联系了一位老朋友、曾担任法国国王路易十五（Louis XV）的外交秘书，后者请卡萨诺瓦监视英国军舰。在流亡欧洲 18 年后，卡萨诺瓦试图通过在罗马为威尼斯宗教裁判所暗中侦察的方式讨好威尼斯。最终在 1774 年，他被授予特赦，返回威尼斯，但为了维持他的奢华的生活方式，卡萨诺瓦成为宗教裁判所的间谍。卡萨诺瓦在波希米亚度过了他传奇一生的最后几年（1785—1798），成为了冯 · 沃尔斯坦伯爵（Count von Waldstein）的图书管理员。在那里，卡萨诺瓦写了他的自传，被认为是 18 世纪欧洲习俗和礼仪的最真实来源之一。

其他职业：冒险家

虽然卡萨诺瓦是一名有资质的律师，他仍依靠资助来维持纸醉金迷的生活方式，享受赌博和美酒。他还担任过士兵、图书管理员，放过高利贷，并自称为炼金术士。

曾任职于：威尼斯宗教裁判所

宗教裁判所是由 3 名法官组成的秘密法庭，法官从威尼斯政府中挑选，还包括 10 个紧密相关的理事会。宗教裁判所在欧洲雇用了数百名间谍，以应对对国家安全的威胁。

最大成就：侦察英国人

虽然卡萨诺瓦为宗教裁判所工作的时间更长，但更多的只是兜售八卦。卡萨诺瓦在敦刻尔克的间谍活动的影响更大。法国海军第一勋爵称卡萨诺瓦的报告“非常准确，且具有启发性”。

卡萨诺瓦成为一名间谍以支撑其奢华的生活方式

在流亡欧洲 18 年后，卡萨诺瓦试图通过在罗马为威尼斯宗教裁判所暗中侦察的方式讨好威尼斯。

查尔斯·“幸运”·卢西安诺

007

意大利人，1897—1962 年

纽约黑帮老大看起来不应该是美国情报部门合适的盟友，但查尔斯·“幸运”·卢西安诺（Charles ‘Lucky’ Luciano）在整个 20 世纪 40 年代都在为情报局工作。卢西安诺汇报了纳粹破坏分子的情况，并提供盟军入侵意大利时在西西里岛上可能登陆的具体位置。

卢西安诺是现代吉诺维斯犯罪家族的第一个正式老大，他经营赌博、敲诈勒索和高利贷业务，利润丰厚。从艾尔·卡彭（Al Capone）到弗兰克·西纳特拉（Frank Sinatra），他与每个人都有联系。然而，1936 年，卢西安诺因 62 项“强制卖淫罪”被判处 30 年至 50 年有期徒刑。1942 年，一艘名为诺曼底号的法国远洋邮轮被改装成部队运输船，后起火并沉没。美国当局怀疑有人蓄意破坏，当局知道卢西安诺与控制码头工人的帮派之间的联系，便招募他揭露犯罪者。卢西安诺被允许在监狱中接受他的帮派成员在无监督的情况下探视他，几周之内，8 名德国间谍因诺曼底号沉没事件而被捕。

其他职业：黑帮老大

通过各种各样的交易和背叛，“幸运”·卢西安诺从黑手党中脱颖而出，成为纽约五大家族之一的首领。在他的黄金时代，他是纽约最有权势的男人之一。

曾任职于：美国海军情报局

海军情报局成立于 1898 年的美西战争期间，到第二次世界大战时，海军情报局覆盖广泛，从拦截日本在太平洋地区的通信到在纽约寻找间谍和破坏分子。

“幸运”·卢西安诺面对新新监狱 50 年监禁，供出了纽约的纳粹破坏分子的信息

最大成就：哈士奇行动

战争期间，卢西安诺为海军情报局工作。为了准备 1943 年盟军进攻西西里，历史学家蒂姆·纽瓦克（Tim Newark）称，这位黑帮老大向美军提供了西西里黑手党的联系方式。

006

伊恩·弗莱明

英国人，1908—1964 年

作家伊恩·弗莱明（Ian Fleming）是一名英俊的贵族，深受女性欢迎，嗜好饮酒和赌博。他把自己的个性加入了他创作的人物——超级间谍詹姆斯·邦德中。虽然弗莱明从未像 007 那样凭一己之力拯救世界，但在英国海军当局的办公桌上，弗莱明用他的想象创造了奇特的间谍计划，以协助第二次世界大战期间的战争行动。

作为海军情报局局长的个人助理，弗莱明的工作本来只涉及发送部门间的备忘录。但是在 1940 年 9 月，他向海军少将约翰·戈弗雷（John Godfrey）提出了一个如何偷取恩尼格玛密码的想法。“无情行动”计划偷袭一架德国轰炸机，在上面安置说德语的机组人员，并让其在英吉利海峡坠毁。机组人员会攻击前来救援的德国人，并将他们的船和恩尼格玛密码机带回英国。让布莱切利园的艾伦·图灵烦恼的是，这一计划并没有得到实施，因为一名皇家空军官员指出，亨克尔轰炸机的沉没速度很快。

不过，戈弗雷奖励了弗莱明的倡议，并于 1941 年让他负责黄金行动。与同名的邦德电影相比，他们没有那么大胆。弗莱明被派往直布罗陀（Gibraltar），为突发事件部署，以防西班牙支持轴心国。他还陪同戈弗雷前往美国，在那里他协助编写了一份情报机构的运行蓝图，正是基于此，战略情报局成立。为了他的努力，弗莱明被授予了一把刻了字的 0.38 柯尔特警探特装型转轮手枪。

弗莱明最伟大的成就是在 1942 年组建了 30 支突击部队。这一情报组在前线突击了敌方总部、寻找秘密文件。其中包括在迪耶普突击战期间，寻找恩尼格玛机未遂；诺曼底战役期间提供服务。1944 年，他组建了更加精挑细选的 T 部队，为美国和英国军队寻找核实验室、天然气研究中心和火箭科学家们。

但是在 1940 年 9 月，他提出了一个如何偷取恩尼格玛密码的想法。

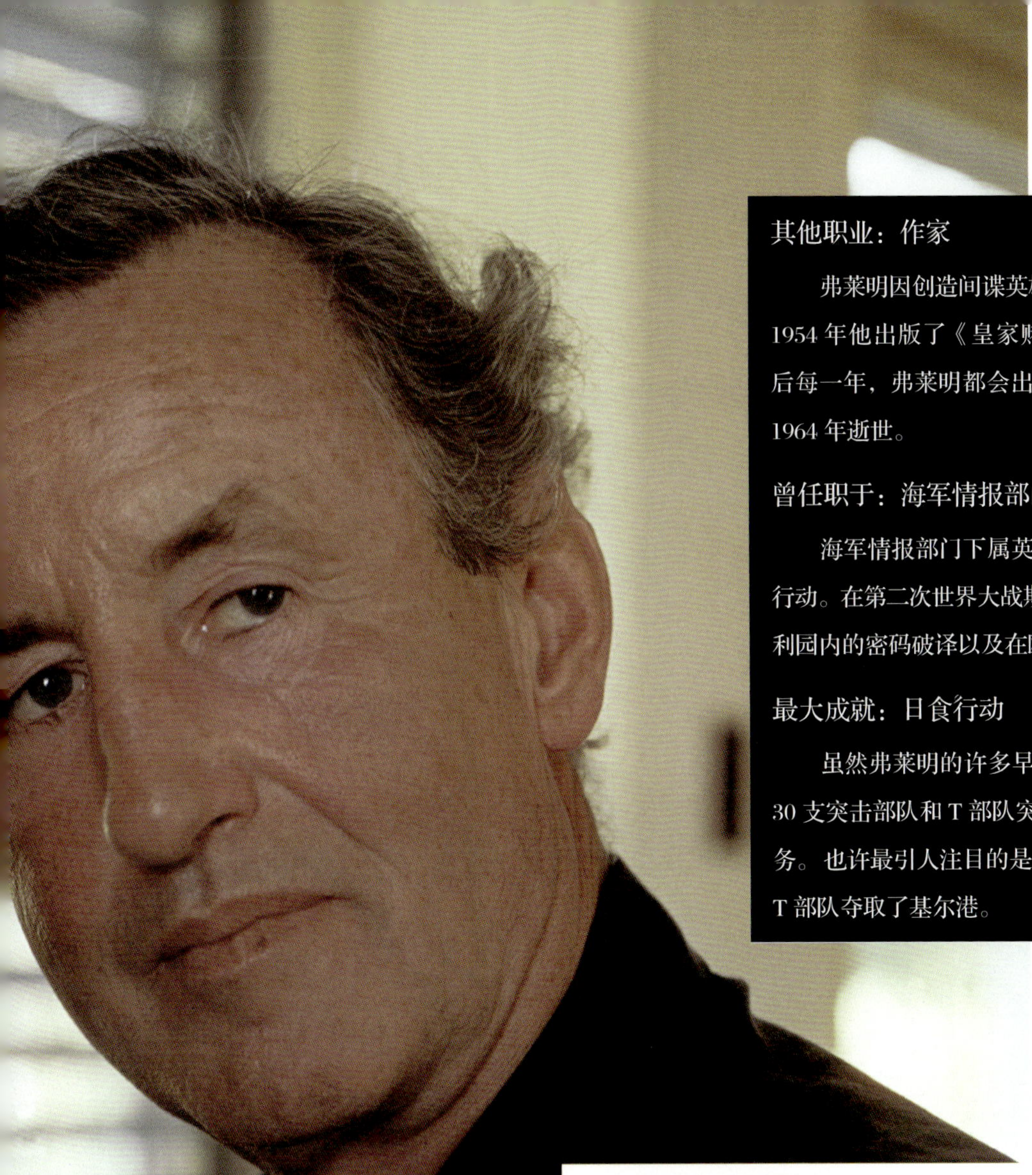

其他职业：作家

弗莱明因创造间谍英雄詹姆斯·邦德而闻名于世，1954 年他出版了《皇家赌场》（*Casino Royale*）。此后每一年，弗莱明都会出版一部 007 小说，直到他于 1964 年逝世。

曾任职于：海军情报部门

海军情报部门下属英国海军部，参与了多项秘密行动。在第二次世界大战期间，参与的行动包括布莱切利园内的密码破译以及在欧洲的间谍任务和破坏行动。

最大成就：日食行动

虽然弗莱明的许多早期计划从未实现，但他负责 30 支突击部队和 T 部队突击队，并能够选择自己的任务。也许最引人注目的是，在正式部队抵达的前几天，T 部队夺取了基尔港。

在伊恩·弗莱明创造出詹姆斯·邦德之前，他就在第二次世界大战中担任了间谍总管

哈利 · 胡迪尼

005

匈牙利人，1874—1926 年

这位美国魔术师能在水下从束身衣中逃脱，活埋后成功逃脱——他的逃脱术震惊了全世界。他的特技上了头条新闻，但这一切是否也吸引了大西洋两岸的情报部门呢？

作家威廉 · 卡什（William Kalush）和拉里 · 斯洛曼（Larry Sloman）设想了一种情况，胡迪尼用他的专业作为掩护，为美国和英国的情报机关收集信息。他们得出此种结论是因为英国间谍大师威廉 · 梅尔维尔（William Melville）在日记中提到了胡迪尼。

“手铐之王”是否曾是苏格兰场的间谍？

1902 年，梅尔维尔是苏格兰场特别支部的负责人，他帮助开启了胡迪尼职业生涯的欧洲篇章——他通过伦敦剧院老板为胡迪尼安排了试镜，并为他的表演提供了手铐。日记中暗示，梅尔维尔这样做，作为交换，他要求胡迪尼从事间谍活动。据称，在欧洲巡演期间，胡迪尼的任务包括与德国警察部队的高层往来，将报告发回给梅尔维尔，并报道俄罗斯无政府主义者的情况。

《胡迪尼的秘密生活》（*The Secret Life of Houdini*）的作者还称，这一魔术师可能曾为美国特勤局工作，1899 年在西海岸协助捕获造假者。然而，并非所有的历史学家都同意卡什和斯洛曼的主张。可以确认，多年来胡迪尼和芝加哥警察部队之间一直有联系，但将霍迪尼称为“詹姆斯 · 邦德意义上”的特工，可能就属于发挥过度了。理查德 · 科恩（Richard Kohn）告诉《纽约太阳报》（*New York Sun*）。“他很可能是一位观察员，出现在情报机构的观察中”，他评论道。

这一魔术师可能曾为美国特勤局工作，1899 年在西海岸协助捕获造假者。

其他职业：逃脱术师

胡迪尼被称为“手铐之王”，他的职业生涯始于逃脱警察的手铐，逐渐扩展到逃脱锁链、束身衣、牛奶罐、中国水牢甚至埋在地下的棺材。

曾任职于：苏格兰场

1909 年，威廉 · 梅尔维尔领导军情五处的前身，1893 年至 1903 年间，他在担任苏格兰场特别支部的负责人的同时，还雇用了许多间谍。

最大成就：名声

如果我们接受卡什和斯洛曼对胡迪尼的解释，也许他最伟大的成就是说服了梅尔维尔和美国当局为他开启职业生涯。他因此成为 20 世纪 20 年代美国收入最高的特技演员。

克里斯托弗·马洛

004

英国人，1564—1593 年

伊丽莎白时代的剧作家克里斯托弗·马洛（Christopher Marlowe）的剧本曾风靡伦敦，威廉·莎士比亚（William Shakespeare）是他最为世人所知的名字，但他的真实身份可能是一名间谍。尽管这个想法已经基本被否定，但仍有证据证明马洛可能过着间谍的双重生活。

1587 年，枢密院迫使剑桥大学授予马洛硕士学位。当时有传言称，马洛毕业后将成为罗马天主教神父——这在信奉新教的英国是一项罪行，剑桥大学便犹豫是否要授予他学位。然而，枢密院为马洛背书，赞扬他为女王提供了“忠诚”和“优质服务”。

这项服务涉及的具体内容从未得到解释，但当时的记录显示，马洛曾多次缺课，他在餐厅的开支也远超过奖学金的额度，进一步表明，他接受了皇室的资助，以承担某些未知的任务。

克里斯托弗·马洛不仅是莎士比亚同时代人物，可能还是一名秘密特工

马洛被暗杀?

1593 年 5 月 30 日，马洛在伦敦德普特福德（Deptford）的一次酒吧斗殴中被刺中眼睛后死亡，年仅 29 岁。调查的结论显示，马洛与凶手英格兰姆·弗里茨（Ingram Frizer）因一笔未付的账单起了争执，后者采取了自卫行动。然而，弗里茨和证人尼古拉斯·斯科雷斯（Nicholas Skeres）都由女王伊丽莎白一世著名的间谍总管弗朗西斯·沃尔辛厄姆先生雇用。这导致许多人猜测，对马洛的谋杀是出于政治动机。

由于马洛被指控为无神论者和异端邪说，在去世前 10 天，他必须每天向枢密院汇报。这些指控可能被夸大了，但是他的剧本确实颇具争议，包括《浮士德博士悲剧》（*Doctor Faustus*），书中一名男子把自己的灵魂卖给了魔鬼。历史学家朴·霍南（Park Honan）认为，沃尔辛厄姆与臭名昭著的剧作家的联系可能会影响他在宫廷的地位。面对皇室青睐的消退，沃尔辛厄姆下令谋杀了马洛，或者至少传言如此。

其他职业：剧作家

马洛毕业于剑桥大学，1587 年搬往伦敦，开始认真写作。虽然他的剧本的确切顺序仍是未知，但可以确定第一部是《帖木儿大帝上集》（*Tamburlaine the Great: Part I*）。

曾任职于：枢密院

据知，第一代莱斯特伯爵（Earl of Leicester）在荷兰竞选期间聘请信使。然而，马洛还隶属于弗朗西斯·沃辛厄姆爵士——伊丽莎白一世的间谍总管。马洛从他的儿子托马斯爵士处获得文学上的赞助。

最大成就：未知

不知道马洛的“优质服务”的确切性质，一切难以说清。除了作为信使之外，还有人称，他渗透到荷兰的大主教阴谋者中，并作为导师暗中监视无子嗣的伊丽莎白一世的潜在的继承人——阿拉贝拉·斯图亚特（Arbella Stuart）。

有证据证明马洛可能过着间谍的双重生活。

003

约瑟芬·贝克

美国人，1906—1975 年

被称为“黑珍珠”的约瑟芬·贝克（Josephine Baker）是一位非裔美国歌手、舞者和电影明星，在 20 世纪 30 年代的法国最负盛名。当德国人入侵时，这位女歌手利用自己作为当红明星的地位，收集法国抵抗运动的信息。贝克在 1939 年法国向德国宣战时被法国人招募。作为一名受欢迎的社交名媛，贝克常常受邀参加许多使馆派对。她与日本高级官员和意大利官员擦肩而过，收集了有关德国军队阵地的信息。第二年，纳粹入侵巴黎的时候，贝克去往她在法国南部的住所。然而，她并没有放弃自己的事业，而是协助隐藏了许多戴高乐法国自由军（即通常称为法国抵抗运动）的朋友。作为一个艺人，贝克能够比其他人更自由地行动。在访问中立国家时，比如葡萄牙和南美洲的一些国家，她用隐形墨水把法国西部的领空、港口和德国军队的信息写在她的乐谱上，秘密传递这些信息。1941 年，她搬到当时的法国殖民地摩洛哥（Morocco）疗养肺炎。

然而，她没有因此放弃为抵抗运动而奋斗。随后她在西班牙巡回演出时，将她收集的信息记录在内衣上，而她的明星身份可以确保她不会被脱衣搜身。

她在西班牙巡回演出时，将她收集的信息记录在内衣上，而她的明星身份可以确保她不会被脱衣搜身。

约瑟芬·贝克在巴黎作为一名舞者的同时，还向法国抵抗运动秘密传送信息

其他职业：艺人

贝克是一个充满异国情调的舞者、爵士歌手和女演员，在娱乐行业担任过很多角色。她还在 1934 年的电影《苏苏》（*Zouzou*）中出演主角，这是非裔美国女性第一次在大型动作片中担任主角。

曾任职于：法国情报局和自由法国军

法国情报局成立于 1940 年德国入侵巴黎之前，后被纳粹解散，贝克秘密加入了戴高乐的抵抗运动，帮助反抗纳粹的占领。

最大成就：情报

贝克曾驾驶一架搭载红十字会物资的飞机前往比利时。之后她仍一直努力收集情报并将其秘密送往国外，交给盟军。

002

斯特林 · 海登

美国人，1916—1986 年

好莱坞明星斯特林 · 海登（Sterling Hayden）最著名的作品是《教父》（*The Godfather*）、《奇爱博士》（Dr Strangelove）和《夜阑人未静》（*The Asphalt Jungle*），他经常扮演英雄角色，而在第二次世界大战期间，他是真正的英雄。他驾船通过敌人出没的水域，向抵抗战士们运送补给，还跳伞进入法西斯占领的克罗地亚（Croatia）。

1941 年，海登在主演两部小电影之后，离开了好莱坞，成为美国海军陆战队队员。他成为军官之后，被转移到战略服务办公室的前身工作。海登是一位天才的水手，16 岁时辍学去船上工作，22 岁时就指挥了自己的船。海登作为战略情报局特工的第一个任务

海登虽然因其战时的英雄表现获得了奖章，但在红色恐怖时期，他对共产主义的同情让他差点儿上了好莱坞的黑名单

海登在描写冷战时期的电影《奇爱博士》中饰演美国空军将领杰克 · 瑞

海登在《教父》中饰演警察麦克拉斯基

是从意大利航行到南斯拉夫，向铁托元帅提供游击队员急需的物资。他还参加了 1943 年那不勒斯—福贾运动，并在敌人占领的领土上建立了机组人员救援团队。为了表彰他跳伞的勇敢，他于 1945 年获得了银星勋章和铜质箭头勋章。

海登的战时经历意味着我们几乎从未在银幕上看到过他。在战争期间，他曾与共产党员一起作战，在回国时海登就加入了美国共产党。但是，纳粹被击败后，美国与苏联之间松散的联盟变成了冷战的对抗。

1951 年，在获得勋章仅 6 年后，海登被约瑟夫 · 麦卡锡的众议院反美活动委员会调查。

在被列入好莱坞黑名单的威胁下，海登被迫供出了其他共产党员的名字。他在自传中写道：“没有人能理解，做了这件事之后，我是多么地唾弃自己。”

其他职业：演员

海登是 20 世纪 50 年代的西部片和黑色侦探电影中的明星，比如《荒漠怪客》（*Johnny Guitar*）和《夜阑人未静》，后来他出演了经典电影《教父》《奇爱博士》。

曾任职于：战略情报局

海登被纽约律师威廉 · J. 多诺文（William J. Donovan）的信息协调办公室招募，1942 年，这机构被精简重组为战略情报局。

最大成就：那不勒斯 – 福贾运动

尽管海登在此次大型行动中只扮演了一个小角色，但是占领福贾机场让盟军的轰炸机射程能够打击德国、奥地利和他们所依赖的罗马尼亚油田。

001

罗伯特 · 贝登堡

英国人，1857—1941 年

罗伯特 · 贝登堡（Robert Baden-Powell）被称为童子军运动的创始人之一，并且是赢得了梅富根（Mafeking）围剿的战争英雄。然而，今天很少有人记得他最初的专业是侦察。在战场上，侦察意味着深入敌方，获取隐蔽的战略信息，但贝登堡的工作并不仅限于在平时对其他国家进行间谍活动。

19 世纪 80 年代，贝登堡担任马耳他总督的军事秘书，同时还担任情报官员，负责绘制整个地区的军事设施。他伪装成蝴蝶收藏家，拿着网兜追逐昆虫和描绘自然风景，当地人忽略了他，用他自己的话说，当地人觉得这是 “一个非常愚蠢的英国人”。尽管有的官员起了疑心，要求看他的绘本，他们却只看到蝴蝶的图片。然而，蝴蝶翅膀上的图案实际是堡垒的平面图。

3 年后，贝登堡重返普通兵役，开始了他更为人所知的辉煌事业。但是他在梅富根的胜利可以说更多的得益于他的间谍活动经验，而非军事经验。当时，他的军队只有 500 名装备不足的士兵，却被 8000 人的布尔军队包围。他用狡猾的手段，将敌人挡在海港长达 217 天。他让士兵安置假地雷，并假装避开战壕之间假想的铁丝网，以防止布尔部队入侵。

罗伯特 · 贝登堡与加拿大安大略省伦敦市市长乔治 · 韦尼格（左一）出席当地的童子军活动

其他职业：首席童子军

贝登堡发现他的侦察图书受到儿童的喜爱，1907 年，他在英国海岸的白浪岛（Brownsea Island）上举办了一个青年营，一项国际运动就此诞生。

曾任职于：军事情报局

军事情报局是英国战时办公室的一个部门，是早期战斗侦察与现代军情六处情报收集之间缺失的一环。

最大成就：梅富根围攻

贝登堡用手下 500 名装备不足的士兵成功抵御了 8000 名布尔军队的围剿，长达 217 天。

梅富根围剿结束后罗伯特 · 贝登堡及其战队的合影

历史上的间谍工具

小工具在冷战期间成为了间谍的代名词，但密码、窃听装置和隐藏武器的起源可以追溯到几百年前。

阿尔伯蒂密码盘

1467 年左右

阿尔伯蒂密码盘由文艺复兴时期的博学者莱昂 · 巴蒂斯塔 · 阿尔伯蒂（Leon Battista Alberti）发明，是一种独特的加密手段。密码盘的中心可旋转，比密码棒更为复杂。其特别之处在于，旋转使其解密模式并不总是一样——密文中的关键字母可以改变。

斯巴达密码棒

公元前 400 年

密码棒是一根木棒，斯巴达的军事指挥官在战斗中用密码棒来发送秘密消息。将信息写到专用的羊皮纸或皮革上。把羊皮纸或皮革缠绕在木棒上，字母顺序就会打乱。为了破译密码，接收者只需要将消息缠绕在他们手中相同尺寸的木棒上。尽管根据现代加密标准，这种做法太过粗糙，但是密码棒可以快速使用且毫无纰漏，哪怕在前线也是如此。可惜，在战斗状态中，木棒很容易被折断。

钩绳

15 世纪

一般认为，忍者尽可能少地携带工具，但一定会携带钩绳。钩绳有多种用途：用来爬墙、把船系到码头，或简单地作为武器。挂钩的数量从 1 个到 4 个不等，取决于其预期用途。

煤块地雷

1864 年

美国内战期间，南部联盟军使用的这些空心铁铸投掷物看起来像煤块，而内部填充了爆炸物和煤尘混合物。目的是要将这一武器放入联邦军的蒸汽轮船的回收箱里，地雷爆炸后会损坏锅炉，导致发动机无法使用，以此阻止联邦军的蒸汽轮船出航。英国特工在第二次世界大战期间使用了类似的手段对付纳粹。

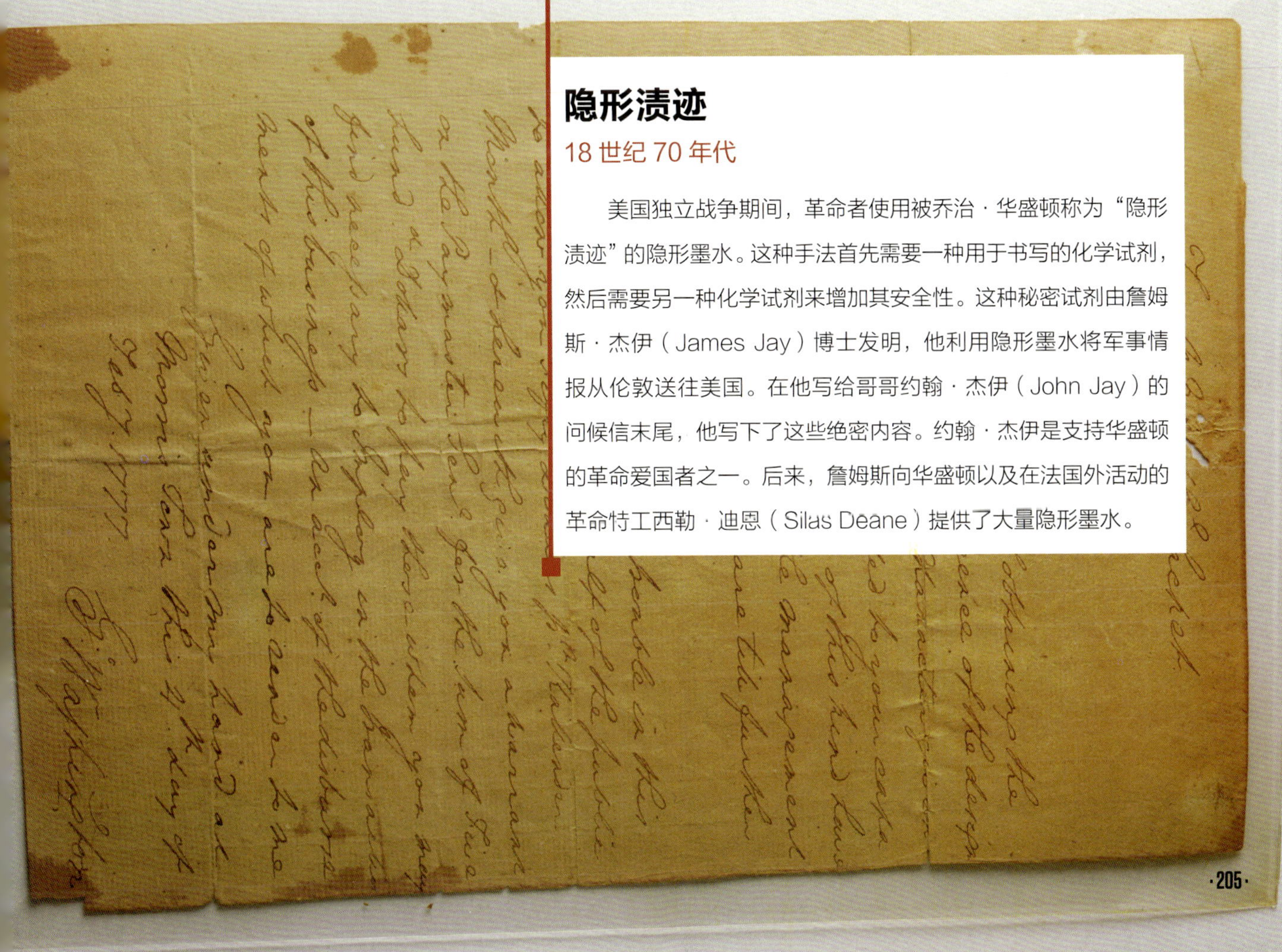

隐形渍迹

18 世纪 70 年代

美国独立战争期间，革命者使用被乔治 · 华盛顿称为“隐形渍迹”的隐形墨水。这种手法首先需要一种用于书写的化学试剂，然后需要另一种化学试剂来增加其安全性。这种秘密试剂由詹姆斯 · 杰伊（James Jay）博士发明，他利用隐形墨水将军事情报从伦敦送往美国。在他写给哥哥约翰 · 杰伊（John Jay）的问候信末尾，他写下了这些绝密内容。约翰 · 杰伊是支持华盛顿的革命爱国者之一。后来，詹姆斯向华盛顿以及在法国外活动的革命特工西勒 · 迪恩（Silas Deane）提供了大量隐形墨水。

兰卡斯特的怀表相机

1886 年

间谍装备最重要的特质就是要不易被发现。兰卡斯特父子公司制造的这款怀表相机是为维多利亚时代的用户设计的，可以很容易地放入背心口袋里，不被人注意。当相机被打开时，伸缩管会伸出来并拍摄照片，用户只需旋转快门即可。

小保护者

19 世纪

这种法国武器可以套在手指上，是世界上最小的手枪之一。小保护者可以发射 6 枚 4 毫米子弹，虽然不致命，但有足够刺穿金属罐能量，因此可以作为有效的威慑工具。

鸽子相机

1917 年

早在古罗马，载体鸽就被用作军事信使。但在第一次世界大战期间，双方都使用鸽子作为间谍“卫星”。这些鸽子装有摄像头，快门会随着鸽子飞翔而被按下，从空中拍摄军事基地的照片。这些照片冲洗出来后可用于研究敌人的武器和防御工事。虽然士兵们会经常尝试射击敌方的鸽子相机，截取信息，但直到 20 世纪 50 年代，这些鸽子传递信息的成功率依然达到了 95%，并且因它们的服务获得了奖章。

单车牌逃跑地图扑克

20 世纪 40 年代

由美国扑克牌公司以及美国和英国的情报机构共同开发的这些卡片看似普通，但剥开后是地图的一部分。与整副扑克中的其他牌拼在一起后，它们会显示从德国战俘营中逃生的路线。

假冒的“大富翁”

20 世纪 40 年代

假慈善机构会给战俘们寄送专门的“大富翁”游戏，其中包含地图、指南针和其他逃生工具。这些工具被放入游戏盒中，偷运到车厢内。在拿到内部的工具之后，游戏会被销毁，以防警卫发现。

战略服务局赛格里 0.38 毫米口径“手套枪”

20 世纪 40 年代

美国海军陆战队和美国海军情报官员使用的手套枪是单发手枪。扳机位于枪管上方，使用者将手枪按向目标进行射击。手套由皮革制成，并且可穿一件长袖外套掩护武器。

可穿戴监视装备

20 世纪 40 年代至今

在国外运营的恶劣环境下，情报官员必须融入当地。同时，他们需要履行职责——一些隐蔽的小工具（例如小按钮或胸针中的微型相机）可以帮助他们。

单管收音机接收器

20 世纪 50 年代

收音机接收器不仅可以在看起来很正常的管道内隐藏一个超小型无线电接收器，还可以将录制下来的内容通过按住下颚回放。骨传导会将声音传输到耳道。

微点摄像机

20 世纪 40 年代—20 世纪 80 年代

在冷战期间，行动人员使用这种相机拍摄冗长文档的快照，并将页面存储在一个小底片上。这些文档可以被嵌入到信件中，并使用特殊的阅读器进行阅读。

FP–45 解放者手枪

1942 年

美国将这种手枪发放给被占领国家的抵抗战士，这种手枪便宜且生产速度快，每支成本仅 2.1 美元。这种手枪只能在很短的射程内使用，所以抵抗战士必须靠近敌人，杀死他们然后取得对方的武器。

银质空心硬币

20世纪50年代

隐藏少量信息或胶片，传送信息且不被发现一直是一件棘手的事情，但谁会怀疑大体上看起来完全正常的硬币呢？尤其是当它与许多其他硬币混合在一起时，更不会有人起疑心。

M44氰化物气体枪

1957年

气枪由克格勃发明，用以无声地杀人，而且当时的尸检无法检测到这种设备。这种双管枪内含有装有氢氰酸的玻璃小瓶。燃烧时，小瓶被压碎，氢氰酸转化成氰化物气体，当面部射击时会导致目标心脏骤停。1957年，克格勃特工波丹·斯塔辛斯基（Bohdan Stashynsky）将气枪卷在报纸里，开枪杀死了乌克兰异议人士列弗·里贝特，1959年杀死了斯捷潘·班杰拉（Stephen Bandera）。虽然中央情报局怀疑班杰拉被投毒，但认为应该是班杰拉的熟人，直到斯塔辛斯基叛逃，他们才意识到里贝特是被暗杀的。

“死亡之吻”唇膏手枪

1965 年

这管口红实际上是一个直径 4.5 毫米单发武器。看起来像是詹姆斯·邦德电影里的道具，这种武器甚至有一个精致的代号：“死亡之吻”。然而，冷战时期使用口红手枪的并非是银幕上的蛇蝎美人，而是克格勃特工。这种武器可以轻易地放在钱包中携带。在通过美国检查站进入西柏林时，这一武器被发现。其微型尺寸意味着只能携带一颗子弹。

“肚皮炸弹”手摇式窃听钻孔机

20 世纪 50 年代—20 世纪 60 年代

美国中央情报局的行动人员会使用这种设备在墙上钻孔，并植入一个音频设备，窃听无心的耳语。为了保持钻机稳定，中央情报局的特工在转动手柄之前会用肚子抵住钻机，因此得名。

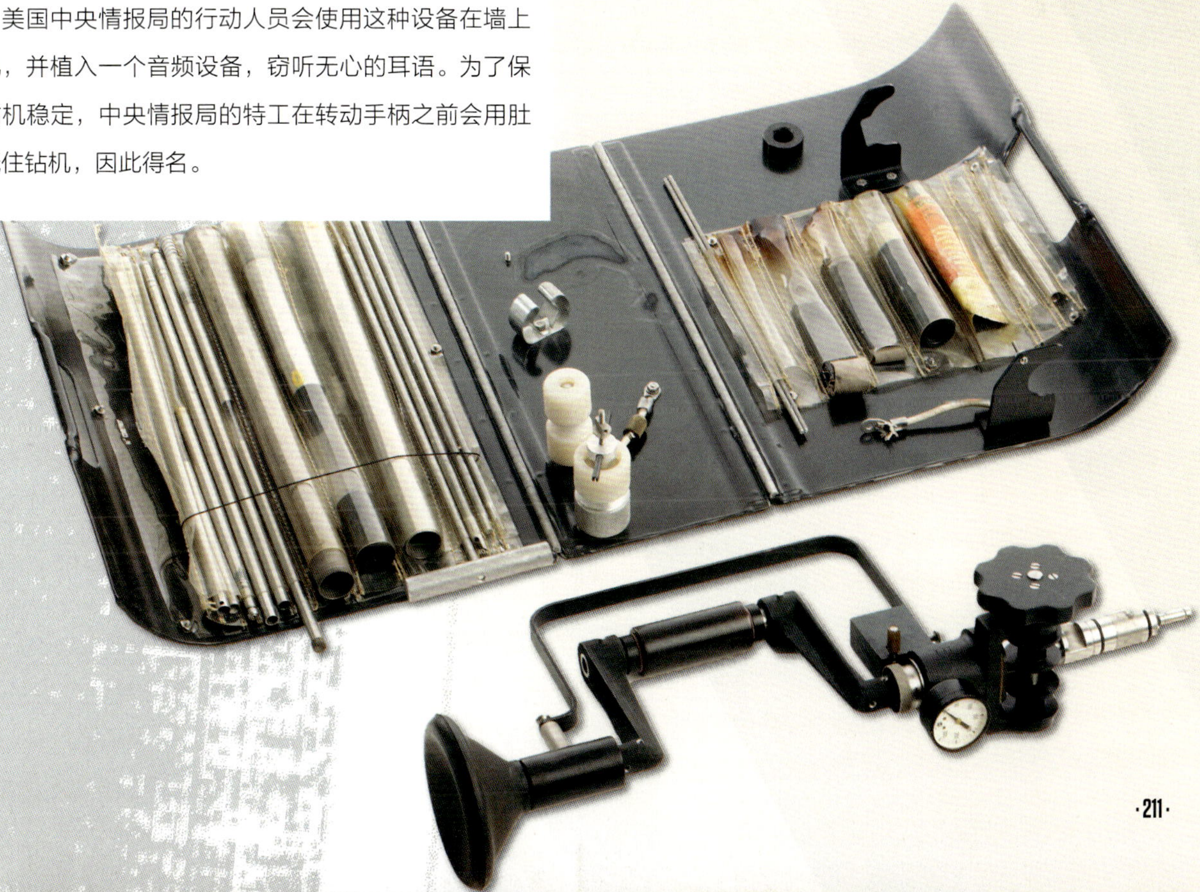

鞋跟传输器

20 世纪 60 年代—20 世纪 70 年代

在东欧工作的西方外交官倾向于从祖国购买服饰并寄送回来。罗马尼亚特勤局会拦截这些包裹，并安装鞋跟传输器。动过手脚后的鞋跟内含有一个麦克风和发射器，用于窃听对话。

侦察“蜻蜓”

20 世纪 70 年代

你可能认为无人机是一种当代发明，但中情局早在 20 世纪 70 年代就发明了微型无人机。这种无人机的尺寸和设计看起来就像是一只蜻蜓。敌人有可能将“蜻蜓”轰走，但不会怀疑这些“蜻蜓”正在窃听。

树桩窃听器

20 世纪 70 年代

这一设备由太阳能供电，放置在靠近莫斯科的林地里，以拦截来自苏联空军基地的通信信息。这些信息被传输至卫星后会被传送到美国某地。太阳能供电意味着这一装置可以持续工作，无须更换电池。

隐形氰化物眼镜

1975—1977 年

咀嚼眼镜镜架的一端被看作是一种紧张的习惯，并没什么可疑之处。因此，中央情报局的特工们会将氰化物藏在眼镜架里，一旦他们深入敌后被抓获，就可以咀嚼镜架，释放毒药。

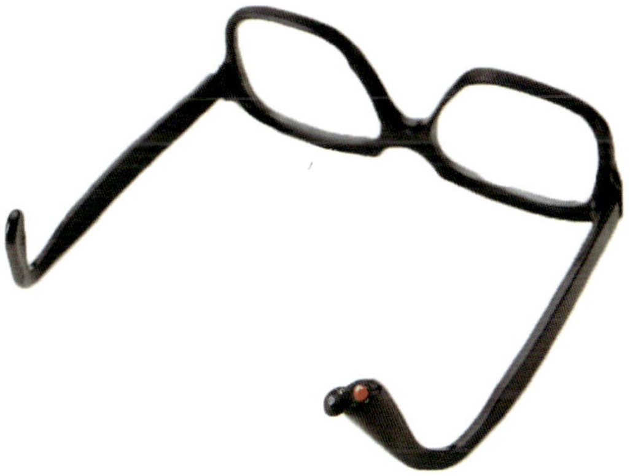

保加利亚雨伞

1978 年

保加利亚特勤局在克格勃的帮助下，使用这把不起眼的雨伞发射了一颗含有蓖麻毒素的小颗粒。这种武器被用于在 1978 年谋杀保加利亚持不同政见的作家格奥尔基 · 马尔科夫——他在伦敦街头遭到袭击，几天后便去世了。

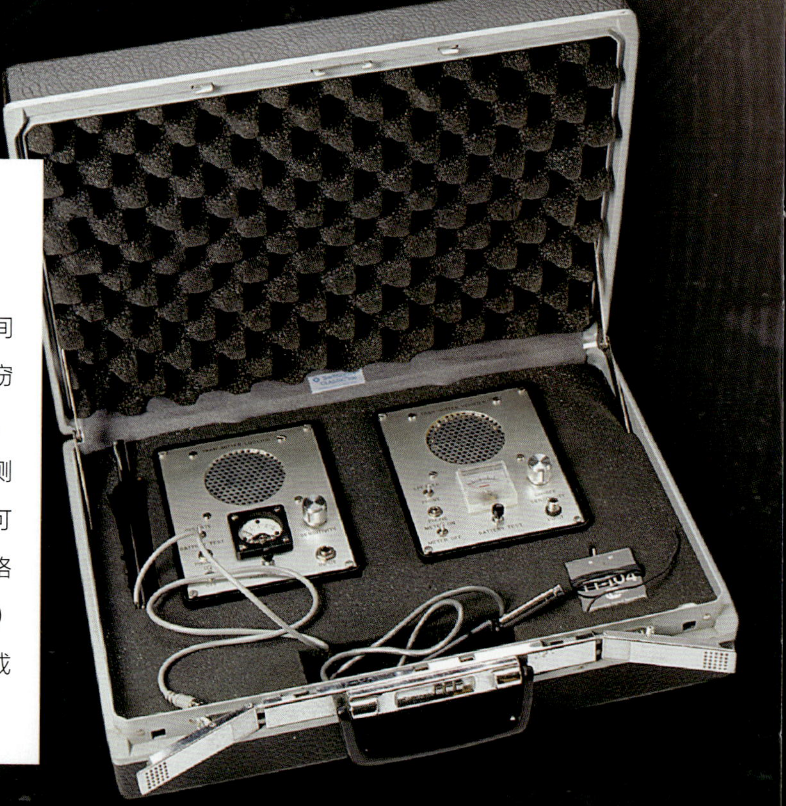

约翰 · 沃克的反侦察工具箱

20 世纪 80 年代

由于窃听装置很容易伪装，所以常见做法是：间谍在讨论国家机密之前会检查房间内是否存在任何窃听装置。电子反侦察工具箱可方便地装入行李箱中，而不引起怀疑。工具箱可以通过扫描无线电波来检测信号发射机。虽然在 20 世纪 80 年代，任何人都可以买到这样的工具箱，但是这种特殊的型号只供克格勃在美国最重要的间谍约翰 · 沃克（John Walker）使用。当联邦调查局于 1985 年抓到他时，他假扮成一名私人侦探。

伊拉克人通缉名单扑克

2003 年

牌类游戏是战时士兵常用的打发时间的玩具，这副扑克牌能够帮助美国士兵辨认萨达姆·侯赛因政府里他们最想抓捕的人。名单上位于前列的人都印在 K 和 Q 上，萨达姆·侯赛因是黑桃 A。

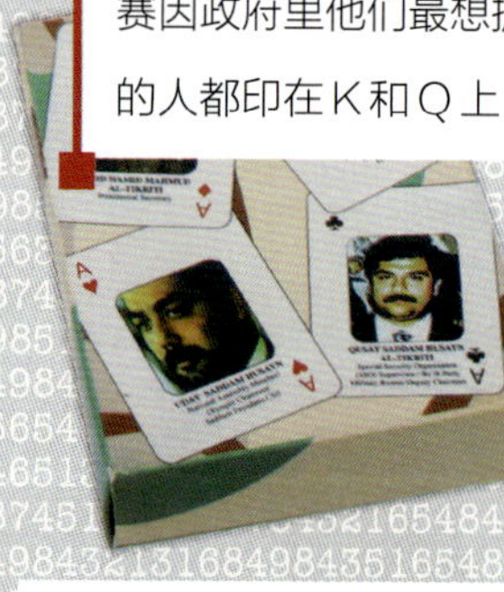

美国航空航天局床头柜

2008 年

如果美国航空航天局想要入侵一台计算机，但是无法靠近进行连接，“床头柜”便是第二选项。这一无线网络黑客设备能够入侵十几千米之外的无线网络，在微软视窗系统上安装漏洞。

蝮蛇一号

2009 年

在现代社会，网络侦察至关重要。我们都会使用 USB 接口——不论是将鼠标接到电脑上，还是给手机充电。但美国航空航天局发明的“蝮蛇一号”会让你在使用 USB 接口前三思。这种 USB 接口中隐藏了内置无线电接收器，能够在气隙网络上秘密传输文件或安装恶意软件。所谓“气隙网络”是间谍用语，意为刻意不接入网络连接的计算机，因此无法被远程攻击。更先进的模型还可以通过长距离无线电信号传输，因此接收器无须位于同一房间。2013 年泄露的报告也揭露了这一航空航天局的间谍工具。